Uwe Kullnick

Mir wird kalt

Lesungen

2010 - 2015

Edition ExOvo

Edition ExOvo
2. bearbeitete Auflage
Copyright © 2017 Dr. Uwe Kullnick
Alle Rechte vorbehalten.
© Umschlaggestaltung: Uwe Kullnick
Schrifttyp: Garamond 11
Impressum:
Dr. Uwe Kullnick
uwe.kullnick@email.de
Mir wird kalt
ISBN: 1514748517
ISBN-13: 978-1514748510

INHALT

WENN DAS, WAS DU SAGEN MÖCHTEST,
NICHT SCHÖNER IST ALS DIE STILLE,
DANN SCHWEIGE!

CHINESISCHES SPRICHWORT

DIESE SAMMLUNG

Auf Bitten vieler Leser, und vor allem meiner Zuhörer, habe ich mich entschlossen, die kurzen Geschichten, Erzählungen, szenischen Lesungen und Nachtgeschichten, die ich in den letzten Jahren vielerorts vorgetragen habe, in einem Band zusammenzufassen. Dabei stellte ich fest, dass sie zahlreich sind und dass ich tatsächlich einige Texte ganz aus den Augen verloren hatte. Sie sind mir inzwischen fast die Liebsten. Einige Geschichten habe ich behutsam überarbeitet, ihnen aber immer ihren Charakter gelassen.

Wenn man mich nach der Systematik der Reihung in diesem Buch fragt, muss ich passen. Natürlich hätte ich sie chronologisch auflisten können, das aber hätte nichts darüber ausgesagt, warum sie entstanden sind, nur eine Zuordnung zu meinem Lebensalter wäre abzulesen. Nach dem Ort, wo sie spielen, oder ihrer Länge oder ihrem Genre, sofern das überhaupt erkennbar ist, oder sonst irgend einem Kriterium zu ordnen, widerstand mir. So sind sie denn hier aufgereiht, wie sie entstanden sind – irgendwo im Irgendwann. Sie sind Fiktion, Halbfiktion, realer Anlass, zu Papier gewordene Gedanken, Wünsche, Vorstellungen, Visionen, Ängste und Hoffnungen.

Eines ist mir aufgefallen: Oftmals sind es Geschichten von Charakteren, die ich mag, ja liebe, doch oft ist es wie in der Titelgeschichte dieses Buches, ich bekomme dabei ein beklemmendes Gefühl und –

MIR WIRD KALT

1 NACHTGESCHICHTE

Das wird schon

Das wird schon!

„Seit Tagen ist der Regen rot."

Das ist Wüstenstaub aus der Namib, stand in der Zeitung.

„Aber was ist, wenn der Staub in unser Getriebe kommt und Schaden anrichtet?"

Ach was, schrieb die Zeitung, das Wasser spült alles wieder sauber.

„Und wenn er nun die Menschen vergiftet?"

Das kann nicht passieren, das Phänomen gibt es schon immer, stand auf Seite 1.

„Aber ist es nicht schlimm, wenn aus den Wüsten weltweit der ganze Staub verschwindet?"

Macht euch keine Sorgen, die haben dort genug, stand auf Seite 2.

„Aber es tut sicher den Tieren auf den Weiden nicht gut."

Fast nur noch Stallhaltung, und Wildtieren macht's nichts, sagte Seite 4.

„Wir werden aber traurig bei soviel rotem Regen."

Seht einfach Fernsehen oder geht ins Kino, da ist weißer Strand und Sonne und blaues Meer, sagte die Werbung in der Zeitung.

„Hat es sicher nichts mit dem Klimawandel zu tun?"

Der Klimawechsel ist eine natürliche Sache, der sorgt eben manchmal für Aufregung, stand dann in den Kurznachrichten.

„Immerhin sind auch schon Menschen gestorben."

Nicht bei uns, sondern weit weg, das hat alles nichts mit uns zu tun, kam im Fernsehen.

„Aber kann man denn gar nichts machen, damit das aufhört?"

Nein, die Wolkenfront zieht eben von Südosten hoch. Dummerweise hält sich Blut als Aerosol für ein halbes Jahr in der Atmosphäre, aber ...

„Das wird schon, sagten alle."

Alles nimmt ein gutes Ende für den, der warten kann.

Leo N. Tolstoi

MIR WIRD KALT*

Direkt vor meinem Ziel zirpen die ersten Heimchen unter der riesigen Eiche, deren Blätter in der Mittagssonne leuchten wie das Leben selbst. Ich überquere die Brücke, über die eine dreispurige Auffahrt zur Benediktiner Abtei führt, und gehe direkt auf das schwere Tor zu. Es ist nur angelehnt und keine Klingel zu sehen. Also stemme ich mich dagegen, und ohne ein Geräusch lässt es sich so weit aufschieben, dass ich hineinschlüpfen kann. Unsicher betrete ich den Innenhof und bin umhüllt, ja gefangen von uralter Ruhe, die mich empfängt wie ein dickes wollenes Tuch, das Inneres vor dem Äußeren schützt, ja, mich fast ersticken will.

Niemand ist zu sehen. Mittagszeit? Zurückhaltend betrete ich den Kreuzgang und gehe, nach einem Augenblick des Zögerns, hindurch.

Er endet im rechten Winkel zu einer Wand mit bis zum Boden reichenden Fenstern aus reinem Glas.

Ich trete in die Wiese, die bis an diese Mauer reicht, und blicke durch eines der Fenster in den taghellen Raum. Er ist nicht breit, und mir gegenüber hängt ein großes Bild. Es zeigt offenbar genau den Raum, in dem es sich befindet und in den ich gerade hineinsehe. Hintereinander stehen in einer Reihe einige Sitzpulte und im Hintergrund ein gesondertes Stehpult, auf dem ein sehr dickes Buch liegt. Es ist dort mit einer Kette befestigt. Vielleicht ist es der Katalog des Bibliothekars? Auf dem Pult vor mir, ebenso wie auf dem Bild zu sehen ist, steht ein Lesegestell für das zu kopierende Buch, genau so positioniert, dass alles so hell wie möglich ist. Ein Bogen mit einem schmalen ausgeschnittenen Fenster bedeckt die Kopiervorlage, so dass der Kopist nur die jeweils zu schreibende Zeile sieht. Die vollkommene Konzentration auf das Geschriebene ist zugleich die vollkommene Abkehr von ihm, scheint mir. Kein Inhalt darf die Blicke des Kopisten verführen.

Mein Blick geht zurück zum Bild. Mit feinstem Pinsel sind die Dinge gemalt, die für ein Scriptorium unumgänglich sind. Ich erkenne Lineale und Ahlen, die zum Stechen feinster Löcher in das Papier gebraucht werden, um kunstvoll Linien zu zeichnen. Filigranste Stahlfedern sind für diese Arbeit vorgesehen. Gewichte halten die Seiten des Buches auf dem Lesegestell so, dass sie nicht umschlagen. Federn und Tinte entsprechen genau dem, was auch auf dem realen Pult vor mir steht. Aber der Platz davor ist leer, hier sitzt kein Kopist wie auf dem Bild. Das tief stehende Licht des Winters fällt auf die Abschrift, vor der ein Mönch mit blau gefrorenen Händen sitzt und trotzdem mit ruhiger Hand das Wort Rerum, schreibt. Zwei Benediktiner stehen in

9

seiner Nähe und sprechen in dieser Umgebung des völligen Schweigens in Gesten miteinander. Der Ältere mit dem fragenden Gesichtsausdruck macht das allgemeine Handzeichen für Buch und blättert imaginäre Seiten um, wobei die kalte Luft der Bibliothek seinen Atem sichtbar macht. Der Jüngere verzieht das Gesicht und steckt sich dabei zwei Finger tief in den Mund, als wolle er sich übergeben. Das ist das Zeichen für ein die Kirche besonders beleidigendes oder gar gefährdendes Werk, wie ich gelernt habe.

Ich versuche zu erkennen, um welches Buch es sich handelt, das auf dem Bild kopiert wird. Mir werden die Füße schwer vom langen Stehen und Schauen. Doch ich will wissen, was dort (obwohl gefährlich) von dem mild lächelnden Mönch in der Eiseskälte des Raumes, durch dessen rückseitig liegendes Fenster ich Schnee fallen sehe, so wichtig ist, um dennoch kopiert zu werden.

Das Licht wird schlechter, und ich strenge meine Augen bis zum Wahnsinn an, um wenigstens den Namen des Autors entziffern zu können. Mir ist, als hinge mein Leben an diesem Wissen. Und dann, ganz langsam, erkenne ich die Buchstaben Strich für Strich, Neigung für Neigung, und die Bögen. Der Name entsteht und mit ihm die wirkliche Bedeutung des Originals, das hier kopiert wird - Lucretii Cari.

Und nun weiß ich mit einem Mal, was hier vor mir liegt. Es ist das im Jahre 55 vor unserem Herrn in Hexametern verfasste Lehrgedicht in 14.000 Versen von Lukrez. Hierin ist die ganze Naturphilosophie Epikurs aufgeschrieben. Dieses Buch wird das Mittelalter in die Renaissance führen.

Wieso wird führen? Ich sitze doch gerade erst hier und schreibe es ab, weil der Fremde aus Italien es so dringend haben will. Ich schreibe es für ihn und weiß nicht, was es einmal bedeuten wird in der Welt. Aber ich kopiere es. Meine Hände sind blau gefroren, ich spüre meine Füße nicht mehr, und was gäbe ich für eine Tasse warmer Milch aus dem Coenobium. Mir wird immer kälter, aber ich schreibe weiter solange das Licht hält: De Rerum Natura. Per te quoniam genus omnis animantum ...

Der Fremde wird warten müssen.

---

*Diese Geschichte wurde inspiriert durch das mit dem Pulitzerpreis 2012 ausgezeichnete Buch: *Die Wende – Wie die Renaissance begann*, von Stephen Greenblatt. Siedler, 2012. Das Buch folgt den Spuren von *Lukrez' De rerum natura*. Es handelt sich dabei um einen antiken Text, der Anfang des 15. Jahrhunderts in einem deutschen Kloster wiederentdeckt wurde. Er führte dazu, dass sich philosophisch-naturwissenschaftliches Denken aus dem Mittelalter befreien und in die Moderne führen konnte. Ein Text, vor über 2000 Jahren geschrieben, führte vor 500 Jahren dazu, das Denken der Menschen, das viele hundert Jahre einigermaßen stagniert hatte, nahezu katalytisch zu verändern. Die Renaissance konnte beginnen. Lukrez gab die erste Beschreibung des Begriffs „Atomos", für das kleinste unteilbare Teilchen, aus dem das ganze Universum bestehen sollte. Diese Idee bestimmt bis heute unser modernes Weltbild.

DIE MASKENWAND

Das Restaurant war nah, nur die Straße hinunter und dann links. Er sprang aus dem Bus, ging auf die andere Straßenseite und suchte nach dem Maskengeschäft aus dem Reiseführer. Beinah hätte er es übersehen. Im Augenwinkel erkannte er gerade noch eine schwarze Holzmaske, die im winzigen Schaufenster hinter ihm her sah. Er musste sich wie gegen ein schweres Gewicht stemmen, um hineinzukommen. Nach einem letzten kräftigen Stoß gegen die Tür war er drin. Es roch alt, ungelüftet und fremd. Niemand erwartete ihn, keine Glocke kündigte sein Eintreten an. Der Laden, nicht größer als sein altes Kinderzimmer und vollgestopft mit hölzernen Ausstellungsstücken, war genau das, was er gesucht hatte. Eine Wand voller Masken fesselte seinen Blick.

Niemand kam. Also trat er näher. Die meisten Holzmasken waren dunkel. Auch zwei weiße Gesichter blickten freundlich mit roten Mündern auf ihn herab. Alle anderen waren dunkel und schienen seine Anwesenheit zu missbilligen. Ein alter Maskenmann schielte schadenfroh von unten zu ihm herauf. Ein anderer riss das Maul auf, als wollte er ihn zusammenbrüllen, und der daneben kniff die Lippen zusammen, als könnte jeden Moment ein furchtbares Geheimnis aus ihm herausplatzen. Den meisten Gesichtern baumelten dicke handlange Schnüre aus den Ohren.

Viele Masken trugen Schilder mit ihrer Bedeutung. „Der Apotheker", „Der Hausbauer", „Die glückliche Mutter", „Der gehorsame Sohn", „Der Weise", „Der Herr", „Der Knecht", „Der Student", „Der Professor" oder „Der Dunkle". Die weißen Masken hießen „Der Vorsichtige" und „Der Retter", und dann war da noch „Der Neugierige". Diese Maske war nicht so dunkel oder gar schwarz oder gruselig. Sie schien ihm seltsam vertraut, heller als die anderen, mit feinen Gesichtszügen, dünnen Augenbrauen, nicht solch archaisch dicken Bögen über den Augenhöhlen. „Der Neugierige" blickte ihn auf Augenhöhe an. Sie hätten sich unterhalten können, doch die Maske lächelte mit leicht geöffneten Lippen.

Er entschied sich sofort. Hoffentlich war sie nicht zu teuer. Immer noch war er allein. Gerade wollte er die Maske von der Wand nehmen, da stand jemand neben ihm. Der riesige, glattgesichtige Koreaner nahm die Maske von der Wand, zeigte auf den Preis. Das war günstig. Sie gingen zum Tresen und die Maske verschwand in einer alten Zeitung.

Sie sprachen kein Wort Er zahlte, sah auf die Uhr und verließ rasch den Laden. Die Lücke, die der „Der Neugierige" hinterlassen hatte, schloss sich.

Auf der Straße war es dunkel geworden, und er eilte zum Restaurant. Er fand es nicht. Auch schien ihm, als hätte die Straße sich verändert. Nachdenklich drückte er die Handy-Kurzwahl seines Kollegen. Eine koreanische Ansage wies ihn auf irgendetwas hin. Alle anderen Nummern versagten ebenfalls. Er rief zuhause an. „Kein Anschluss unter dieser Nummer"

Unschlüssig, was zu tun sei, fiel ihm etwas auf. Neben ihm leuchtete das Hologramm eines Sprechers in der Dunkelheit. Der Mann redete mit ernstem Gesicht im koreanischen Singsang vor sich hin. Dann kam ein Filmbeitrag mit englischen Untertiteln. Es waren Aufnahmen vom Eifelturm, dem die Spitze fehlte. Arbeiter kletterten auf seinem oberen Ende herum, Riesenkräne seilten Bauteile in die Tiefe. Der englische Untertitel schrieb: Nach nahezu 300 Jahren musste das denkmalgeschützte Gebäude aus Sicherheitsgründen abgebaut werden. Es wird in der Halle der Freiheit neben dem Empire State Building wieder aufgebaut.

Während er das las, verschwand er langsam von den Monitoren der Überwachungskameras. Der Zähler für Besucher aus der Vergangenheit sprang automatisch eine Zahl weiter.

2. NACHTGESCHICHTE

Herzblumen

Sie wollte es nicht tun, aber sie machte es automatisch immer wieder.
Hierzu kam das kurze, extrem spitze, scharfe, nur für diesen Zweck benutzte Messer zum Einsatz. Es hatte einen kurzen, anatomisch geformten Griff und lag gut in ihrer Hand. Ja, es war schwer, aber dennoch war sie fest entschlossen es zu schaffen. Es musste sein.

Es kam näher. Die riesige Säge zerfetzte seinen Körper. Ihre Musik erfüllte die Halle. Dann lag es vor ihr. Sein Herz, groß, dunkel, mit blassen, häutigen Strukturen bedeckt und von blauen, prall gefüllten Adern netzartig durchzogen, pulsierte leicht. Seine starken Schläge waren matt geworden unter dem Stürmen der Gewalt. Es zuckte und wartete.

Ihr stahlblauer Blick tastete nach der richtigen Stelle. Es ist immer die gleiche Stelle, und sie kannte sie auswendig, aber heute war es etwas anders. Jemand hatte sie gebeten, ja fast angefleht, sie solle es diesmal nicht machen. Doch der Drang es zu tun, es wie immer zu tun, war übermächtig. Eine Stimme rief: „Nicht, es muss heil bleiben." Blitzschnell und unerbittlich, routiniert und mechanisch stieß sie die Klinge tief in die obere rechte Herzspitze, zog es mit kraftvoll gleitender Bewegung nach links unten, riss es heraus, stieß es in die linke Vorkammer und schnitt durch das Fleisch bis nach rechts unten. " Schon klaffte ein blutiges Kreuz. Mit einem schwachen Geräusch schoss ein Schwall hellroten Blutes auf ihre weiße Gummischürze, nur ein Kaffee-Pott voll. Es spritzte über die älteren Blutflecken, floss, sich schon verklumpend, an ihr herab und tropfte auf ihre Gummischuhe.

Das geschundene Herz öffnete seine Blüte und verging. Das flüchtige Vibrieren endete in winzigen Wellen, der Dampf des warmen Herzens verflog. Das spitze, scharfe, handschmiegsame Messer durchschnitt rasch die Gefäße. Ihre kräftige Hand umklammerte das Organ. Dann flog es in den bereitgestellten Eimer, zu den anderen roten Blüten.

Die Ketten des Förderbandes fuhren krachend an. Der Körper, dessen zerrissene Hälften an stählernen Haken hingen, ruckte nach links. Sie sah ihn erschrocken an, blickte in seine enttäuschten Augen.

„Entschuldigen Sie. Beim nächsten Bullen zerschneide ich das Herz nicht." Der junge Mann, der das Rinderherz für physiologische Demonstrationen in der Uni brauchte, nickte nur geduldig und wartete auf das nächste Tier.

Es ist besser, unvollkommen anzupacken, als perfekt zu zögern.

Thomas A. Edison

AFRICA

Unser Range Rover, ein halb offener Wagen, geländegraugrün, Vierradantrieb, Mitteldifferentialsperre und mit allem möglichen technischen Schnickschnack, hatte uns schon seit Tagen durch den Tarangire Nationalpark gefahren. Wir waren auf der Suche nach Elefanten, nicht nach irgendwelchen Elefanten, wie die Ranger sie für Touristen ausfindig machen. Nein, wir suchten nach ehemaligen Handaufzuchten der Tarangire-Elefantenstation. Es ging um Elefanten, deren Mütter von Wilderern getötet wurden. Vor vielen Jahren hatte die Rettungs-Station sie aufgezogen und anschließend ausgewildert. Wir waren hier, um nachzusehen, ob die Tiere noch am Leben waren und wie sie sich entwickelt hatten. Erkennungsmerkmale waren Fotos und Zeichnungen von Ohrprofilen, Narben und anderen unvergänglichen Körpermerkmalen, wie zum Beispiel einem unterhalb der Schwanzwurzel gebrochenen Schwanz, einem Pigmentfleck unter dem Auge und vieles andere mehr.

Unser karges Frühstück und die Thermoskanne in den klammen Händen stolperten wir noch vor Sonnenaufgang mit schlafsteifen Knochen zum Auto. Baka war ein Mann mit großem Elefantenwissen, enormer Ortskenntnis und ergraut im Dienst als Game Ranger der Aufzuchtstation. Wir wollten versuchen, möglichst viele ausgewilderte Elefanten aufzuspüren. Doch das hatte sich im Lauf unserer Suche als schwieriger herausgestellt als vermutet. Jedenfalls fluchten wir wie jeden Morgen über das verdammte frühe Aufstehen und Herumfahren. Das Thermometer des Wagens zeigte 4°C und wir zitterten in unseren viel zu dünnen Klamotten und den dämlichen kurzen Hosen. Der Fahrtwind und die fensterlosen Autotüren machten die Fahrt auch nicht angenehmer.

„Scheiß Elefanten, verdammte!", fluchten wir abwechselnd, auf Suaheli, Deutsch und Englisch.

„Es ist wie verhext, nach fast einer Woche haben wir nicht einen von ihnen gefunden", maulte Baka. Heute schenkte ich mir Beschwörungsformeln, wie „Es wird schon noch ..." oder „Pass auf, heute haben wir Glück." Sie dienten mittlerweile sowieso nur noch meinem eigenen Durchhalten.

Mama Afrika schickte pünktlich um 6:15 die Sonne auf Streife, und wie jeden Tag staunten wir über ihre rasende, fast senkrechte Reise zum Zenit.

Stundenlang fuhren wir die typischen Elefantenrouten und Trinkplätze ab.

32 Grad heißer und fünf Stunden später verfluchten wir statt der Kälte die Hitze, die Fliegen, den Schweiß und den Staub, der uns die Sicht und den

Atem nahm. Am Ufer des Manjara stellten wir das Auto in den Schatten und rasteten, tauschten Fliegen gegen Mücken, Elefanten gegen Nilpferde, Giraffen und Warzenschweine. Wir kauten unser Lunchbrot, dessen zerflossene Butter unsere Hemden mit dunklen Flecken verzierte, und tranken dazu heiße Cola, die immer noch besser schmeckte als das fade Wasser. Baka blieb fahrbereit hinter dem Steuer sitzen und hielt dort sein Nickerchen. Ich machte es mir hinten auf der Aussichtsfläche des Autos bequem, legte mir den Hut aufs Gesicht und schlief sofort ein. Kaum hatte ich die Augen geschlossen, zog er auch schon wieder an meinem Fuß.

„Ist ja gut", murmelte ich noch schlaftrunken und ausgedörrt wie ein Flussbett in der Trockenzeit. Doch er kniff mich gemein in den Oberschenkel. Ich schrie vor Schmerz, riss die Augen auf und erkannte - dass ein Pavianmännchen neben mir auf der Pritsche saß und versuchte, mit seinen riesigen Zähnen an den Inhalt meiner Hosentaschen zu kommen. In Panik stoben wir auseinander. Der Pavian sprang schreiend vom Wagen und rannte davon, als wäre der Teufel hinter ihm her.

Der Motor röhrte und Baka wendete in einer engen Kurve und raste, die Hand auf die Hupe gepresst, in die Steppe hinaus. Die Paviane spritzten auseinander, als würden wir durch eine Schlammpfütze jagen.

Die Reißzähne eines Pavianmannes sind lang wie Löwenzähne, und wenn die Tiere kämpfen, beißen sie erbarmungslos zu. Wenn es sein muss, legen sie sich mit Leoparden, Hyänen und Löwen an, und wenn die ganze Herde auf uns losgegangen wäre, hätten wir keine Chance gehabt.

Den ganzen Nachmittag sahen wir nur wenige Elefanten. Es war selbst für sie zu heiß. Über den azurblauen Himmelsbaldachin schlichen nur wenige Wölkchen. Die Zeit stand still in der Steppe. Selbst das ewige Zwitschern der Webervögel war verstummt. In der Ferne stand ein Nashorn mit gesenktem Kopf in einem silbrig wabernden Scheinsee und schien auf irgendetwas zu warten.

Aus einer Erdhöhle schauten die kleinen, argwöhnischen Augen eines Warzenschweins über seine mit Hauern bewehrte Schnauze zu uns herüber. Staubteufel, die sich, von kleinen Wirbelwinden nach oben gezogen, aus der Steppe erhoben, fielen nach kurzem Vorwärtstaumeln hilflos in sich zusammen. Kastaniengroße schwarze Käfer schossen wie Kanonenkugeln durch die Luft, und neben den Mistkäfern, die begeistert ihre Dungkugeln rollten, war es das Einzige, das sich in der bleiernen Luft des frühen Nachmittags mit Freude bewegte. Noch immer keine Elefanten. Ich war hundemüde und Baka schlug vor, zur Swamp Bridge zu fahren.

„Wenn wir dort sind, dämmert es und vielleicht kommen sie zum Trinken und außerdem ist es auf dem Weg zum Lager." Resigniert hatte ich zugestimmt und stand seitdem auf der Pritsche des Wagens und genoss wenigstens den Fahrtwind.

Die Swamp Bridge führt über einen kleinen Sumpf. Schilf, dichtes Buschwerk und einige Bäume bildeten dort eine grüne Oase. Hier hofften wir, Elefanten zu finden. Wir fuhren auf einem schmalen Weg hinein und genossen die schattige Atmosphäre inmitten dieser lebensharten, glühenden Steppe. Vor uns flog zeternd ein Schwarm Prachtfinken auf, Großlibellen mit ihren riesigen Flügeln rasteten am Schilf längs des Weges, und zwei Dikdiks, hasengroße Zwergantilopen, flüchteten aufgescheucht ins Unterholz. Bald erreichten wir die in der Kolonialzeit angelegte Brücke. Sie war aus Stein, wenig breiter als unser Auto und führte in geringer Höhe über den Sumpf. Vorsichtig fuhren wir hinüber, aber trotzdem holperte es geräuschvoll, als wir das Ende erreichten.

Wie ein Bergrutsch brach sie aus den Büschen, peitschte den Rüssel durch die Luft, stellte die Ohren drohend auf, warf den Kopf in die Höhe und stierte mit kleinen, rot unterlaufenen Augen zu uns herab. Trompetend stürmte sie ein paar Schritte auf uns zu. Dann stand sie still, wie aus Bronze gegossen. Nur war das hier keine Statue. Da drohte ein drei Tonnen wiegender, wütender Elefant, unseren Wagen jeden Moment zu zertreten, aufzuspießen und durch die Luft zu schleudern. Baka verschwand hinter seinem Lenkrad. Ich ging auf der Pritsche in Deckung. Klein machen, unsichtbar werden und hoffen, dass es ein Scheinangriff blieb.

Ihre Silhouette ragte in die glühende Sonnenscheibe und ihr Schatten verdunkelte den Boden, kroch auf unseren Wagen und nagelte ihn fest. Sie fixierte uns lange Minuten. Wir wagten nicht zu atmen. Langsam senkte sie den Kopf und beobachtete uns. Baka tauchte hinter dem Steuer auf und legte vorsichtig den Rückwärtsgang ein. Er wollte über die enge Brücke zurück fahren, um dem wütenden Elefanten aus dem Weg zu gehen. Die Hinterreifen standen noch auf der Brücke, und Baka fuhr langsam an.

Ich hielt mich fest und beobachtete sie. Wir hatten erst eine Wagenlänge hinter uns, da fiel mein Blick auf eine Pfütze. Das Wasser vibrierte, zeigte kleine Wellenberge und Täler. In diesem Moment ahnte ich, was los war.

„Baka, mach den Motor aus!" Er drehte sich zu mir um, als wäre ich verrückt geworden.

„Mach schon, schnell."

Krächzend verstummte der Motor. Es wurde totenstill. Das Vibrieren der Pfütze blieb.

Die Elefantenkuh erzeugte Infraschallwellen und sprach mit jemandem, den wir nicht sehen konnten. Andere Elefanten? Ich sah mich hastig um. Da drüben warteten sie. Sechs, acht, nein, elf erwachsene Tiere standen am anderen Ende der Brücke. Sie sahen zu uns herüber, hatten den Kopf gehoben, witterten, und sie riefen nach ihr.

Für eine Elefantenkuh war sie riesig, im besten Alter, mit prachtvollen Stoßzähnen und rötlich vom Staub der Steppe. Wahrscheinlich war es die Leitkuh. Drüben standen erwachsene Muttertiere, Halbwüchsige und einige noch sehr junge Kälber.

„Wir müssen abwarten. Zurück können wir jedenfalls nicht. Sie wird uns folgen und da hinten wartet die Familie", sagte ich.

„Ja, aber sie muss über die Brücke, um hinüber zu kommen. Sie kann nicht durch den Sumpf. Alle Elefanten benutzen diese Brücke", sagte er leise.

„Verdammt, ich hätte besser aufpassen müssen."

Wir standen also genau zwischen der Leitkuh und ihrer Herde, trotzdem sagte ich so ruhig wie möglich:

„Was soll's Baka, Shit Happens. Wir müssen eben warten."

„Aber in zehn Minuten ist es dunkel. Komm ins Auto, ich versuch mal was", sagte er.

Vorsichtig kletterte ich durch das hintere Fenster in den Wagen und setzte mich auf den Beifahrersitz.

„Ich fahre ganz langsam von der Brücke herunter und ganz links rüber. Ich hoffe, sie begreift, dass wir ihr den Weg freimachen wollen", flüsterte er entschlossen, und es klang wie ein Gebet. Er zog den Kopf zwischen die Schultern, griff zum Zündschlüssel und drehte ihn zögernd herum. Der Motor kam sofort. Baka nahm das Lenkrad fest in beide Hände, setzte sich zurecht und gab sanft Gas, wie um nicht zuviel Lärm zu machen. Die Reifen bewegten sich millimeterweise. Fast unmerklich schob sich der Rover zum Brückenende. Wieder hob die Leitkuh aufmerksam den Kopf. Je weiter wir vorankamen, desto größer wurde sie, und als die Vorderreifen von der Brücke rollten, und es einen kleinen Ruck gab, schnaubte sie heftig, griff mit dem Rüssel nervös in den Staub und schleudert ihn unwillig in unsere Richtung. Prasselnd schlug der Dreck auf die Frontscheibe. „Hau ab!" hieß das. Die Warnung war unmissverständlich. Sie zog das rechte Vorderbein zurück, stieß den Fuß mit der Vorderseite in den Boden, dass es aufspritzte, machte einen halben Schritt rückwärts, um doch sofort wieder zurückzukommen, und brummte drohend. Ich schaute nach hinten und sah einige Elefanten auf die Brücke kommen. Die untergehende Sonne färbte die riesigen Stoßzähne der Leitkuh rot, und die tiefen Falten ihrer Stirn wurden schwarze Streifen wilden Zorns.

Baka zog noch weiter nach links, weg vom wütenden Elefanten. Noch immer war zu wenig Platz auf dem schmalen Weg für uns und das riesige Tier. Wir fuhren mit dem Wagen weiter ins Gebüsch. Wir brauchten einfach mehr Abstand. Sie schnaufte schwer und schaukelte erregt den gewaltigen Kopf. Sie griff mit dem Rüssel ins Schilf, riss es ab und warf es auf die Erde. Ihr Blick fegte von uns zu ihrer Herde und wieder zurück.

Das Infraschallbrummen wurde noch stärker. Wegen des laufenden Motors konnten wir es nicht spüren. Wir sahen nur die Wellenberge in der Pfütze neben der Brücke immer deutlicher. Die lautlosen Elefantenstimmen ließen die Erde beben.

Unser linker Vorderreifen schob sich immer weiter ins Gestrüpp. Zweige drangen durch die Fensteröffnung, und ich beugte mich weit zu Baka hinüber. Die Dämmerung stahl die Farben und machte die wütende Elefantenkuh zu einem grauen Berg. Wir hörten ihr erregtes Atmen trotz des Motors.

Der Range Rover walzte das Gebüsch nieder, und die Lücke zwischen uns und der Brücke, durch die sie gehen sollte, wurde größer. Der Wagen bekam immer mehr Schräglage, und wir waren noch nicht sicher, ob sie uns verstand.

„Geh rüber, geh bitte einfach über die Brücke", presste ich durch meine zusammengebissenen Zähne und rutschte ganz nach vorn auf meinem Sitz, als könnte ich dadurch mehr Platz für das Tier schaffen. Jede Minute wurde es dunkler.

„Machst du das Licht an?", fragte ich.

„Nein", flüsterte Baka, „das erschreckt sie vielleicht."

Am Abendhimmel erkannten wir ihren erhobenen Rüssel.

„Sie riecht ihre Gruppe."

„Geht sie endlich?"

„Keinen Millimeter. Vielleicht ahnt sie, was wir wollen, aber sie bewegt sich nicht."

Trompetend riefen die Elefanten nach ihrer Leitkuh.

„Sie will nicht. Die Lücke ist immer noch zu klein."

„Wenn ich weiter fahre, kippt der Wagen um und wir sind im Eimer."

„Mach den Motor aus. Vielleicht geht sie dann hinüber."

Röchelnd erstarb das Motorengeräusch und schlagartig war es still.

Das niedergefahrene Gebüsch knackte. Grillen zirpten. Ein Pavian bellte in der Nähe, und das Glucksen des Wassers wäre beruhigend gewesen, wenn nicht dieser wütende Elefant vor uns gestanden hätte. Nun fühlten wir auch das tiefe Brummen der Riesen. Sie unterhielten sich.

„Sie hat aufgehört zu schnaufen, hörst du?", fragte Baka.

„Und - geht sie?"

Die Sterne wurden langsam sichtbar. Wir starrten zu ihr hinüber. Fast unhörbar bewegte sie sich auf uns zu. Zischend sog sie die Luft durch den Rüssel, schmatzte dabei, als schmeckte sie uns.

Wie ein riesiger Schatten machte sie noch zwei Schritte, streckte den Rüssel herüber, berührte den rechten hinteren Reifen, griff unter den Kotflügel und hob den Wagen langsam an. Das Blech verzog sich knarrend und der Wagen neigte sich noch weiter nach links. Nun schob sie einen Stoßzahn unter das Bodenblech und hob uns noch höher. Einige bange Sekunden hingen wir in der Luft. Dann ließ sie los. Rumpelnd fielen wir auf unsere vier Räder zurück. Wieder schickte sie eine Infraschall-Nachricht zu ihrer Herde, witterte mit hoch erhobenem Rüssel, drehte sich zur Brücke und ging langsam hinüber. Wir hörten die gedämpfte Begrüßung, dann war nur noch das leise Glucksen des Sumpfes und das Alarmbellen einer nahen Antilope.

Wir machten das Licht an und fuhren vorsichtig aus dem Gebüsch heraus und zurück ins Lager. Am Ende der Sumpfoase ließen unsere Scheinwerfer die Augen eines Hyänenrudels bedrohlich wie Elmsfeuer aufflackern. Im Lager verglich ich die Archivfotos der ausgewilderten Elefanten mit den Bildern, die ich vom Wagen aus gemacht hatte. Auf meinen Fotos stand sie da, wütend, tobend, herrlich. Die Ohren weit aufgestellt, den Rüssel erhoben, Stoßzähne zum Angriff bereit und auf der Brust - ein Pigmentfleck, in der Form des afrikanischen Kontinents. Es war Africa, das erste Elefantenkalb, das in der Station aufgezogen und ausgewildert worden war. Es war inzwischen zur Führerin einer großen Herde und zur Mutter vieler Kälber geworden.

DER STEIN

Unbeweglich fließt der Yumana. In Jahrhunderten ist sein Silberspiegel braun geworden, wirft das Abbild in den Himmel. Für immer.

Fest steht es am Ufer, doch der Wind will es fortwehen, mitnehmen, bläht die Lungen des Subkontinents, um es wegzufegen. Er beschwatzt die Wellen des Flusses die Köpfe zu heben, das Ufer zu stürmen, ihr Bett zu verlassen. Wütend lecken sie das Weiß von den Mauern, doch strahlender nur bleibt es zurück. Sie suchen den Weg in das Monument dieser ewigen Liebe. Hilflos rufen sie den Staub, und schmirgelnd rast er über den weißen Berg hinweg, um doch nur das Wasser zu färben, den Fluss zu beschweren und das Weiß zum Gleißen zu machen. Monsunberge füllen die Luft mit drohenden Türmen. Eng stehen sie und ihr Tränenregen wächst zu Katarakten. Sie peitschen das Mal mit Tonnen von Zorn, nun endlich muss es zergehen, wie Zuckerwatte in Kindermund. Alle Wasser berennen die Wächtersäulen, hetzen den Schlamm auf zur Drecks-Armee, mit braunen Armen umschlingt sie das Grab. Doch zu mächtig ist ihre Ohnmacht. Sie rufen die Sonne, den ewig schon den Bau marternden Stern. Brand-scharfe Klingen schlagen willig auf das Glanzstück der Zeit. Es muss doch fallen, wie aller Menschen Reiche. Aber marmorweiße Glätte schlägt sie zurück ins All. Nun endlich kommen die Giganten. Winzige Wesen mit wilden Herzen, Schuhe tragende Zersetzer des Schönen und doch seine Erbauer. Millionen erscheinen, staunenden Auges und offenen Mundes. Sie atmen, sie schmutzen, überrennen die Wege, Gänge und Kammern, schleifen den Marmor. Gierige Blicke saugen an jeder Kante, und müde ächzt ein Stein. Im Kuppelzenit ist ein winziger Riss. Der Wind fand ihn nicht, der Staub entdeckte ihn nicht, kein Tropfen rann hindurch, die Sonne hat ihn übersehen, und dennoch löst sich der Stein. Langsam rutscht er, der Erdkraft folgend.

Sein Marmorgesicht ist weiß wie das Antlitz der Frau im Schoß des gewaltigen Grabes. Doch wartet, in wenigen Jahren wird er sich lösen, in der Unschuld der ewigen Gesetze fünfzig Meter fallen. In rasendem Sturz, nicht zögernd, nicht abweichend von der senkrechten Bahn, wird er es treffen, das geometrische Zentrum des Werkes. Er wird den hölzernen Deckel des Sarges durchschlagen und es zerstören, das unsterblich schöne Gesicht von Mum Taj Mahal.

Ein gewisses Maß an Dunkelheit ist nötig, um die Sterne zu sehen.

Osho

3. NACHTGESCHICHTE

Bougainville

Als sie erwacht, breitet sich eine feine Decke mondlichtdurchwirkter Dunkelheit über der riesigen Bougainville, die seit Jahrzehnten an der verwitterten Hauswand hinaufwächst. Im Inneren des Busches ist es noch dunkler als draußen. Sie streckt die Glieder, gähnt und fühlt drängende Unruhe. Leicht zittern ihre Ohren, und ihre Fibrissen zeigen ihr eine Welt von Dingen aus der Welt der immergrünen Blätter, der üppigen Blütenkelche und verzweigten Äste ihres Zuhause. Noch ist es nicht ruhig genug draußen, nicht ruhig genug für ihren Auftritt, doch der Hunger drängt. Ruhig beobachtet sie.

Es wird still. Die Welt der Menschen wird zu ihrer Welt in der Dunkelheit, wie Nebel fühlbar wird wie Wasser, durch das man schwimmen muss, um vorwärts zu kommen. Sie geht los, klettert an den Ranken der Pflanze nach oben, betritt vorsichtig die Stufen der bröckeligen Mauer, schlüpft das altbekannte Loch auf halber Höhe zum Dach, wittert in das löchrige Regenrohr hinein, schiebt sich vorsichtig an den rostigen Blechrändern vorbei und klettert senkrecht nach oben. Das moosige Dach tut den Füßen gut, und ein Stück weiter wartet ihre Brücke zum Markt. Er schickt schwere Blumenkohl-, Bananen- Beeren-, und Abfallschwaden herüber. Wolkenhaufen hängen sich an die volle Lichtscheibe. Das ist der Moment. Sie betritt den Telefondraht, eilt mühelos balancierend vorwärts, hält einen Moment inne, als eine Fledermaus sie mit ihren Lauten beschießt, aber sofort enttäuscht abdreht. Nur noch ein Stück bis zur Duftquelle. Sie läuft weiter, die Wolken können den Mond nicht mehr halten, und laut wie Donner flutet sein Licht die Welt.

Benno sieht zum Mond hinauf, irgend etwas tief in ihm will singen und dabei sein bei einem geahnten Leben. Ach, da ist sie ja wieder. Auf dem Draht balanciert sie, hält inne, klebt als Silhouette vor dem Vollmond wie ein perfekter Scherenschnitt. Er senkt den Kopf auf seine Pfoten. Ausruhen ist besser, als eine hungrige Ratte auf der Mondscheibe.

Wer Sicherheit der Freiheit vorzieht, ist zu Recht ein Sklave.
Aristoteles

MARA 13

Er bekreuzigt sich hastig, holt tief Luft und blickt in die erregten Gesichter.
Dann kommt die erste Faust.   UNO

Schläge hageln auf ihn ein   DOS

Ein dreckiger Nike-Schuh trifft sein Gesicht. Nierenschläge werfen ihn auf
die Knie.   TRES

Ein Stiefel kracht zwischen seine Beine.
Ihm wird übel.   CUATRO

Einige Monate zuvor.
Ihr Vater presste seine Hand auf ihren Mund und lauschte. Dann zerrte er
Leya ins Gebüsch, und sie warfen sich auf den Boden. Bahnarbeiter patrouil-
lierten am Zug. Unflätig verfluchten sie die „Migrantes" und die „beschissene
Ruta". Die Lichtfinger ihrer Handlampen zerstachen die Dunkelheit. Sie glit-
ten unter den Zug, zu den Bäumen und ins Gebüsch. Einer raste über Leyas
Gesicht. Aber er kam nicht zurück. Myriaden Zikaden sangen:
„Fahr nicht Leya, fahr nicht."
Zitternd hing sie an ihrem Vater. Später schlichen sie zum Zug zurück. Leya
stolperte.
„Cállate, sei leise", zischte ihr Vater. Er ermahnte sie noch einmal: „Denk
an die Maras, sie töten Migrantes. Hüte dich vor den Kinderbanden." Er
schob Leya aufs Dach des Güterwaggons.
„Pass auf fremde Kinder auf", und schon verschluckte ihn die Dunkelheit.
Der Zug ruckte an. Leya klammerte sich an die Eisenstange der Dachluke.
Nun war sie auf der langen Reise in die USA, auf der gefährlichen Ruta.
Der Zug ratterte durch die Nacht und Leya lag reglos auf dem Waggon.
„... die Kinder ... fremde Kinder", tobten ihre Gedanken „Sie töten Migrantes, ... töten dich!"
Im Licht der Sterne und des aufgehenden Mondes blickte sie sich um. Gra-
cias a Dios, sie sah keinen Menschen. Sie setzte sich auf und blickte nach
Norden, nach Amerika. Der Fahrtwind wirbelte ihre schwarzen Haare um
ihr Kindergesicht. Schließlich band sie sich todmüde an die Eisenstange
und schlief auf dem schwankenden Dach ein.
Der Zug stand im Güterbahnhof.

„Wenn er länger hält, musst du unbedingt runter vom Dach. Versteck dich, comprende?", drängten Vaters Worte. Ihre Angst hielt sie oben, aber sie musste mal. Dringend! Ihr Bündel und der Wasserkanister blieben auf dem Dach. Sie huschte ins Gebüsch und hockte sich hin. Weiter vorn am Zug wurde es laut. Sie sah Menschen auf einem Waggondach kämpfen, ein Schuss knallte, und jemand stürzte vom Dach. Die Gestalten johlten, kletterten herunter und waren nicht mehr zu sehen. Leya hockte erstarrt im Gebüsch.

„Psst, psst. Sei leise." In rasendem Erschrecken fuhr sie herum. Ein kleiner Junge, kleiner noch als sie selbst, stand neben dem Gebüsch. Verlegen presste er den Zeigefinger auf die Lippen.

„Psst. Komm weg hier, das sind Maras. Sie suchen Migrantes. Sie vergewaltigen und verkaufen dich, wenn sie dich kriegen. Weg hier, schnell weg."

„Trau keinen fremden Kindern", dröhnte es in ihrem Kopf.

„Komm, schnell!"

Leya zögerte:

„Meine Sachen sind noch auf dem Dach."

„Nein, nein, lass sie liegen, sonst kriegen sie uns. Wir müssen weg hier, schnell weg."

Ein langer Blick noch – dann glaubte sie ihm.

Eine Woche später kannten sie sich schon ein wenig. Sie teilten sich eine große Pappkiste in einer Nebenstraße. Hier schliefen sie und aßen, was sie tagsüber erbettelt oder gestohlen hatten. Leya kam aus Guatemala; viele Geschwister; keine Arbeit; kein Geld; keine Heirat; dabei war sie mit zwölf Jahren die Älteste. Der Vater hatte sie über die Grenze nach Mexiko gebracht, ihr ein bisschen Geld gegeben und gesagt: „Geh, und such dir eine Stellung in Amerika und schick das Geld", und jetzt saß sie hier in Veracruz fest. Natalio hatte eigene Probleme. Er haute ihr sogar eine rein, als sie nicht aufhörte von Amerika zu reden. Sie sprachen zwei Tage nicht miteinander, obwohl sie die Nacht gemeinsam in seiner Kiste schliefen. Natalios Problem waren die Maras. Er gehörte schon halb zu ihnen, aber eben nur halb. Am Tag als er Leya traf, durfte er noch nicht mit der Mara-Gruppe zum Migrantenkillen, dennoch war er ihnen nachgeschlichen. Während er die Bande beobachtete, kletterte das kleine Mädchen mit den schwarzen Locken zum Pipimachen vom Zug, und er musste an seine Schwester denken.

Die Maras haben Gesetze: Verlass deine Familie, besorge Geld, ermorde einen Feind und überlebe, dann sind wir deine Familie. Um dem Hunger und den ewigen Schlägen des Vaters zu entgehen, war Natalio schon vor Wochen in die Stadt geflohen. Jetzt saß er in der Pappkiste, mit dem unbändigen Verlangen ein Mara zu werden.

„Ich werde Geld besorgen, damit du zu deinen Gringos kommst."

„Willst du arbeiten gehen?"

„Ich erledige einen Auftrag", sagte er mit wichtiger Miene.

„Was sollst du machen?"

Er sah zu Boden.

„Was?", fragte Leya, und wie Mama legte sie ihre Stirn dabei in Falten.

„Ach, lass mich!", maulte Natalio und lief weg. Nachmittags saß Leya gegenüber ihrer Wohnkiste vor dem Obstladen auf dem Bretterboden. Sie hatte den kleinen Laden ausgefegt und dafür zwei Pfirsiche bekommen.

Während sie voller Vorfreude daran roch, tauchte ein fetter, ungefähr dreizehnjähriger Mayajunge mit vielen Tattoos vor ihrer Wohnkiste auf. Ein anderer Chico, dessen zerfurchtes, altes Gesicht unendlich weit von seinen tatsächlich fünfzehn Lebensjahren entfernt war, begleitete ihn. Sie zerrten Natalio brutal aus der Wohnkiste, redeten auf ihn ein und gaben ihm ein kleines schwarzes Ding. Pfirsichsaft tropfte von Leyas Lippen auf ihre nackten Beine, als die beiden Chicos auf den Laden zukamen.

Ihre Blicke krochen an den glänzenden Saftflecken entlang die Schenkel hinauf und unter ihr Kleid. Während sie vorübergingen erkannte Leya das Tattoo „Mara 13" auf der nackten Brust des fetten Jungen. Der Dünne hatte das gleiche Zeichen am Hals, und drei schwarze Tattoo-Tränen rollten über seine Wange. Bei den Maras stand jede Träne für einen Mord. Alle hier wussten das. Natalio verschwand und kam auch zum Schlafen nicht zurück.

Am nächsten Abend war Leya immer noch allein. Die beiden Maras trieben sich lange in der Nähe der Kiste herum, bevor sie wieder im Gewühl der Straße verschwanden. Weit nach Mitternacht kam er zurück. Zitternd stand er vor der Kiste. Leya zog ihn herein. Sie hockte sich auf den Boden, nahm ihn in die Arme und drückte seinen Kopf an ihre kindliche Brust. Sie summte ein Kinderlied aus ihrer Heimat. Natalio weinte erbärmlich. Er zitterte, als läge er nackt im Schnee. Stundenlang weinten sie.

Am Morgen gab sie ihm ihren zweiten Pfirsich. Natalio biss hinein, und Saft, Rotz und Tränen krochen auf sein Hemd. Er übergab sich. Rasch zog Leya die Beretta aus seinem Gürtel und versteckte sie in einer Ecke der Wohnkiste.

Natalio war nun fast ein Mara, und es folgten ruhige Monate. Probeweise teilten sie ihm eine winzige Callejuela im Stadtviertel seiner Mara Clique zu.

Er bekam Schutzgeld von den Marktfrauen und einem winzigen Lebensmittelgeschäft. Der Dreitränen-Chico begleitete ihn anfangs.

„Die Dealer lässt du in Ruhe, die kassieren wir, comprende?"

Sein erstes Tattoo war das Siegeszeichen der Maras, eine Faust mit abgespreiztem Daumen und kleinem Finger. Am nächsten Tag schüttelte ihn das Fieber, und Leya pflegte ihn, wie früher schon die Geschwister. Fiebernd griff Natalio ihr unters Kleid und versuchte sie zu küssen. Sie schlug ihn und stürmte weinend in den Laden gegenüber. Später vertrugen sie sich wieder. Der Mayajunge, den sie El Graso, den Fetten nannten, erlaubte Natalio die Beretta zu behalten. Von nun an trug er sie stolz im Gürtel.

Eines Nachmittags polterte Natalio unvermittelt heraus: „Ich muss zu den Jungs ziehen." Leya erstarrte.

„Wann?"

„Übermorgen. Sie nehmen mich auf, und dann ziehe ich zu ihnen."

Verzweiflung brach aus ihrem Gesicht.

„Lass uns zusammen nach Norden fahren, ja? Wir gehen über die Grenze, Sí? Gemeinsam, sí?"

„Nein, Leya. Ich muss zu den Maras."

Wortlos verging der Tag.

Der Chico mit den drei Tränen im Gesicht kam früh morgens. Leya und Natalio schliefen noch eng umschlungen in ihrer Kiste.

„Morgen Nachmittag geht's los!" Mit den Augen eines gefräßigen Tieres taxierte er Leya. „Bring deine Schlampe mit. Entweder sie wird eine von uns oder sie muss verschwinden. Klar?"

Leya bat Natalio, ob sie doch bei ihm bleiben dürfe, egal wie, als Schwester, Frau oder Geliebte. Als Mara konnte er sie doch beschützen?

„Nein, du müsstest erst aufgenommen werden, das ist genau wie bei mir."

„Ich muss auch wen erschießen?"

„Nein, das müssen Frauen nicht, aber sie ..." Unsicher huschte sein Blick über ihr kindliches Gesicht. Seine Oberlippe zitterte, und er wurde wütend wegen seiner feuchten Augen. „Sie werden alle über dich herfallen, dich ausziehen und ... alle, und ich muss mitmachen", schnauzte er und wendete sich ab. „Oder du ... - nein, vergiss es, die Prüfung hältst du nicht aus! Ich schaffe das, aber du hältst das nicht aus! Du nicht!"

Es war ein warmer, sternenklarer Abend mit ein bisschen Mond. Natalio und Leya standen am Bahndamm. „Hier hast du Geld. Es sind sogar echte Dollars dabei." Leya nahm es wortlos.

„Pass unterwegs auf die anderen Mara-Cliquen auf, ja?"

Er starrte die Nacht an, als wäre sie sein Feind.

„Bleib immer liegen und pass auf, ob wer auf den Zug steigt."

Sie hielten sich fest an den Händen. Natalios Gesicht verschwamm in Leyas Tränen.

„Kann ich nicht doch bei dir ..."

„Du musst weg, sofort."

Ihr geflüstertes „Si", hieß No.

„Du musst gehen, jetzt! "

Er umarmte sie.

Die beiden Kinder fühlten weder die spitzen Schottersteine unter ihren dünnen Schuhsohlen, noch rochen sie den stinkenden Viehwagen neben sich. Der Abschied sog den Schutz, die Vertrautheit und jede gemeinsame Zukunft aus ihnen heraus, und ein körperlicher Schmerz drängte sich schneidend zwischen sie. Leyas Verzweiflung übertönte den kreischenden Gesang der Zikaden. Natalio schob sie ein Stück von sich weg, sah sie trotzig an und drückte so was wie einen Kuss auf ihre schmalen Lippen. Dann half er ihr aufs Dach. Als der Zug anfuhr, musste er wieder an das kleine Mädchen im Gebüsch denken. Leya lag auf dem Dach und weinte. In der elenden Pappkiste wälzte sich Natalio durch den Rest der Nacht. Tequila half ihm, die Zeit zu töten.

Leya wird ... und Leya kann ... und Leya ..., dann war es endlich genug Schnaps.

Nachmittags bringen ihn El Graso und der Dreitränen-Chico zur Plaza.

Leya liegt seit Stunden auf dem Dach. Sie ist völlig steif und kann nicht schlafen, und die Sonne brennt. Natalios Stimme klingt noch nach, hilft ihr durchzuhalten. Zweimal hält der Zug. Nichts passiert. Als sie einen Bahnhof verlassen, stehen winkende Kinder auf einer Brücke. Leya sieht weg.

Natalios zerschlagenes Gesicht ist tränennass, blutet und schwillt an.

CINCO

Er wehrt sich und trifft. Dafür kommt es mit doppelter Wut zurück.

SEIS

Sie schleudern ihn herum, bis er fällt. Es hagelt Faustschläge und Tritte.

SIETE

Dreihundert Meilen noch bis zur Grenze. Der Zug hält. Ein Gabelstapler fährt direkt auf Leyas Waggon zu und dann langsam vorbei.
„Madre Dios, Gracias."
Dann geht die Fahrt weiter.

Haut platzt, nur noch Schmerzen, Blut und Verzweiflung.   OCHO

Eine Kinderfaust kracht auf seinen Mund und die Lippen platzen auf.
                                                                 NUEVE

Im Grenzort Juarez wird sie sehen, wie es weitergeht. „Nimm bloß keinen Schlepper. Die rauben dich aus und verkaufen dich an einen Puff!" sagte Vater.

Die Jungen hämmern weiter auf Natalio ein.   DIEZ

Leya hebt müde den Kopf vom Rucksack. In diesem Moment schiebt sich ein kleines, zerknautschtes Kindergesicht über den Rand des Waggons. Ihr Atem stockt, und ihre Eingeweide wüten. Das Gesicht verschwindet und kommt mit einem zweiten zurück.

Natalio wälzt sich schreiend am Boden, während sie in ihn hineinspringen –
„Jump–In" nennen sie das.   ONCE

Die beiden Jungs kommen näher. „Schieß, wenn sie kommen, schieß! Sie werden dich vergewaltigen und umbringen", hört sie Natalios Stimme, „Du musst schießen! Du musst!" Leya umklammert die Beretta. Der Ältere greift unter sein Hemd. Jetzt. Leya schließt die Augen, drückt ab, wieder und wieder. - Das Dach ist leer.

Natalio krümmt sich im Dreck der Plaza, seine Hände schützen immer noch sein Gesicht, „Hört auf, hört doch auf ..."   DOCE

Leya ringt nach Luft. Der Zug schaukelt, und sie kämpft ums Gleichgewicht. Ein Tritt von hinten haut ihr die Beine weg. Sie fällt, und ihr Kopf schlägt schwer auf das Zugdach.
El Graso zielt sorgfältig mit der Schuhspitze auf Natalios Schläfe, holt aus und ...   TRECE
„Final, aufhören!", schreit die Meute.

Leya liegt auf dem Rücken, als sie zu sich kommt. Einer der Jungen packt ihre Hände, zieht sie über ihren Kopf. Der andere hält ihre Füße fest. Der Dritte steht breitbeinig gebückt über ihr, brüllt, spuckt sie an und drückt ihr ein Messer an den Hals.

„Halt still, Guache!"

Der Kerl an den Füßen fasst ihr unters Kleid und reißt an ihrem Slip. Mit einer Hand kann er ihre Beine nicht festhalten, sie tritt zu und schleudert ihn fort. Dem Kerl mit dem Messer hämmert sie den Fuß zwischen die Beine, macht sich los, springt auf, stößt ihn mit beiden Händen vom Dach und rennt zum Ende des Waggons. Weg, nur weg. Schnell runter vom Dach. Da durchschlägt eine Kugel ihr Schulterblatt und platzt aus ihrer Brust heraus. Sie schwankt, rudert mit den Armen und, während der Zug eine Linkskurve fährt, taumelt sie zur Seite, greift ins Leere und fällt vom Dach.

Natalio liegt mit dem Gesicht im Dreck, keuchend stemmt er sich hoch. Außer Atem stehen die fünf Schläger vor ihm. Er spuckt Blut und abgebrochene Zähne in den Staub. Die Mara-Clique starrt ihn an. Sein verquollener Mund zerreißt. Zerreißt zu einem Lächeln. Jetzt ist er ein „Mara 13". Von zuhause abgehauen, hat er für die Clique Geld besorgt, einen Feind erschossen, und er hat die Dreizehn-Sekunden-Prüfung überlebt. Leya musste weg. Sie hätte das nicht ausgehalten. Nicht die Vergewaltigung durch die ganze Clique und schon gar nicht diese dreizehn Sekunden. Natalios Lächeln reicht einen Augenblick lang bis zu Leya.

Zwei Meilen vor dem Grenzort Ciudad Juarez verwesen drei Kinderleichen neben den Schienen. Ein Stück weiter reicht eine Kaktushecke bis an die Gleise heran. Dort liegt, wie weggeworfen, ein kleines Mädchen auf den Dornen der Kandelaberkakteen. Verdorrt und das Gesicht von Vögeln zerhackt, ruht sie auf dem Rücken. Ihr blaues Kleid leuchtet in der Sonne.

Ein gewisses Maß an Dunkelheit ist nötig, um die Sterne zu sehen.

Osho

MOND AUF WEISSER HAUT

Schrille Schreie, dumpfes Brausen und schwül-heiße Luft bildeten den Hintergrund der Szene. Es ist beinahe dreißig Minuten her, seit ich dieses Erlebnis hatte und es aufschreiben kann. Immerhin kann man daraus schließen, dass ich die Angelegenheit überlebt und hoffentlich auch ohne später eintretende Schäden überstanden habe.

„Geh ruhig ins Wasser, du kannst es wagen", sagte mein Begleiter. „Es ist toll hier, kurz nach der Dämmerung."

„Woher willst du das denn wissen?"

„Ich komme manchmal her, und es sind außer mir um diese Zeit auch andere Menschen im Wasser."

„Du weißt, ich bin nicht ängstlich, aber in ziemlicher Dunkelheit in ein unbekanntes Wasser, in dem wer weiß was herum schwimmt, zu steigen ...?"

„Keine Sorge. Es passiert sicher nichts. Du solltest nur kein Wasser schlucken, klar!"

Schon war ich überzeugt, und so zog ich meine Kleidung aus, es war wegen der Hitze wenig genug. In meinen engen Shorts ging ich an das Wasser heran. In unbekannten Gewässern ist es immer besser, unten rum etwas Geeignetes anzuhaben. Ich war hier nicht in Südamerika oder Afrika, wo einem sonst was in die Harnröhre oder den After schlüpfen könnte, aber ich hatte schon einmal in einem Fluss in Florida Fische erlebt, die mir zuerst Hautschüppchen von Rücken und Beinen zupften, aber sich dann auch, bedingt durch den freien Zugang meiner sehr weiten Boxershorts, erdreisteten, an meinem liebsten Freund südlich des Äquators zu zupfen; ein unterirdisches Gefühl, fast wie der weiße Hai in der Badehose.

Langsam glitt ich ins Wasser. Es kam mir beinah kalt vor. Bei den 40° Umgebungstemperatur am frühen Abend war die Differenz von ungefähr 15° nicht unerheblich. Habe ich schon erzählt, wo ich gerade bin? Ich bin in Indien, diesem seltsamen Subkontinent, der einen von einer Sekunde zur anderen zu einem „Ommmmmuahhhh" summenden Kontemplaten, zu einem verzweifelten Menschenhasser, worunter sich in der Regel reiche Menschen gerieren, oder zu einem sabbernden, flüssigkeitsspeienden Monstrum machen kann. Indien also.

In der Dunkelheit stieg ich in ein unbekanntes Gewässer, um mich zu erfrischen. „So, so", würde jeder vernünftige Mensch sagen, und: „Ist der eigentlich verrückt?" Aber man wird sehen, es hat sich gelohnt. Bald stand mir das Wasser bis zum Hals, und ich musste schwimmen. Also legte ich mich auf den Rücken und paddelte mit seitlich ausgestreckten Armen etwas herum, um nicht unterzugehen. Da sah ich ihn!

Den Mond. Halbfertig hing er über mir, die Ecken gerade eben ein bisschen runder als bei einem perfekten Halbmond, strahlte er vom sternenbekleckerten Himmel auf mich und die Pfütze, in der ich schwamm, herab. Da ich einen mittelgroßen Belly mit mir herumschleppe, guckte dieser etwas aus dem Wasser heraus und stieg und sank im Rhythmus meines Atems auf und ab, wie ein Berg in einem Meer, der im Zuge der Gezeiten mal höher, mal niedriger aus dem Wasser heraussieht. Der weiße, runde Hügel glänzte dem Mond entgegen. Die Sterne blinkten in der flimmernden Atmosphäre, die Vögel schrien ihr Schlaflied in die Welt, und hier und da hörte ich einen Affen rufen. Einer der vielen Nachtschmetterlinge flatterte über das Wasser. Er schien Gefallen an meinem weiß glänzenden, im Wasser schaukelnden Berg zu finden. Er flatterte eine Weile um mich herum, bekam Gesellschaft von einem weiteren Tier, dessen einzelne, wie Dachziegel angeordnete Flügelschuppen im scharfen Mondlicht über der Wasserfläche leuchteten. Ein Bild des Friedens. Gedämpft hörte ich das Brausen eines kleinen Wasserfalls. Frieden, Ruhe, Glück.

Wusch, wusch-wusch. Die Schmetterlinge waren weg. Wo sind sie hin? Was war das überhaupt für ein Wusch? Ah, da war ein weiterer geflügelter Nachtschwärmer. Mutig setzte er sich, ja fiel nahezu auf meinen in diesem dunklen Gewässer unter dem grinsenden Mond glänzenden Europäerbauch herab und machte es sich dort bequem. Wusch, war auch er weg. Ein schwarzer Schatten hatte ihn geholt, und ich fühlte einen kalten Hauch auf der Haut und in meiner Seele. Was war dieses Wusch?

Schnell verschwand ich unter Wasser, aber nun leuchtet meine Platte im Mondlicht, sie ist nicht sehr groß, aber ich wusste, sie ist da, und sie wirkt wie ein Scheinwerfer. Ich hörte das Flattern der Falter auf der Suche nach dem von meinem Haarkranz umringten Landeplatz. Langsam wurde mir ungemütlich. Ich schwamm zum Ufer zurück. Das wusch, wusch, wusch umgab mich, und zugleich hörte ich, nun ein Stück vom Wasserfall entfernt, ein leises Keckern und Klicken. Da fiel der Groschen! Ich wurde völlig ruhig, entspannte mich, legte mich auf den Rücken und dümpelte wieder an der Wasseroberfläche.

Da waren sie wieder, die Nachtfalter und auch ein paar dicke, fette Käfer. Sie fanden meine europäische Hautinsel offenbar zu attraktiv in dieser Tropennacht, um ihr widerstehen zu können. Sie umschwirrten mich, und ich wartete geduldig. Klickklickklick - wusch-wusch und die dicke Zikade, die gerade landen wollte, war weg. Wuschwusch, und schon wieder waren ein paar Motten Fledermausfutter. Ich genoss das Schauspiel der jagenden Fledermäuse außerordentlich. Nach einem Augenblick der Angst und Unsicherheit konnte ich die Eleganz und Naturhaftigkeit dieses Schauspiels, dessen Auslöser mein aus dem Wasser ragender Wohlstandshügel war, genießen.

Sie kamen immer wieder, Opfer und Beute. Wegen der sanften Strömung trieb ich beim Beobachten immer weiter in Richtung Wasserfall. Währenddessen hatten die Fledertiere dutzende Insekten verspeist. Als die Wellen, die der Wasserfall verursachte, so stark wurden, dass ich es nicht mehr verhindern konnte, Wasser in die Nase und damit in den Mund zu bekommen, holte ich die Insel wieder ins Wasser, schwamm langsam zurück und verabschiedete mich von diesem Erlebnis.

Lerne loszulassen, das ist der Schlüssel zum Glück.

Buddha

4. NACHTGESCHICHTE

Das Blatt

Noch ist es hellgrün und zeigt erst einen Teil seiner Größe. Glänzend sieht seine Spitze aus der braunen Knospe heraus und der morgendliche Regen perlt an der gewachsten Oberfläche herunter. Er lässt es wachsen und strahlen in der frühen, kühlen Luft. Der Frost zwickt braune Stellen hinein. Es ist wie Du warst. Ein bisschen fremd in der Welt, doch auf dem Weg ins Leben.

Verliebt suchte es die Sonne und wartete auf den ersten wirklich warmen Strahl. Dann wurde das Grün zur Kraft, zur alles sprengenden Macht, die das Blatt entfaltete. Der Wind rüttelte daran, Du warst in großer Gefahr. Raupen rissen Wunden, Wanzen sogen Deinen Saft, doch Du bliebst, wo Du warst.

Nun ist es so weit. Wasser, Luft, Hirn und Blut sind Deine Nahrung. Du bist wie viele und Du bist unique. Wir sind alle gleich, doch alle einzigartig.

Deine Oberfläche scheint glatt, doch ihre Textur ist Zeuge der Zeit. Dein Gesicht sieht in die Welt, sieht viel und wartet. Es wartet ungeduldig vibrierend auf ihn.

Den richtigen Moment.

Du fragst nach einer Rose – lauf vor den Dornen nicht davon. Du fragst nach dem Geliebten – lauf vor dir selbst nicht davon.

Rumi

VERBRANNT

Alles spricht dagegen die Geschichte aufzuschreiben, gibt sie doch preis, wie es in mir aussieht, und das darf ich nicht zulassen. -------
Ach, was soll's! Es war ein schöner Frühlingstag in Leipzig, auf dieser Messe. Unzählige Menschen waren an mir vorübergegangen, hatten mich nicht beachtet und gingen ihren Geschäften nach. Auf die Frage, wer gerade ihren Weg gekreuzt hatte, hätten sie nur nachdenkend die Stirn gerunzelt und sich meiner nicht erinnert, obwohl ich mich, im Gedränge der Messe mit ihnen leicht zusammengestoßen, höflich, ja sogar freundlich und mit einem Lächeln bei ihnen entschuldigt hatte. Alles war flüchtig heute und auch ein Lächeln ging schnell verloren in diesen Menschenströmen. Das ganze Leben streifen wir Menschen, die, stellt sich nicht auf irgendeine Weise eine Verbindung her, oder wird von uns, ihnen oder anderen eine Beziehung eröffnet, nicht den Weg in unser Bewusstsein finden. Es gibt aber besondere Augenblicke, Stunden oder Tage, da sind wir so sehr voll von Gefühl für jemanden, sei es Liebe, Sehnsucht, Hoffnung, oder vielleicht Angst, Wut, Hass, so dass wir das Gesicht, die Gestalt oder Erscheinung dieses Menschen überall in der Menge zu erkennen glauben. So erging es mir an diesem Tag, von der ersten Minute an, die ich auf der Messe war. Nur selten gab es für mich eine Unterbrechung im vergeblichen Suchen nach dem Menschen, der, und das war unumstößlich, nicht hier sein konnte. Manchmal warf der Messelärm nur ein, zwei Worte, ein vorüberwehendes Lachen, ein tiefes Atemholen an mein Ohr, um mich, alles an Vernunft ignorierend, dennoch hinsehen zu lassen, ob sie es wäre. Nein, natürlich war sie es nicht. Sie war weit weg, woanders, in einer anderen Stadt. Ich nahm ein beliebiges Buch von irgendeinem Stand in die Hand, versuchte zu lesen, schalt mich einen Narren, richtete mich auf, riss mich zusammen und ging meinen Geschäften nach bis zur nächsten entferntesten Ähnlichkeit, wobei diese schließlich gar nicht mehr wichtig war. Ich projizierte alles, was ich von ihr wusste und kannte, auf Vorübergehende, auf eine am Regal lehnende Frau, die sich die müden Füße massierte, ein viel zu junges Mädchen, das sich gerade mit einer Freundin ausschüttete vor Lachen, ja sogar auf ein sich küssendes Paar. Es war eine besondere Art Wahnsinn, der mich trieb weiterzugehen, als könne ich nur in Bewegung bleibend Nähe zu ihr herstellen. Selbst zwischen uns Gesagtes, Tage her schon, fand ich wieder in Wortbruchstücken, gesagt von vorbeieilenden Menschen, und es stellte verstärkt die schwache Brücke zu ihr her.

Der Tag verging und ich wollte glauben, ich hätte sie gesehen, gehört, gerochen und sogar gespürt, wenn mich eine unvorsichtige Schulter gestreift, im Gedränge eine Hand die meine berührt oder gar, wenn es einmal ganz eng zuging in den Messegängen, eine weibliche Brust die meine gestreift hatte. In seltsamer Stimmung zwischen diesen kurzen und kürzesten Momenten des Halbglücks und den Zeiten, in denen das unsinnige Suchen nach ihr an mir sog, wie ein Baby an der Brust seiner verhungernden Mutter, verbrachte ich die restlichen Stunden auf der Buchmesse. Es wurde Abend, die Messe schloss, und ich hatte einen Termin. Es war Buchmesse – also gab es eine Lesung. Sie fand im Mendelssohn-Haus statt. Das schien Ablenkung genug, um mich in der realen Gegenwart landen zu lassen. Das Mendelssohn-Haus ist ein schönes Haus, dort in der Goldschmidtstrasse. Hier ist wunderbare Musik entstanden. Musik, die Gefühle generiert, die Menschen träumen lässt. Hoppla, beinah wäre es schon wieder vorbei gewesen mit dem Hier und Jetzt und meine Sehn-Sucht wollte wieder erwachen. Doch jemand fragte mich, ob ich auch von irgendeiner Vereinigung wäre und zur Lesung wollte. Ich bejahte beides und wir sprachen auf dem Weg nach oben miteinander. Beim Hinaufgehen musste ich fast lachen über die Symbolik der Stufenform. Sie waren so schön und so alt, dass sie nach unten gebogen waren, sie stießen den Hinaufgehenden geradezu nach unten zurück, hinunter in die Vergangenheit, aus der sie der Betretende betreten hatte. Mich also zurück zu ihr? Und schon war ich wieder weit fort. Ich sah sie in jedem der alten Bilder des Treppenhauses, gleichgültig ob es Männer oder Frauen waren, und es gab genug Frauenstimmen hier, um mich die Klänge ihres Lachens erahnen zu lassen. „Nein, dass Sie noch nie hier waren!", sagte mein Begleiter und erzählte einiges zur Geschichte des Hauses. Die Wirklichkeit hatte mich wieder. Ich stieg die immer noch abwehrend gesenkten Stufen bis in den zweiten Stock hinauf, nahm das obligatorische Glas Sekt in Empfang und hielt nach einem passenden Stuhl Ausschau, von dem ich den Lesenden gut sehen konnte. Der Saal war schon ziemlich gefüllt, es war ein kleiner Raum, Parkett, Stuckdecke, ein schöner hellbrauner Flügel, alte, unbequeme Stühle und ein kleiner Tisch für die Hauptperson, es war einer dieser Räume, von denen ich in meinem Leben schon so viele ähnliche betreten und erlebt hatte. Also auch diesmal würde ich nach der Veranstaltung sagen, es war ganz schön. Gut gelesen, guter Text, mittelmäßige Moderation, und es war zu stickig. Wie immer also?

Ich setzte mich in die hintere Reihe der im rechten Winkel aufgebauten Stühle und wartete, an meinem Sekt nippend, auf den Beginn der Veranstaltung.

Der Raum füllte sich. Mittlerweile waren fast alle Stühle besetzt. Ganz nah, mir schräg gegenüber, waren noch einige Sitze frei. Wartend beschäftigte ich mich mit dem Programm der Abendveranstaltung, las die Vita des Vortragenden, die Namen seiner Werke und dachte über mein eigenes Schreiben nach. Ein paar Nachzügler hatten offenbar die unbesetzten Stühle in meiner Nähe entdeckt, baten leise um Verzeihung, weil sie sich durch die zu eng gestellten Reihen drängen mussten, und schoben sich auch vor mir vorüber. Ich stellte ohne aufzusehen meine Knie schräg, so dass sie hindurch konnten und las weiter.

Eine Handglocke erklang, es wurde stiller und nach einem erneuten zarten Klingeln wurde es ganz ruhig. Ich stellte mein Sektglas neben meinem Stuhl auf den Parkettboden und sah nach vorn. Doch – mein Blick kam nicht beim Lesenden an. Er blieb an ihr hängen. Nein! Sie war es nicht wirklich, die Unbekannte hatte noch nicht einmal große Ähnlichkeit mit ihr. Aber woran hatte ich gerade gedacht, obwohl ich mir gegenüber so tat, als hätte ich im Programm gelesen. An eines unserer Telefonate letzte Woche. In ihm waren wir uns so nah gewesen, wie ich selten einem Menschen gekommen war. Ich hatte ihre Augenlider geküsst, war mit meinen Lippen durch ihr Gesicht wie durch einen frühlingsfrischen Garten gewandert, hatte ihre Ohren besucht, Worte geflüstert, die nur in solcher Situation gesagt werden können, hatte mich ihrem Körper zugewandt und war bei ihren Brüsten angelangt, hatte meine Lippen zwischen ihnen spielen lassen, und als meine Gedanken hier ankamen, da.... sah ich ihr Dekolleté gerade vor mir, hier im Mendelssohnhaus, in seiner strahlenden Schönheit, mit seinem Versprechen, seinem Rufen und Locken.

Verdammt, verschwunden war der letzte Rest der Realität. Ich war wieder allein mit ihr, hörte meine und ihre Worte, dachte an meine und ihre Empfindungen, wusste, was sie damals getan hatte, schmeckte und roch diese Frau, die ich noch niemals geschmeckt und gerochen hatte. Mit der ich geschlafen hatte, ohne sie berühren zu können. Hier, vor mir, war ein Teil von ihr. Hier war ein irrealer Teil dieses Phantoms aus Worten, Stimme und Bildern und einer fremden Frau, deren Dekolleté ein Teil dieses Phantoms war, ohne dass sie es auch nur ahnte.

Die Lesung begann. Ich riss mich los von der Fremden, nein, von ihrem Dekolleté, träumte mich, den Worten der Moderatorin nur oberflächlich lauschend, zurück in dieses bestimmte Telefongespräch, zurück zu der Frau, die ich den ganzen Tag gesucht hatte, zurück in meine Verliebtheit und meine Wünsche. Mit dem Fortgang der Lesung wurden meine

Phantasien lebhafter, ich wollte eigentlich hinaus fliehen, aber ich konnte doch ihr Dekolleté nicht verlassen, ich konnte doch sie nicht verlassen, nachdem ich sie den ganzen Tag gesucht hatte. Ich schrie mich lautlos an, sie ist es nicht, reiß dich zusammen, aber das, was im milden Kerzenlicht mit sanft glänzender Haut zu schimmern begann, hätte ihre Brust sein können, ja, müssen, wenn sie es wäre.

Nein, es war nicht das, was gewöhnlich den Blick eines Mannes auf ein schönes Dekolleté zieht, es war nicht die Faszination zweier halb verborgener Brüste, die sich, ihre volle Schönheit verbergend, darbieten, um Blicke zu erhaschen, fremde Augen auf sich zu ziehen, die sähen, worauf die Trägerin stolz ist, womit sie sich bestätigen will, um als Frau zu erscheinen, als begehrenswert, als Teilhaberin sexueller Wünsche und Herrin über deren Erfüllung für den von ihr ausgezeichneten Partner. Nein, es war einfach ihr Dekolleté, von mir imaginiert, für jetzt und hier mir gegenüber.

Nicht nur mir wurde warm, die Temperatur in dem kleinen Raum stieg. Die Fremde trug eine schwarze Kostümjacke, die vorn offenstand und darunter eine ebenfalls schwarze, schlichte, ausgeschnittene Bluse. Ihre Augen waren unausgesetzt auf den Vortragenden gerichtet. Diese Aufmerksamkeit für den Lesenden hatte sie, wie für meine Träume gemacht, veranlasst, ihren Körper zurückzulassen, ihn freizugeben für sie. So wurde noch mehr Raum für meine Vorstellung von ihr. Nur eine Armlänge voneinander getrennt saß ich in diesem sich mehr und mehr aufheizenden Raum und während alle den Worten aus dem Buch lauschten, lauschte ich meinem inneren Dialog mit ihr, setzte ihn dort fort, wo er zu Beginn der Veranstaltung unterbrochen war, und träumte, mit dem fremden Dekolleté als Vermittler vor Augen, weiter von uns.

Plötzlich rückte sie auf dem Stuhl ein Stückchen nach vorn, ergriff den Ärmel der Jacke am Handgelenk, zog und entledigte sich ihrer vollends. Ihr wurde zu warm. Ich versuchte den Zauber des Augenblicks festzuhalten, ihn zu dehnen, über diese Störung hinaus zu verlängern.

Sie legte die Jacke über ihre Knie und ich sah zurück auf die vertraute Bucht zwischen den Brüsten, und sofort brach alles auseinander. Meine gesamte Imagination zerstob. Ein Messerschnitt durch ein wunderbares Gemälde hätte nicht brutaler sein können. Genau wie diese zerschnittene Leinwand, so zerstört saß sie vor mir. Ein Spiegel der Gewalt, der sie zerstört hatte.

Ich konnte nicht sofort entscheiden, wer sich in Gewalt und Vernichtung aufgelöst hatte. War es nur meine Vorstellung, die Unbekannte, oder sie, meine sie?

In völliger Verwirrung hätte ich fast aufgeschrien. Doch ich beherrschte mich, wie ich mich immer beherrsche, auch in Gedanken. Verlegen sah ich auf den Boden, verfolgte die Linen des Parketts unter den Stühlen, zählte sie und versuchte bei den Primzahlen anzuhalten, mir die Holzmaserung zu merken und mich zu konzentrieren, aber der Anblick der scharfen Hautfalten verfolgte mich, war stärker als meine Konzentration, meine Vernunft. Ich durfte nicht zurückblicken zu ihr, aber ich musste es tun. Noch hatte ich meinen Blick in der Gewalt, redete mir ein, dass es nichts mit ihr zu tun hatte, was auf dem Dekolleté der Unbekannten tobte. Dass es nicht die Brüste waren, die ich im Geiste liebkoste, küsste und liebte. Gar nichts verband die beiden Frauen, außer einer skurrilen Linie in meinem Kopf. Aber die Chiffre war zu stark. Der Zwang hinzusehen übermächtig. Ich löste Gleichungen, stellte geometrische Betrachtungen über die Grätenmuster des Parketts an, machte mir Gedanken über die Dinge um mich herum, außer über ... Ja, ich versuchte sogar dem Lesenden zu lauschen und hörte manches über Italien, den Vesuv, den Golf von Neapel und eine kurze Episode über farbige, neapolitanische Huren vor den Toren der Stadt am Golf. Schon wurde die Assoziation wieder stärker, sie saß mir doch gegenüber, wer hatte ihr das angetan, war sie, nicht die Unbekannte, sie, meine sie, ebenso verletzt an dieser Stelle?

Ich sah nun einfach hin, jetzt konnte ich es tun. Ich konnte sie plötzlich einen Moment lang unterscheiden, die verletzte Unbekannte von meiner sie.

Vergeblich, schon war es wieder vorüber. Ich sah ihre Wunde, ihre Verbrennung, das Mal ihrer zerfetzten Haut, links am Brustansatz, der bisher von der Jacke verborgen, im Dunkeln heimtückisch gebrannt und darauf gewartet hatte, meine Illusion zu zerstören.

Aber nein, alle Zweifel, die in mir wucherten wie vergeilendes Unkraut, liefen in diesem brüchigen Stück Haut zusammen.

Ich versuchte, sie als nicht echt zu betrachten. Hoffte auf einen Fake, auf einen Gothik Effekt der Mode, die das Dekolleté einer jungen Frau verwüsten sollte um des Gags willen. Aber es war mehr und mehr ihr Dekolleté, unsere gemeinsame Fläche herrlicher Lust. Hatte ich die Narben, die zerrissene Haut bisher nur übersehen, ausgespart bei meinen Küssen? War ich es etwa, der sie verursachte, der ihre Schminke wegwischte, der sie so offen und nackt daliegen ließ?

Nein, es waren vielleicht die Veränderungen unserer Wörter, die rauer werdenden Töne unseres Liebesdialogs, das Knarren der Worte hier und da, das Verschwinden meines Namens aus ihren geschriebenen Sätzen zugunsten eines Kosewortes, das uns beide nicht unterschied. Wir sprachen und schrieben Wörter mit schärferen Schliffen als zuvor, sie waren zu heiß und zu spitz für die Haut, haben mit winzigen Verletzungen große Zerstörungen verursacht. Ihre Haut, die eigentlich meine Haut in der Projektion meiner Wünsche auf die Unbekannte war, machte mir klar, wie weit entfernt sie ist. Wie weit ich von ihr bin. Dann noch ein weiterer Schock. Der Mann neben ihr sprach mit der Fremden, sie lächelte, sah ihn verliebt an und wie um seine Liebe zu besiegeln, küsste er die Spitze seines Zeigefingers und berührte damit ihren zerrissenen Busenansatz, das Schlachtfeld geschehener Gewalt, ihr brüchiges Tuch der Verbindung.

Langsam kehrte die Realität zurück. Der Leseabend näherte sich seinem Ende. Meine Trance fiel in sich zusammen. Mir wurde klar, was das heute war. Vorbereitung zum Abschied. Mein dämmernder Abschied von einer nie begonnenen Liebe, von einem Feuer, das fast einundzwanzig Tage brannte und an der Vergänglichkeit des digitalen Mediums scheiterte. Ich hatte die Frau verloren, an deren Geist und Körper ich mich vielleicht für den Rest meines Lebens hätte festhalten können. Mit der ich ...?

Nun war ich ruhig, wusste ich doch, dass niemals ich die Ursache für diese böse Wunde auf ihrem Leib oder ihrer Persönlichkeit werden würde.

Ich bin glücklich, dass ich diese 21 Tage mit ihr erlebt habe. Und ich wünsche ihr, dass der Fingerspitzenkuss eines anderen Mannes Narben, die ich ungewollt verursachte, verwischt oder auslöscht.

Ich denke, ich werde diese Geschichte doch besser nicht aufschreiben. Sie ist zu intim und ich entblöße mich mit ihrem Niederschreiben. Ich entblöße mich niemals (sie hätte jetzt gelacht).

Doch es war notwendig, sie aufzuschreiben, für mich. Aber sie jemandem zu zeigen, sie ihr zu zeigen, wäre Unrecht, würde womöglich eine echte Narbe zum bisherigen virtuellen Geschehen hinzufügen.

Am Besten schließe ich diese nicht wirklich geschriebene Geschichte mit dem zwischen uns virtuell Verliebten üblichen Abschied.
CU Love, KY, Cherie
CIAO

5. NACHTGESCHICHTE

Aus dem Fenster

Es ist tiefe Nacht, doch es ist hell. Klar Polarkreis! Falsch.
Ich bin in Tokyo und nur in meinem Inneren ist es Nacht. Es ist ein trüber
Nachmittag. Vorhin hat die Erde gebebt. Es war nicht schlimm. Niemand
ist aufgeregt. Ich auch nicht.
Die glänzenden Hochhäuser stellen sich meinem Blick in den Weg. Zwischen ihnen wandern andere Hochhäuser vor wieder andere Hochhäuser.
Der Tag war lang. Nicht wirklich, aber die fremde Zeit schlägt mir ins Gesicht, so dass ich wach bleibe. Aber wie lange noch. Ich sehe aus dem Fenster, diesem verdammten Fenster, das nichts zeigt als Türme. Solche in denen ich den ganzen Tag war, schon japanisches Frühstück hatte. Gut gemeint von Toshiba, aber wer verträgt so was mitten in der Nacht.
Flüsterasphalt, überall. Aber die Stadt flüstert nicht, sie brüllt aus der
Schlucht hoch zu mir, aber was dröhnt, ist der Höhenwind.
Abend. Die 41ste Etage sieht mich vor dem Fenster in die Dunkelheit starren. Wann soll ich schlafen? Jetzt kann ich nicht.
Ich warte auf gar nichts. Das Telefon. Um diese Zeit?
Wir treffen uns im 104ten.
Am Rand der Bar sitzen wir am Abgrund, nippen Gin&Tonic und starren
gemeinsam auf die unter uns blinkenden Warnlampen der Riesen.
Wir reden nichts, wir sind zu müde. Wir warten auf den Morgen und den
Schlaf.
Was eben zuerst kommen wird.

Das Gegenstück zum äußeren Lärm ist der innere Lärm des Denkens. Das Gegenstück zur äußeren Stille ist innere Stille jenseits der Gedanken.

Eckhart Tolle

GEDANKEN

„Nicht schon wieder! Den Kerl mach' ich alle", will er sagen, doch seine Zunge klebt fest am Gaumen, und die Lippen sind vom Alkohol zerrissen. Seine Augen sind verklebt, sie schmerzen beim Blinzeln.

„Ich bringe ihn um!" Er knurrt, wie ein von rohen Stiefeltritten vertriebener Hund. In Gedanken sucht er nach dem richtigen Mordwerkzeug und nötigt seine schweren Knochen, die dünne Schicht verklebter Federn zur Seite zu schieben. Er zwingt sich aus dem Bett, erwischt mit dem nackten linken Fuß gerade noch den Türrahmen. Seine Zehen knacken, er schreit seinen Schmerz zur Haustür und stolpert mit zum Bersten gefüllter Blase und rasend schmerzenden Zehen die Treppe hinab.

„Kann ich ein Paket für die Nachbarn bei ihnen abgeben, Herr Brand?"

„Verschwinde, oder ich hole dieses fiese, ultrascharfe Japanmesser", denkt Brand, sich mühsam beherrschend, und schielt dabei auf den schlecht rasierten Hals des DHL-Mannes. Stattdessen schnauzt er: „Müssen Sie immer bei mir klingeln, um diese beschissene Zeit?" Der Bote grinst frech und wundert sich über den Kerl im verschwitzen Schlafanzug, morgens um 11:00. Er ahnt nicht, wie nah das Keramikmesser ist. „Sie sind wenigstens zu Hause", sagt er munter und deutet vielsagend auf die anderen Einfamilienhäuser.

„Moment, ich hole das Paket", ruft er und ist schon unterwegs zum Lieferwagen.

Während er kramt, hebt Brand die Briefkastenklappe und fummelt mit flacher Hand und gestreckten Fingern die einzige Postsendung heraus.

Natürlich schabt er sich heftig den Handrücken an dem scharfen Blechkasten auf, und das in winzigen Tropfen herausperlende Blut über der weiß geschundenen Haut macht den Morgen auch nicht besser. Seine Laune befindet sich down under.

Er schaut auf die Postkarte. „Wer schreibt heute noch Postkarten …?", murmelt er und sucht die Unterschrift. Vollgekritzelt und auf Englisch. „Na, Servus."

Faule Sau, stinkt … Kneipe und … Kerl.

Verblüfft schaut Brand auf. Was war das? Keiner da! Der Kerl kramt noch im Auto, und sonst ist niemand in der Nähe.

„Ich spinne wohl schon", denkt er und fährt sich mit der blutenden Hand über die Stirn, was sein Aussehen nicht verbessert.

Die Postkarte zeigt ein altes Haus, ein Geschäft, einen Kuriositätenladen in London.

„Ach, da steht noch was drauf."

... hängen sie mir .... rein. ...sie den Laster schicken. Wie ... rauskriegen?

Brand schreckt erneut aus seinen Gedanken.

„Wer quatscht mich hier voll? Ist doch keiner hier", schimpft er, und gleichzeitig fühlt er eine verdammte Wut in sich hochkriechen, und ein gehetztes Gefühl erfasst ihn.

Der Bote kommt und schleppt ein kleines, schweres Paket mit sich, stellt es mit hochrotem Kopf auf die Fußmatte und schiebt es mit dem Fuß mühsam in Brands Flur.

„So, Sie müssen noch unterschreiben", stöhnt er ergeben, nimmt das Unterschriftsgerät, hält es ihm hin. Jetzt hört Brand die Stimme des Boten sogar mit Echo. Genervt legt er die Postkarte auf den Spiegelabsatz im Flur, schnappt sich den hingehaltenen Stift und kratzt auf dem winzigen Display herum.

Der DHL-Mensch zwitschert ein aufdringliches:

„Servus", rennt, voller Elan, zu seinem Wagen, springt hinein und fährt, die Kurve schneidend

„... wie ein Blöder ..."

um die Ecke.

„Hey, hier gibt's Kinder", denkt Brand und ist wieder zum Umfallen müde. Er wirft noch einen kurzen Blick auf die Postkarte, schließt die Haustür, geht nach oben und legt sich erneut hin.

„Gott sei Dank, noch 2 Stunden."

Brand träumt unruhig. Er muss zum Briefkasten gehen, um die Post zu holen, und da steht ein unmöglicher Kerl in einem furchtbar antiquierten Dandy-Aufzug und einer übergroßen Fliege unterm Kinn und redet auf ihn ein. Er schließt rasch die Tür und legt sich noch einmal hin.

Kaum schließt er die Augen, fällt ihm ein, dass er Post holen muss. Er öffnet die Tür, und schon wieder steht ein Typ mit engen Beinkleidern, kurzem schmalen Jackett, einem steifen Kragen und dem lächerlichen, hellen Strohhut mit schwarzem Stoffstreifen, dort und redet in englischem Kauderwelsch auf ihn ein. Er will offenbar etwas aus Brands Briefkasten. Im Schlafanzug mag Brand nicht weiter verhandeln und knallt die Tür zu. Er eilt ins Bett zurück. Die Post hat Zeit.

Das Telefon klingelt unendlich lange und nervend. Nach einer Weile merkt er, dass es der Wecker ist.

„Scheiße, aufstehen", und sofort fallen ihm diese beiden Typen ein, die vor seiner Tür rumlungern und ebenso gut hierher passen, wie ein Fisch in eine

Sahnetorte. Die Schlummertaste ist lebensrettend, und sofort fällt er in einen unruhigen Schlaf zurück.

Diesmal steht er gleich an der geöffneten Haustür, und zwei neue Typen im bekannten Gewand warten auf ihn. Sie gestikulieren und reden auf ihn ein. Sie wollen an seinen Briefkasten. Nur kurz!

„Na gut."

Er öffnet das scheppernde Blechding, und blitzschnell greifen sie nach der alten Postkarte. Auch er hat ein Stück davon in den Fingern. Sie ziehen alle drei vorsichtig daran, aber Brand gewinnt, schnappt sich die Karte und schlägt die Tür zu. Er will endlich lesen was darauf steht.

Schon schreit der Wecker ihn zum x-ten mal an, er tastet nach der Postkarte und erwacht endgültig, schweißnass und extrem schlecht gelaunt. Wütend wälzt er sich aus dem Bett. Die Dusche vertreibt die innere Zerrissenheit nicht, und so geht er mit geballten Fäusten aus dem Haus. Die Postkarte hat er inzwischen vergessen. Es war ihm nur seltsam, wie er auf die Idee kam, nach seinem alten Strohhut, der im Flurschrank liegen sollte, zu suchen. Weil er nicht zu finden war, setzte Brand wenigstens die Sonnenbrille auf. Trotz leichten Schneefalls.

Der Tag lief saumäßig. So wie heute hat er die Leute noch nie angeschnauzt. Er war sich selbst zu viel. Beim Einkaufen brauchte die Kreditkartenmaschine ewig, um die Zahlung abzuwickeln, und er fürchtete schon ...

Der Schnee knirschte laut unter den Reifen, als er am Abend in seine Einfahrt bog. Das automatische Garagentor öffnete sich arschlangsam, und er säbelte sich fast das Dach ab beim Hineinfahren.

Auf der Heimfahrt hatte er dauernd an seine Träume vom Vormittag gedacht und an diese Dandy-Typen. Beinah ängstlich sah er sich um, als er ins Haus ging. Was mochte es nur mit der Postkarte auf sich haben?

Nachdem er seinen Mantel an den Haken gehängt hatte, nahm er die Ansichtskarte. An wen war sie adressiert? Fräulein Brand, Bamberger-Straße. München.

„Wer zum Teufel ist das, und wieso ist die Karte seit hundert Jahren unterwegs?" Brand las den belanglosen Text und begriff gar nichts.

Zwei Wochen später sah alles anders aus. Es hatte ja eine Weile gedauert, bis er verstand. Er konnte es nicht glauben, und es fühlte sich an, als würde sein Verstand entgleisen. Diese Stimmen kamen aus seinem eigenen Kopf. Aber wieso war da ein Kochrezept, das er repetierte, und das sich verdammt nach der Nachbarin anhörte, die es mit österreichischen Wörtern anreicherte und mit Ausdrücken fluchte, die er nicht kannte.

49

Er bekam Angst, fürchtete um seinen Verstand. Er sog alles aus dem Internet, was mit Schizophrenie, Stimmenhören und solchen Dingen zu tun hatte. Es half ihm nicht. Er wurde nur noch mehr verunsichert.

Nachdem er sich ihm anvertraute, hatte sein Freund Stefan angefangen von göttlichen Eingebungen zu reden, hatte von irgendeinem Urgeist,

„...von dem alles kommt und zu dem alles in unendlichen Zyklen zurückkehrt ..." oder so ähnlich, geredet.

„Ja, genau, und diese Geister lernen Kochrezepte auswendig", spottete er. Sie hatten gestritten, und Brand war wütend aus dem Café gestürmt. Aber wenigstens hatte er während des Streits keine Stimmen gehört. Überhaupt hörte er sie nur zu Hause, diese Männer-, Frauen-, Kindergedanken. Mittlerweile war ihm klar, dass es direkt mit der Postkarte zu tun haben musste.

Hundert Mal hatte er sie in die Hand genommen und gelauscht. Meistens war es still, nur ab und zu stürmten fremde Stimmen in seinen Kopf. Gedanken, die den Hund riefen, oder maulten, dass vor seinem Haus der Schnee nicht geräumt war, manchmal männliche Gedanken, die sich auf eindeutige Weise mit einer entgegenkommenden Frau beschäftigten.

Besonders schlecht war es gelaufen, als seine zukünftige Exfrau ihn besucht hatte. Sie saßen im Wohnzimmer und besprachen betont nüchtern und ruhig die Trennungsmodalitäten. Da sah sie die Ansichtskarte auf dem Tisch liegen, griff neugierig danach und fragte, wer ihm denn wohl so eine alte Karte aus London schicken würde. Schnell riss er sie ihr fort, hielt sie mit beiden Händen fest. Er wollte weiter über ihre Trennung reden. Nun bekam er den absoluten Beweis für die Magie der Postkarte wie mit einem Hammer aufs Hirn gedroschen. Ein Zweifel war nicht mehr möglich, und nach einer kurzen Panikattacke, die er durch plötzliches Aufspringen und Blumengießen verdeckte und die Susa den Kopf schütteln ließ, testete er während des folgenden Gesprächs alle Möglichkeiten aus. Es war gespenstisch.

Er nahm die Ansichtskarte in beide Hände.

„Gut, dass wir denselben Anwalt genommen haben. Dadurch sparen wir Geld", sagte Susa.

Hoffentlich ist es bald vorbei, und ich komme hier raus.

Und er fühlte ihre Ungeduld und ihr körperliches Unwohlsein, bemerkte den hastigen Herzschlag, fühlte den dünnen, kalten Schweißfilm auf ihrer Stirn, und wie sie sich in ihrer Kleidung beengt fühlte. Alles nur, weil er in ihrer Nähe war. Erschrocken sah er sie an, sie, seine Frau, die versuchte, ihn loszuwerden.

„Wir können das Trennungsjahr abkürzen, wenn wir erklären, dass wir schon länger getrennt leben", erklärte Susa ihm geschäftsmäßig.

Es ist ja sowieso nichts mehr zwischen uns gelaufen, die ganze Zeit.

Die Karte nun in der linken Hand, hörte er ausschließlich, was sie dachte, alles andere war weg. Er fühlte nicht mehr, was sie fühlte.

„Wir müssen unterschreiben, dass wir nicht mehr zusammen waren."

War sowieso nie viel los die letzten Jahre. Ewig die Arbeit und das Saufen.

Es fiel Brand unendlich schwer, zu unterscheiden, was Susa sagte, und was sie dachte. Aber er hörte genau, was in ihrem Kopf los war. Er schüttelte heftig den Kopf, als wolle er Wasser aus den Ohren bekommen.

„Ist was? Hast du Kopfschmerzen?"

Hör auf zu saufen, sonst gehst du ganz vor die Hunde.

„Nein, nein, ich habe nichts getrunken. Ich bin ... äh, ich habe keine Kopfschmerzen."

Die Karte in der rechten Hand konnte er seinen eigenen Atem durch ihre Nase riechen. Ekelhaft. Nach dem einen Bier.

Er fühlte, dass sie fror. Susa sah in misstrauisch an.

„Was ist bloß los mit dir?"

Süß, wie sie schaut, ich mag sie immer noch. Ich könnte direkt mit ihr nach oben gehen, dachte Brand.

„Wir müssen also nur unterschreiben, dass wir seit dann und dann nicht mehr miteinander geschlafen haben?", fragte er und lächelte versonnen. Dabei hielt er die Postkarte erneut fest in beiden Händen.

Schon ging bei Susa die Post ab. Ihre Gedanken sprangen fort von ihm in die letzte Nacht.

Wie er riecht! Und diese unglaublichen Hände. Weiß genau, wo ich sie haben will. So wild hat mich noch keiner gemacht. Ich liebe sogar seinen ...

Diese Welle nachträglicher Geilheit traf Brand völlig unvorbereitet. Er wurde rot und warf die Karte auf den Tisch, um sofort hastig danach zu greifen. Die Worte waren das eine, aber ihre Gefühle und Bilder das andere. Er sah, wie Susa mit diesem Guerino fickte, als ginge es um ihr Leben. Übermächtig sprangen Details aus ihrem Hirn in seines. Er roch, was sie roch, und er schmeckte, was sie schmeckte, und seine Erektion kam blitzartig, bis er ihre Erinnerung seines Samens im Mund spürte. Er würgte und begann zu husten. Angewidert warf er die Postkarte auf den Tisch.

„Sonst noch was?", schnauzte er sie an.

Susas versonnener Gesichtsausdruck wurde wieder kühl und konzentriert.

„Gut, wir treffen uns, wie ausgemacht, am Siebzehnten, um 15:00 Uhr in der Kanzlei."

Brand nahm die Postkarte in die linke Hand.

Er hörte noch, was sie dachte, aber es kamen kaum noch Emotionen und Bilder herüber. Er legte die Karte auf den Tisch und berührte sie nur mit dem Zeigefinger. Er hörte nur unklar und mit Lücken, was sie dachte. Es war wie Gedankenstottern. Er ließ die Karte los. Stille. Keine Gedanken, außer seinen eigenen.

Als Susa weg war, saß er am Tisch und dachte nach. Hörte wieder ihren Ekel vor seinem zu langen, ungewaschenen Haar, seinem Stoppelbart, der Bierfahne, und dabei hielt er Susa immer noch in den Händen, während sie mit diesem furchtbaren Kerl bumste, und wie sie ihm dann gar ...

„Bah, widerlich!", krächzte er heiser und wischte sich mit dem verschorften Handrücken über den Mund, dachte wieder mal an dieses spezielle Keramikmesser, ging in den Keller und holte sich was zu trinken.

Brand hatte gelernt, mit der magischen Postkarte umzugehen. Er begann, die Reichweite seines Gedankenlesens zu erforschen. Er erkannte, dass er mit Mühe und Konzentration Gedanken und Gespräche in 10 Metern Entfernung verstehen konnte. Er konnte inzwischen gut unterscheiden, ob sie sprachen oder nur dachten. Manche dachten und sprachen gleichzeitig unterschiedliche Dinge. Was ihm besonders unheimlich, ja völlig unbegreiflich war: er konnte alles verstehen, gleichgültig, in welcher Sprache die Menschen dachten.

Nachdem der erste Schreck verflogen war, überlegte er sich, was er mit seiner Gabe anfangen könnte.

Er wollte ein neues Leben, und dafür brauchte er Geld.

Seine alte Schwäche, Poker, fiel ihm ein.

Einige Wochen später war er auf großer Pokertour durch Deutschland und Österreich. Es lief immer gleich ab. Checken, wo gespielt wurde, mitspielen, zuerst verlieren und dann abräumen. Blöd war die Ansichtskarte, die fiel auf. Immer die Hand in der Jackentasche ging auch nicht. Postkarte falten traute er sich nicht. Also befestigte er vorsichtig auf der Vorderseite das Foto eines jungen Mädchens und erzählte, sie sei seine Tochter, sein Glücksbringer. Er kam in Kreise, in denen die Gedanken seiner Mitspieler oft ums Eierabschneiden kreisten, und er manchmal mitten im Spiel auf die Toilette ging, um nicht zurückzukehren und aus der Stadt zu verschwinden. Trotzdem häufte er rasch viel Geld an, was er durch das Ablauschen manipulierter Wetten auf der Rennbahn unterstützte.

Noch besser lief es mit den Frauen. Mit der Karte in beiden Händen spielend hörte er sich um, wer anwesend war, wie sie drauf waren, und wen er abschleppen könnte. Im Gespräch lenkte er die Inhalte auf Frustrationen und Wünsche.

Es klappte hervorragend, zumal er sich mittlerweile pflegte, gut roch und nichts mehr trank. Er brachte das Gespräch nach einer Weile direkt auf Sex, sprach allgemein darüber und hörte sich in ihre Gedanken ein. Fühlte ihre Suche nach Zärtlichkeit, Härte, Kraft, Lust, Gefühl. Er erkannte, was sie wollten, wo sie es wollten, und wie sie es wollten. Wenn mehrere Frauen anwesend waren, und wie abwesend zuhörten und mitdachten, dabei ihren Körper und ihre Lust vor ihm ausbreiteten, an den gesprochenen Worten ihre Gedanken vibrieren ließen und begannen, über sich und ihre Lust nachzudenken, hatte er fast schon durch den überwältigenden Sturm der Gedanken eine Ejakulation. Es kam vor, dass er sich kaum halten vor Gier, und sprang nicht selten mitten in der Balz auf eine andere Frau um, einfach, weil sie den größeren Kick versprach. Er ging so weit, dass er durch die Benutzung der Worte, die sie dachten, erreichte, dass eine Direktverbindung ihrer beiden Körper entstand. Er sagte immer das Richtige, tat immer das Richtige. Inzwischen brauchte er die Postkarte nur noch, um seinen Lausch-Akku aufzuladen. Das erleichterte ihm beim Sex die Geilheit seiner Opfer zu erkennen, ohne sich um seinen „magischen Schatz" kümmern zu müssen. Er konnte sie und ihre Gedanken fressen, wie in einem besonderen Kannibalismus. Er schluckte ihre Wünsche, um sie beim Sex als Erfüllung wieder in sie zurückzuspucken. Er drückte die Knöpfe, strich die Saiten, schlug die Häute, als kennte er ihren Klang. Wenn er ging, um nie zurückzukehren, waren ihre Partituren perfekt und unübertreffbar gespielt, ikonenartig erstarrt, für immer.

Er hatte bald viel Geld beisammen, und nahm sich Sex, wie und wann und beinahe auch mit wem er wollte. Aber noch fehlte die gesellschaftliche Anerkennung. Das brauchte einen kühlen Kopf.

Er fuhr nach Berlin und saß während der Sitzungswochen auf der Tribüne. Von dort aus scannte er die Gedanken der Abgeordneten, hörte verborgene Gespräche, schmeckte ihre Ängste und Wünsche, tastete sich hinein in das Zentrum der Macht. Es dauerte nicht lange, und er hatte genug gelauscht. Er kam durch Zwangs-Protektion in ihre Machtzentren und zum Geldadel, stieß dort noch weitere Gedankentüren auf und wusste bald alles.

Seine Reichweite stieg weiter. Aber er schlief immer schlechter. Die Postkarte noch immer in einer Jacketttasche, konnte er die Stimmen unterscheiden, konnte hundert und mehr Gedanken wegfiltern, wenn er die eine Person sah, die er belauschen wollte.

Eines Tages sah Brand eine Live-TV-Show und hörte die Teilnehmer sprechen und denken. Er unterschied Wahrheit, Täuschung und Lüge; über viele Kilometer Entfernung. Er fühlte sich großartig, tausende Individuen unterscheiden zu können. Brand hörte sie erzählen, fragen, schimpfen, weinen, schreien, lernen und verzweifeln.

Seine Macht wuchs. Er konnte alles wissen, fühlen und tun. Die Kakophonie menschlicher Gedanken war unbeschreiblich. Er hörte Stimmen aus den Nachbarländern. Dann verließ er den Kontinent, betrat andere. Immer stärker wurde sein Wille, sein Verlangen nach mehr Input. Er experimentierte mit seinem Hirn, baute inneren Druck auf, um sein Denken von dem der Menschen zu isolieren, sie auszuschließen, nur seine eigene Stimme in diesem Wirrwarr zu hören, wenn sie ihn nervten. Es war wunderbar, all diese Menschen, Schicksale, Erlebnisse und Gedanken zu trinken. Er pickte sich manchmal auffällige Stimmen heraus.

Wenn er nicht schlafen konnte, hörte er Müttern zu, die ihre Babys in den Schlaf sangen, fühlte den diffusen Nebel der Kinder, erfuhr vom Schmerz, wenn sie hinfielen oder einsam waren in dunklen Räumen.

Seine Sensoren reichten weiter und weiter. Dann dieser in seinem Hirn explodierende Schrei. Er wurde begleitet von einer Schockwelle ohnmächtigen, stolzen Schmerzes. Sie wurde zerrissen, fluchte, winselte, schrie, brüllte, kreischte, beruhigte sich, dachte an Glück, und wie es werden würde, sah dieses ungesehene Gesicht. Dann schrie sie wieder, ihr Atem hastete, sie roch den verströmenden Saft ihres Körpers, zerriss, von tausend glühenden Messern zerschnitten, und wuchs in ihr unbeschreibliches Glück. Der Schwall ihrer Emotionen riss ihn nieder, und er wusste: Er hatte geboren. Nun kannte er alles!?

Aber er schlief kaum noch. Nachts, wenn er vor Müdigkeit seine Mauer gegen die Gedanken nicht mehr aufrecht halten konnte, hörte er sie reden. Von alltäglichen Dingen, von Bosheit, Frust, schlechtem Gewissen, Geschäften, Geheimnissen und verborgenen Absichten, Niedertracht, Glück, Hoffnung, Verzweiflung, Neid und Tod oder Sterben oder Verenden, vom Schlachten und vom Krieg. Diese bösen Stimmen wurden lauter, während die schönen Gedanken mehr und mehr verschwanden.

Nur wenn er wach war, ausgeruht, hörte er alle und konnte sie ertragen. Sein Ego wuchs und wuchs. Er belauschte die Welt. Er konnte nichts anderes mehr tun, als zu lauschen, in den Leben der Menschen zu stochern, zu fühlen, was sie empfanden, zu riechen, was sie rochen, zu schmecken, was sie schmeckten und zu ficken, vergewaltigen, quälen und streicheln, was sie streichelten oder zerstörten. Er hörte beide, Quäler und Gequälte. Wie ein stoffloses Mycel wuchert sein Geist in die Hirne viele Menschen. Er vergiftete sich an diesem Denkstoff. Mächtiger wurde er, immer mehr verstand er.

„Mein, die Welt ist mein!", schrie er hinaus. Erdbeben, Überschwemmungen, Feuer, Krieg, waren ihm erst interessant, später zerquälten sie ihn. Er konnte es nicht mehr abstellen. Seine eigene Stimme schien leiser zu werden, und so musste er schreien, um sich zu hören, nicht völlig unterzugehen in der Welt des Grauens, der grauenhaften Welt.

„Verschwindet! Alle! Ich will nichts mehr hören." Jedes seiner Worte hallte in seinen Kopf zurück, wurde zum Echo, verband sich mit den Mächten der Geister aus den Gehirnen Irdischer. Er krümmte sich, als würden die Stimmen den Körper zerquetschen. Er lag auf dem Boden, wälzte sich auf dem Parkett, schlug vor Schmerz und Angst um sich, und verlor das Bewusstsein.

Am anderen Morgen fühlte er sich, als wäre eine Herde Büffel über ihn hinweggestampft.

Aber er lauschte. Nichts, nur seine eigene Stimme. Wo war die mgische Ansichtskarte. Vielleicht, wenn er sie verbrannte ...? Doch er konnte sie nicht finden.

Sie schoben sich langsam heran. Die leisen Töne suchten nun seine Nähe. Eine dunkle, schwere Wolke zog in sein Hirn. Sie hatten ihn gefunden, die wehenden Fetzen am Ende der Wünsche und Ereignisse, dem Ausklingen des Wütens, Glaubens, Liebens und Leidens und der Enttäuschungen.

Sie sahen ihn an, aus ihren verlöschenden Gesichtern, mit ihren Erinnerungen an Erinnerungen an Erinnerungen. Sie wurden leiser, aber immer eindringlicher. Klebrig und unlösbar hefteten sie sich an ihn. „Was ist das?" fragte er. Dann verstand er. Die Lebensenden bissen sich fest in seinem Geist. Er wehrte sich, aber sie blieben. Jetzt hörte er sie alle. Die langsamen, schnellen unerwarteten, plötzlichen Tode. Die mit dem letzten Blick auf das, was kommt. Die Alten, mühsam Sterbenden, die Gequälten, die grindig Aussätzigen und die glamourös Verschwindenden.

Brand sah in den Spiegel. Eine Maske, die sich jeden Augenblick in einen neuen sterbenden Gedanken verwandelte, blickte ihn an. In Augenblicken der Klarheit erkannte er, dass die Postkarte weg musste. Trotzdem überkam ihn ein wahnsinniger Hunger nach dem Denken der Welt. Das Verlangen breitete sich aus wie ein Vakuum. Er glaubte, lebende Gedanken fressen zu müssen.

Nur dann würden die Sterbenden verschwinden. Wie ein seit Wochen Hungernder sich auf Essen stürzt, suchte er nach den Stimmen der Agilen, Lebendigen. Das Verlangen nach dem winzigsten Gedankentropfen wurde übermächtig. Er schrie nach diesem flüchtigen Stoff. Brüllend vor Schmerz raste Brand zum Schreibtisch, riss die Schublade, in die er die Postkarte gelegt hatte, auf, griff zu und heulte vor Enttäuschung. Weg, sie war verschwunden.

Die nächste Schublade. Nichts. Er durchsuchte das Haus. Alles war leer. Er tobte, schrie von Dieben, Verbrechern, und was er alles tun wolle, aber die Postkarte blieb verschwunden, und die Stimmen blieben aus. Nur dieses verdammte Raunen der Sterbenden war zu hören. Sollten sie doch verrecken. Die Wolke in seinem Kopf presste ihm das Hirn auf die Größe einer Walnuss. Er saß zitternd auf dem Bettrand, Tränen rannen über sein Gesicht, Verzweiflung und Qual ließen ihn kotzen. Er dachte an seinen Freund Stephan, der ihm die Theorie der unendlichen Wiederkehr erklärt hatte, und der lachte wie ein Teufel.

Er suchte die verfluchte Postkarte. Er lief in den Keller. „Verdammt, wie soll sie in den Keller gekommen sein?" Trotzdem lief er durch die Räume, kroch in den dunklen Raum unter der Treppe. Dort hörte er sie singen. Und mit einem Mal verstand er, warum er hier war. Er war ihr Gefäß, sie wollten, dass er sie hörte. Es wurden immer mehr, Millionen, Milliarden, wenige erkannte er, von manchen hatte er gehört, etliche waren unsterbliche, einmalige Gedanken, auch manche von Vormenschen gedacht. Fast Tiere noch, wirkliche Tiere. Hier unten lagen all die Gedanken, die sie im Leben je gehabt hatten, und nun zogen sie in seinen Kopf. Brand brach zusammen.

Als er erwachte, nach Tagen erst, waren alle Gedanken der Welt in ihm. Langsam sammelten sie sich zu einem ruhigen Rhythmus, wie der einer Brandung eines riesigen Ozeans. Brand stolperte die Treppe hinauf. Sah sich um. Da lag sie, die Postkarte. Sie war dort, wo er sie das allererste Mal abgelegt hatte. Auf dem Spiegelsims. Als er nach ihr griff, war der Rhythmus in seinem Hirn schon perfekt synchronisiert. Es formte sich ein Wort, und er wusste, wenn dieses Wort gesprochen war, würde alles zu Ende gehen.

Auch er würde verschwinden. Das Ende aller zukünftigen Gedanken würde gekommen sein. Was konnte er tun? Er musste es stoppen. Er musste die Postkarte vernichten, wegwerfen, in die Welt schleudern. Brand riss die Tür auf. Draußen warteten vier altmodisch gekleidete Figuren.

Brand steht, die Postkarte in den Händen, vor dem Haus im Schnee. Voller Angst und Panik schreit er seinen Wahnsinn in die letzten Minuten des lebenden Denkens. Die Angst tropft aus seinen Augen. Er sieht es kommen, dieses große letzte Wort, diesen letzten Gedanken. Er lächelt nun, weil er weiß, welches es ist. Er brüllt ohne Unterlass, und die Welt zittert.

Er beginnt, sich zu lösen. Es braucht nur noch einen winzigen Kick. In seiner riesigen, silbrigen Schönheit hängt er dort und wartet auf den richtigen Moment.

Das Wort schält sich immer mehr aus dem Rhythmus der toten, der lebenden und werdenden Gedanken heraus und formt sich. Endlich fällt der kalte Stalaktit. Seine Spitze bohrt sich mit der Wucht einer Axt in seinen Schädel, dort, wo einmal die Fontanelle darauf wartete, dass die Knochen sein Denken einschlossen. Der Eiszapfen sprengt die verwachsenen Platten auseinander, schafft Raum, zerstört den Rhythmus der Gedanken und zerschlägt das Wort, während es sich vollendet.

Brand steht immer noch erstarrt aufrecht, die Augen ungläubig auf die Ansichtskarte gerichtet. Dann kommen sie. Die Stimmen, Gedanken, Gefühle und Leben verlassen ihn in einem schier unendlichen Strom, wie weißer Dampf aus einem Dampfkessel einer altmodischen Lok. Altmodisch wie die Postkarte und wie die vier seltsamen Herren dort drüben. Der Strom des Gedachten, Gesagten, Erlittenen, zieht im Wind davon.

Der Älteste der Vier geht zu Brand, nimmt ihm die Postkarte aus den Händen, prüft sie und nickt zustimmend und wartet. Als die letzten Gedankenfetzen seinen Körper verlassen, stürzt er auf sein Gesicht in den Schnee.

„Eigentlich schade, dass er es nicht geschafft hat. Er hat länger durchgehalten, als alle anderen in den letzten Zyklen", sagt einer der Vier, nimmt seinen lächerlichen Strohhut ab, steckt die Karte ins Futter und wendet sich seinen Begleitern zu. „Die Karte ist in Sicherheit, nicht verloren, wie 1914."

Während sie sich gemächlich auf den Weg machen, verwandelt sich die Postkarte langsam in eine moderne Glückwunschkarte für die Eltern der morgen geborenen Anna.

Der Körper folgt dem Geist.

__Bruce Lee__

6. NACHTGESCHICHTE

Wolke und Seele

Eine wunderschöne, weiße und wohlgeformte Wolke schwebte über der glücklichen Seele, die sich ausbreitete, entspannt über den Hügeln lag, zufrieden in den Himmel blickte und die weiche Luft der umliegenden Gespräche atmete. Es lagen nur wenige Schichten der süßen Atmosphäre zwischen ihr und der Wolke. Elektrische Felder aus Verständnis, Freundschaft, Liebe und Anziehung verbanden sie.

Die Zeit verrann und sie kamen sich näher. Die Wolke sah auf die Seele hinab und die Seele blickte in die Augen der Wolke, deren Lächeln alles versprach, wofür die Seele gekommen war und wofür sie sich öffnete.

Nun berührten sie sich, dort, wo die Luft für die Seele dünn wird und die Wolke ihre Form verliert und vage wird, zu Dunst sich wandelt. Beide verletzlich, doch glücklich die Seele in ihrer Offenheit und Liebe.

Da überfluten Schmerzen die Seele, sie krümmt sich vor Schmerzen, vor Kummer und Angst. Es schneit. Schwarzer, scharfer, eiskalter Schnee sinkt auf sie herab. Die Wolke weint diesen Schnee und sie zieht sich, leichter werdend, zurück. Die Seele zieht sich zusammen zu einem Punkt, kleiner als die Spitze einer Nadel. Ihr Schrei dringt zur Wolke empor. Sie versteht nicht, hört nur eine Beschimpfung. Wendet sich ab. Die Seele sinkt in ein Loch in der Erde und sieht die Landschaft nicht mehr, gibt sich fast auf, wartet.

Worauf wartet sie?

Die Wolke ist fort. Die schönen Hügel, die Leichtigkeit und Schönheit des Lebens. Wer hat Schuld? Gibt es Schuld?

Vielleicht war es einfach nur die Berührung, die nie hätte stattfinden sollen. Seele und Wolke - sie leben in verschiedenen Sphären. Wenn sie sich treffen, ist es wunderschön, aber vielleicht auch tödlich.

Tödlich für wen?

Die Wolke ist wieder allein, niemand, der sie anlächelt,

Die Seele inmitten der Erde Gewimmel, doch niemand, den sie anlächeln kann.

Gibt es einen Weg?

Enttäuscht vom Affen, schuf Gott den Menschen. Danach verzichtete er auf weitere Experimente.

__Mark Twain__

ÜBERLEBT

65ster Geburtstag, und ich bin eingeladen ihn mitzufeiern. Eigentlich kenne ich das Geburtstagskind kaum, aber es ergab sich, dass seine Freunde und Bekannten für ihn eine Art Session machen wollten. Er ist Verleger, Miniverleger versteht sich, macht irgendwelche Kunstwerke aus technischen Überbleibseln und schreibt auch. Na, Schwamm über Letzteres. Immerhin feierte er in München Schwabing in einer Kneipe, die, im übrigen zurecht, unmittelbar nach der Feier wieder geschlossen wurde. Ich halte mir jedoch zugute, dass sie nicht wegen meiner Leseleistung geschlossen wurde, sondern weil der Wirt seine eigenen Flaschen besonders liebte, aber so what.

Mitfeiern heißt in diesem Fall nicht nur da sein, essen und trinken und reden, nein, alle Gäste sind Künstler, Maler, Sänger, Schauspieler und Schriftsteller oder solche, die es sein möchten. Daher ist mitmachen, vorführen, darbieten angesagt. Es soll eine richtige Session werden, ein Event, mitten in Schwabing.

Ich merke gerade, es wird eine richtige kleine Geschichte, die ich ausführlicher erzählen müsste, dabei wollte ich nur mein erstes Mal schildern. Mein erstes Mal einen eigenen literarischen Text vor Publikum in der relativen Öffentlichkeit einer Veranstaltung, bei der die Menschen von der Straße auch einfach hereinkommen konnten und dies auch tatsächlich taten, und sich anhören sollten/wollten was, ich vorlas.

Ach, und ich habe es überlebt. Das jedoch war nicht selbstverständlich. Nicht nur, dass ich einen viel zu langen Text ausgesucht hatte, sondern es waren alle möglichen Umstände, die, ihre virtuellen Hände ineinander verschränkt, manche zu Fäusten geballt, gegen mich waren. Sie versuchten mich zu schaffen, aber ich war entschlossen sie zu schaffen.

Ich verzichte darauf zu schildern, wie die 88-jährige ehemalige Opernsängerin mit dem schier nicht enden wollenden Dekolletee neben irgendeiner Art Koloratur auch noch aufreizende Lieder zum furchtbaren Besten gab, streife nur eben vorsichtig die seltsamen Gedichte eines Siemens-Angestellten oder die mit Helm und Hellebarde dargebrachten Verse und Aphorismen des Geburtstagskindes selbst und erst recht die seltsamen Gäste, glatzköpfige Damen, zwergwüchsige Verrückte (sie müssen verrückt gewesen sein, denn ich fragte mich, wie sie aus der Anstalt herauskamen und betreiben auch noch ein Kabarett??), ich unterschlage die gut gelaunten, schmusenden Lesben und die Schauspielerin aus dem Kindertheater, bei der jedes Wort klang wie aus Rotkäppchen und der Wolf. Ich schreite also umgehend zur Tat, meint also zu meiner Lesung.

Alle saßen mittlerweile an liebevoll zusammengeschobenen Tischen in einer langen Reihe, bis auf die, die sich rauchend in der Nähe der Tür hinter mir aufhielten, um gegebenenfalls schnell und unauffällig verschwinden zu können, falls ich Blödsinniges las. Vor mir also der lange Tisch rechts und links gespickt mit schwatzenden Menschen, die schon länger auf Getränke und etwas zu essen warteten.

Der Hausherr, sprich das Geburtstagskind, bat um Ruhe für mich. Gut, er sagte es nicht sehr laut und energisch, also tat sich auch nichts. Ich saß mit meinem frisch gedruckten Buch am Kopfende der Reihe und wartete auf meinen Einsatz. Abermals bat er um Ruhe. Was hatte ich mich auch überreden lassen, den anderen den Vortritt zu lassen. Nun musste ich es büßen. Genug, genug, genug Kultur für einen Geburtstag, schien es aus den Mündern der mich unwillig ansehenden Gäste zu kommen.

Da sprang ich auf, nahm ein leeres Glas. Gut, dass der Wirt so lahm war und nichts zum Nachschenken brachte, lieber sich selbst um den Wein kümmerte, nahm also ein Glas und klopfte damit an ein anderes. Ein Wunder trat ein. Ob nun alle glaubten, es gäbe tatsächlich etwas zu trinken oder die Straßenbahn hätte einen Umweg durch die Kneipe genommen, es war jedenfalls plötzlich still.

„Dem lieben Geburtstagskind (mir war natürlich der Name kurz entfallen) zugeeignet, lese ich jetzt aus meinem neuen Buch."

„Hört, hört", klang es hinter mir von den Rauchern.

Ich begann.

Ich fuhr fort.

Ich brachte wohlbetont und pointiert die Scherze und Witze.

War zufrieden mit mir.

Da begann es neben mir umterm Tisch zu rumoren. Etwas knurrte böse und zog an meiner Jeans.

Offenbar der kleine Terrier der uralten Dame, nein, nicht die Opernsängerin, die war schon wieder weg und präsentierte ihr Offenbarungsdekolletee in der nächsten Kneipe. Offenbar war sie nur zufällig hier, denn sie zog jeden Nachmittag in Schwabing herum und sang für je ein Glas Wein.

„Hey, wir hatten Glück, heute hat sie bei uns angefangen, was meinst du, was sie tut, wenn sie schon tiefer im Wein ist?", sagte die glatzköpfige Schöne. „Normalerweise küsste sie alle männlichen Gäste, aber richtig", sagte sie, streckte die Zunge heraus und schüttelte angewidert den Kopf.

Doch ich schweife ab. Der Hund hing immer noch an meinem Hosenbein. Stoisch las ich weiter, aber schüttelte das Vieh mit einer kurzen aber heftigen Bewegung ab, so dass er jemand anderem zwischen die Beine flog, diesen in die Waden zwickte und unbändig zu bellen begann.

Die Worte perlten gelassen von meinen Lippen.

Der Gebissene sprang auf, katapultierte den billigen Holzstuhl hinter sich in die Kulissen, das Bellen wurde zum Keifen, Ausrufe der Entrüstung wurden ebensolaut wie der Hund und verwiesen diesem seine Lautäußerungen, was ihn wieder dazu brachte noch einen Gast zu beißen, der, eigentlich war es eine alte Dame, von denen es hier, immerhin war es ja ein 65. Geburtstag nur so wimmelte, mit seinem schwarzen Gehstock unter dem Tisch nach dem Hund stocherte, und das alles weckte den Wirt aus seiner privaten Weinverkostung. Er tat nun sein Bestes, schwankend die Verkostungsreste zu servieren.

Mit unerschütterlicher Ruhe las ich weiter.

Der Lärm pendelte sich auf neuem Niveau ein. Wurde nur unterbrochen durch die freundlichen Fragen

„Rot oder Weiß?"

und durch die entstehenden Missverständnisse, oder die Rufe nach Würstchen mit Kartoffelsalat.

Meine Stimme erhob sich zu neuen Stärken.

Auch nach belegten Broten und Leberkässemmeln wurde gerufen. Noch zwei Seiten. Die Hauptpointe nahte.

Weiter, nur weiter.

Da, da hinten links, kurz vor der Theke gab es sie noch. Drei Gesichter, die mich ansahen, konzentriert, einer sogar mit einer Hand hinterm Ohr, lauschten, an jedem meiner Worte hingen. Ja, für diese drei lohnt es sich durchzuhalten. Es lohnt sich immer durchzuhalten, sagte ich mir.

Noch zehn Sätze.

Die Pointe gut vorbereiten. Nichts verhunzen jetzt, keine Verleser. Die Stimme muss halten. Wie war das noch mit Demosthenes, der mit Kieselsteinen im Mund gegen das Meer anschrie, um seine Stimme zu verstärken? Die Stimme hielt noch.

Die Pointe kam näher, der Mensch mit der Hand hinter dem Ohr war inzwischen beschäftigt, sein Würstchen in den Senf zu tunken, aber die letzten beiden Gesichter, sie sahen immer noch gespannt in meine Richtung. Ja, das war MEIN Publikum.

Ich setzte die letzten Worte besonders akzentuiert, und

Danke!

Geschafft.

Das Geburtstagskind applaudierte geistesabwesend und bestellte schnell noch eine Russenhalbe. Der Hund hörte abrupt auf zu bellen. Die zeternde Stock-nach-dem-Hund-Stocherin sah wieder zu mir her und wunderte sich, dass es schon vorbei sei. Die Schauspielerin raffte ihr Sommerkleid und stellt sich in Pose, um übergangslos einen Kinderabzählreim zu referieren, und ich? Ich sah, dass meine verbliebenen, mit zum Applaus erhobenen Händen konzentriert wirkenden Zuhörer nur deshalb so gebannt in meine Richtung schauten, weil die beiden Lesben hinter mir ins wilde Knutschen gekommen waren. Na immerhin hatte meine Lesung in dieser Richtung für aufbrausende Gefühle gesorgt.

Der angetrunkene Wirt schlug mir aufmunternd auf die Stahl-Schulter und sagte:

„Schöne Geschichte, das!"

Ich grinste etwas verkniffen, und die überbordende Freude stellte sich nicht wirklich sofort ein. Immerhin hatte ich meine erste öffentliche Lesung überstanden, und ich hatte irgendwie durchgehalten, nebenbei mal eben eine Bierflasche weitergereicht, den Hund abgewehrt, den Tumult übertönt und das Desinteresse ignoriert. Aber ich hatte es – überlebt.

7. NACHTGESCHICHTE

Kalt und feucht

Seitdem es so heiß ist, sitzen sie noch enger zusammengekauert im Dunklen. Sie machen sich klein und flach, flüstern unhörbar von ihren Empfindungen. Unzählige Augen starren in die Dunkelheit. Sie warten. Draußen steigt die Hitze, und langsam wird es auch bei ihnen warm und ungemütlich. Sie beginnen sich hin und her zu wiegen. Ein paar Schritte hierhin, bis sie an einen Nachbarn stoßen, ein paar Schritte dahin, bis sie ein anderer zurückweist. Immer weiter ziehen sie sich in die feuchte Dunkelheit zurück. Dem nächsten Nachbarn sind sie zuwider, Den weiteren zu unbekannt. Es ist eng, keine Nahrung, und die Hitze dauert schon zu lange. Vorhin kam ein Ungetüm und stach mit spitzen Drähten nach ihnen und erwischte zwei oder drei. Sie starben lautlos und zerfielen zu Teilen. Es wird immer heißer und trockener. Zu heiß, zu trocken. Bald wird der Moment kommen. Bleiben oder fliehen. Hinaus in die sengende Wüste, verhungern und verdursten in der Dunkelheit.

Schlagartig wird es hell. Die Decke verschwindet in den Himmel und gleißendes Licht, Hitze und Angst fallen auf sie nieder.

Weg, nur weg von hier, und jeder bewegt seine sechs Beine mit rasender Geschwindigkeit und so schnell wie eine Assel nur kann, verschwinden sie in rettende Ritzen.

Wir haben Angst vor dem Tod, wir haben Angst vor der Trennung, wir haben Angst vor dem Nichts. Wenn wir aber tief schauen, erkennen wir den unaufhörlichen Wandel der Dinge und verlieren allmählich unsere Angst.

__Thich Nhat Hanh__

SARCOPHAGA CARNARIA

Rundum glüht Steppe.

Hitze quillt durch Türritzen und Fensterspalten.

Baracken im Gelände und Stacheldraht glitzert.

Trampelpfade verbinden die Blechhäuser.

Schlechtes Licht für Fotos!

Mittag. Senkrecht hartes Strahlen.

Die Sonne sucht nach Schatten. Ein Boy bringt den Weidenkorb.

Mittag riecht wie immer.

Die Luft wabert. Die Hitzen tauschen die Plätze. Über Korb und Boy hängen Stromschlangen. Noch sitzen keine Krähen darauf. Erst abends - immer.

Es ist zwölf. Leise geht die Tür. Staubschwaden, ein bisschen Leben, Essen und Angst kommen herein.

Acht Beine teilen sich die Tischplatte. Räuspern; zwei gehen. Sie holen Whisky. Verdammt, noch immer kein Eis! Das Flapp, Flapp, Flapp, Flapp des Deckenpropellers schiebt flammende Luft um den Tisch.

Die eine gleißende Tischdecke wird unter das Essen geschoben. Setzen, Glas heben, trinken, schlucken sind eins.

Es summt nervend. Sitzt hier auf dem Tisch, da auf dem Boy, schwirrt elegant zur Soße hinab.

Es fliegt ihnen gegen den Willen. Der Boy wedelt. Schwarze Punkte geraten ins Blickfeld, laufen, drei und drei Füße hebend, zu Fremdem.

Es hebt die Hand, kommt näher. Über dem saugenden, schmatzenden, beinigen Ding verharrt sie, greift zum Stoffschwert, hebt es auf, verharrt, wartet, sinkt, krampft fast, - zuckt zu.

Whisky schwappt in der Mundhöhle.

Anerkennung, zum Wohl!

Das Tuch bleibt, arbeitet weiter, mit Verstärkung. Jedes schlägt den Willen seines Herrn – im Wettkampf.

Das Fleisch zerfällt in Bissen, und die übrigen Punkte summen leiser. Das Dessert verschwindet lautlos.

Die Zigarre nach Tisch schafft Zeit für Siegerposen. Der Rauch verscheucht den Boy.

Spitze, weiße Finger schieben die Punkte zusammen. Gold-glänzende Schmeißfliegen zerschmettert.

Die Hitze flirrt. Der Ventilator dreht. Beine stehen - Landkarten liegen bereit.

.

Wer nichts weiß und weiß nicht, daß er nichts weiß, ist ein
Tor – meide ihn.
Wer nichts weiß und weiß, daß er nichts weiß, ist bescheiden
– belehre ihn.
Wer etwas weiß und weiß nicht, daß er etwas weiß, ist im
Schlafe – wecke ihn.
Wer etwas weiß und weiß, daß er etwas weiß, ist weise –
folge ihm.

__Sokrates__

DER BUCKEL ODER DÄMON DER WISSENSCHAFT*

Die Ärzte nannten es Kypho-Skoliose, die Affen hießen es einen Buckel. Zusammen waren wir Georg Christoph Lichtenberg. Georg außen, Christoph innen. Georg musste atmen, essen und das Blut bewegen. Ich kauerte zusammengezogen, winzig verpackt im Hautsack unseres Rückens. Wir waren beisammen, wie verbacken, konnten leben, sein und denken. Während er alles tat, was man tun muss, ließ ich es geschehen und manchmal drückte ich auf seine Lungen und das Herz.

Ich sei seine Last, warf er mir vor, ich hätte Schuld an seinem schweren Leben. Er wolle tauschen, sagte, ich hätte den besseren Teil für mich, ich müsse nicht niesen, spucken oder scheißen, dürfe nur genießen und würde durchflossen von Nahrung, Wärme und schützender Scham. „Hah", war meine Antwort, „ich kaure hier und muss dich stützen, dich treiben, deine Suche lenken und dich ertragen, während du mich tragen darfst. Meine winzigen Beine baumeln aus dem Buckel in deinen Leib und massieren die Därme für gute Verrichtung. Meine Finger massieren deine Gedanken, ich schiebe Ideen in den Klumpen hinter deinen Augen."

Ja, ich bin ein winziger Hüne in seinem Körpersack. Sähen sie mein Gesicht, wüssten sie, dass ich in ihm wäre. Ich, der Dämon der Wissenschaft. Ich seh' keinem in die Augen, muss heimlich denken und treiben und planen.

Einst dachte ich, sie hätten mich entdeckt. Doch wenngleich mich Georg mit dem Gehrock deckte wie eine blutige Melone, hatte ich doch Angst. Gefährlich war ich für Pfaffen, hässlich unter der Haut, unter dem Gehrock, unter der Sonne oder im Schatten. Nur nachts, wenn die Kerze erlosch und wenn Christoph auf der Seite lag, damit die Luftnot wich, dann fühlte ich mich nicht gräulich. Selbst wenn wir zusammen nackt vor dem Spiegel standen und er sein Halbprofil sah und mit lauernden Augen zu mir blickte, auch dann war ich nicht hässlich, denn es geschah nur in Hellmondnächten, ohne Kerzenlicht im schwachen silbernen Schein des Gestirns. Denn wir verstehen etwas vom Licht. Ich schob es in sein Gehirn, mal Wellen, mal Teilchen. Ich konnte es nicht wagen, es vollends zu entzaubern. Sie hätten mich, nein uns, verflucht. Ich flüsterte es nur unter dem menschlichen Leder, damit er es wenigstens ahnte. Reflexionen waren es, woran wir dachten, Licht-Reflexionen und die Physik der Welt. Aber da waren sie schon wieder, die harten Hände der Kirche, die nach mir fühlten, mich zu entdecken, mich aufzuspüren, zu entlarven in meinem Versteck. Was würde er tun, fänden sie mich? Mich, der seine Forschung trieb, seine Physik von dem Meta- befreite, Lavater verstieß, den Aberglauben verbannte, der meine Existenz zu solchen rechnen wollte, die man am besten verbrennt, herausschneidet, und dann zusammen mit seinem krummen Körper allein ließe, so dass er sich nicht mehr in meinem Denken spiegeln könne. Was, wenn sie ihm die Ideen nähmen, mich aus seinem Hirn exorzierten, so dass die Wahrheit aus ihm herausfiele, wie Kohlen aus einem kaputten Sack. Die weiblosen Hände der Priester tasteten forschend nach mir. Sie fanden mich nicht, weil ich mich nicht regte und schwieg, und Georg mich rechtzeitig wegdrehte, als sie ihre Finger und Augen und Münder in seinen Geist senkten, um nach meiner Absicht zu greifen. Ich hauchte auf ihre misstrauischen Augen, auf dass sie blind beschlugen und Georg sich erregte vor Angst. „Arme Teufel, wo ihr jetzt seid, da bin ich längst gewesen", schrieb er ins Sudelbuch.

Da war das Zimmer, wo er die kleine Stechardin traf und liebte oder doch berührte und liebte oder nur berührte, und sie Georg anfasste, und er mich vergaß. Wenn dieses kleine, weiße, nackte Kind nach ihm tastete und er für Sekunden und Minuten seine Nase in ihren Beinwinkel steckte, sich fest roch und glaubte, ertrinken zu müssen wie ein kleines Tier, das in einer Träne ertrinkt - und ich ihm über die Schulter und auf ihre Brüstlein, nein, nicht sah, sondern nur ihre thermische Textur, ihre Präsenz fühlte, sie anatomisierte, filterte und absorbierte, so wie ein Blick die Lichtstrahlen in das Hirn dringen lässt und all dies ihm zeigte, was sie wirklich war, ein Konstrukt, ein Gemisch, ein Batzen Fleisch, eine biophysikalische Masse.

Doch all das war nichts gegen die Augenblicke, da wir, den alten, wuchtigen Labortisch vor unserer gewölbten Brust, wieder einmal auf die isolierenden Platten starrten, und er dabei staunte, wie es uns in den Sinn gekommen war, was der kleine Blitz anrichtete, und er jetzt ahnte, was kommen würde.

Nun verstand er die Strahlen der Platten, die fortstrebenden Linien vom Zentrum des Nichts, die elektrisch geworfenen Figuren der Spannung, und wir sangen zusammen das Lied: „De nova methodo naturam ac motum fluidi electrici investigandi."**

Die Wege werden breiter, je näher man der Wahrheit kommt. Wir drängten voran. Was steht rechts und links, wenn der Weg breit wird wie die Welt? Erkenntnis und Verstehen?

Vorwärts im Gewitter. Furchtbar und schön war die Kraft und Gewalt, und der Blitz schlug alles klein und drang, das Eisen berennend in die Erde, wie meine Idee in seinen Geist, und es kam ihm die Erkenntnis.

Neue Weiberhände trösteten seine Haut. Elisabeths Augen sahen meine Finger um Georgs Hals, blickten durch seine hellen auf meine toten Augen und meinen blinden Willen. Ihre Furcht war bei mir, ihr Leben bei ihm. Es fraß an ihr, zu entdecken, was ich bin und mit ihm tat. Ich wisperte es Georg zu, er schüttelte zweifelnd den Kopf, bis mir schwindelig wurde in meinem Hautsack. So hetzten wir zur nächsten Erfindung. Ein mächtiger Geist war's, den wir im Knall zu Wasser machten, es erschreckte uns sehr, ließ uns zittern vor Kraft. Rasch weiter, er musste erkennen, verstehen, forschen und schreiben. Sind sie nicht wie wir, die Polaren? +E und −E, wie die elektrischen Pole Georg und Christoph? Mussten nicht gerade wir sie entdecken, er-finden? Dann kamen die Gedanken, die Wörter, die Worte, die Sätze und Ideen, und wir schrieben, nein er schrieb, was ich dachte, voraus in die neue Zeit, mit vielen glitzernden Wörtchen.

Das Asthma ward schlimmer und Georgs Zeit schwand. Nun beulte sie stärker, die Haut unter dem Gehrock, und ich zog die Gedanken aus seinem Kopfe. Seine Hülle verfiel wie ich wuchs, mich schmetterlingshaft reckte und Georg verlassen wollte.

„Nun, wie ist es, wenn die Haut auf dem Rücken reißt, lieber Georg, und die Wirbel knirschen, lieber Georg, und ich hervorkrieche nach 57 Jahren? Wie ist es, wenn der Professor voller Geist, Vernunft, Wissen und Klarheit, voller Worte und Klänge, Bücher und Papiere mir das Zepter erstattet? Wie sieht es aus, wenn ich mich verzerrten Gesichtes, als Dämon der Erkenntnis, herauswinde aus der Gestalt dieses Kerls, dieses Monstrums, dieses Etwas, das sie Gelehrten nennen? Wie ist es, wenn ich, der aus Dir machte, was Du warst in der Welt, gehe?".

Nass und bleich, glitschig und furchtbar für vielerlei Augen bohrte ich mich aus dem Alten ins Neue. Die Emergenz eines Dämons, den er fühlte seit Anbeginn, der in seinem Hirn, Herzen und Buckel kauerte, flüsterte, zerrte, drängte und kämpfte, sein Leben lang neue Gedanken und Gefühle, Qualen, Lüste und Gier nach Wissen erzwang. Der von ihm fraß, wie von Aas, das er sein würde, wenn ich ginge, endlich ginge. Dämonen sind immer unschuldig! Ich bin unschuldig und suche nach Hirnen für diese Sucht nach der Wahrheit, nach dem neuen Erforscher des Lichts. Wer würde es sein? Faraday, Röntgen, Maxwell?

Wie funktioniert die Welt?

Gelächter kommt aus der Hall of Fame der ungeborenen Wissenschaftler!

*Über Georg Friedrich Lichtenberg, 1742-1799. Erster deutscher Professor für Experimentalphysik (Elektromagnetismus, Licht, Schwerkraft). Ein kluger Literat mit ausgeprägtem Buckel. Er schrieb die berühmten Sudelbücher.
**Titel Lichtenbergs Hauptwerks über die Elektrizität.

8. NACHTGESCHICHTE

Langsam

Die Ankunftshalle des Flughafens umhüllt mich wie ein zu großer dunkler Mantel. Nur die Passkontrolle trennt mich von den Abholern draußen in der Welt, außerhalb dieser Welt.

Er schläft.

Ich zähle seine Atemzüge, nehme mir vor, noch fünf abzuwarten – ach besser noch mal fünf. Räuspern. Sein Atem stockt. Lauter Räuspern. Er hält inne. Die Atempause macht mir Angst. Er wird doch nicht ...

Ein Auge öffnet sich. Schließt sich wieder. Seinen Seufzer nehme ich persönlich. Alle Ablehnung des fremden, des unmöglich wirklich hier stehenden Störenfrieds und überhaupt die Gemeinheit der ganzen nächtlichen Welt seufzt er mir entgegen.

Dann schnippt er die Kippe fort, tastet nach seinem Turban, findet ihn, schwingt die Beine vom Sofa, setzt sich erstmal fest und halbwegs aufrecht hin, sortiert seinen Kreislauf, sein schlaftrunkenes Wesen insgesamt und steht ganz langsam auf. Schamvoll dreht er mir den Rücken zu, nimmt den Turban in beide Hände, dreht ihn bis die Delle gefunden ist, die seit Jahren schon am gleichen Ort über seiner Stirn ruht, hebt die Hände mit der Würde, die kein Papst beim Krönen eines Kaisers besser hinbekommen hätte, setzt ihn auf sein Haupt, ruckelt ein wenig an den Seiten, schüttelt den Kopf vorsichtig, wiegt ihn hin und her, schnauft zufrieden und wendet sich mir zu.

Nun, endlich ein kompletter Mensch, Beamter, Zuständiger, Würdenträger und Stempelverantwortlicher, schickt er mir einen fragenden Blick, der eilfertig meine Hand mit dem Pass so nach vorn schießen lässt, dass ein weniger gefasster und in sich ruhender Mann als er um sein Leben hätte fürchten können. Nicht so mein Freund. Fast kann ich ihn so nennen, immerhin habe ich ihn schlafen sehen, und das will schon etwas bedeuten bei einem so würdevollen Abu Kontrolleur. Seine kleine, fast unmerkbare Geste in Richtung auf einen anderen Ort macht mir Hoffnung.

Wir gehen. Ruhigen Schrittes schwebt er wortlos voraus, sehr bemüht mich nicht zu verlieren in der Einsamkeit der Halle. Dann sind wir da. Eine hüfthohe Schwingtür quietscht, geschwenkt in ein dunkles, nur einen Meter mal einen Meter großes Stempel-Büro, in dem er verschwindet. Ein winzig-niedriger Stuhl lässt von ihm nur noch die erhobenen Hände, den Kopf und den Turban übrig. Ledrige Finger strecken sich passverlangend. Ich wage nicht zu sprechen. In seiner Gegenwart und um diese Zeit und nach diesem barbarischen Akt des Weckens spricht man besser nicht.

Sorgsam, mit der Intensität eines Marabut studiert er mein Passbild.

Keine Mimik lädt mich ein, seine Gedanken zu erraten. Seine Mundwinkel zucken spöttisch – oder irre ich mich? Er hält ein winziges, einst weißes Pappschildchen hoch: 10 $. Die andere Hand schwebt offen vor mir. Natürlich bin ich durch Lonely Planet vorbereitet. Die Hand ist nicht zufrieden. Beharrlich und in Ruhe wartet sie. Die Hallenuhr zieht seinen Blick an, als wäre da ein Spinnenfaden. 00:49 Uhr dann 00:50 Uhr. Zehn weitere Dollar legen sich auf die braune Fläche. Sie verschwinden in den weiten Gemächern seines Gewandes. Eine Mappe mit Wertmarken kommt hervor. Bei sechzehn Marken höre ich auf mitzuzählen. Jede Einzelne besucht seine Zunge und klebt sich mit spitzen, ruhigen Fingern in meinen Pass. Ein Stempel windet sich aus seiner Kleidung. Bei jeder Marke sieht er mich an, haucht auf die Stempelfläche und stempelt sie. Langsam, ganz langsam.

AFRICAN BBQ

Alles war kalt, der Abend, das Bier, der Wein, die Luft und das Messer, das durch das Fleisch glitt. Schnitt für Schnitt fielen die Steaks vom Fleisch. Es sollte für alle Anwesenden, die Jagdkunden aus Europa, die Jagdführer, die Bewohner der Farm und die Angestellten reichen. Seit dem Morgen wurde das Fest vorbereitet. Sie freuten sich auf das African BBQ, das der Farmer am Ende eines Jagdtages mit dem Fleisch der geschossenen Tiere, meistens waren es Springböcke, Zebras, Kudu- und Oryx-Antilopen, für die Gäste gab. Alle waren hungrig und etwas nervös an diesem Abend.

Kalt war es auch, als die Jäger vor Sonnenaufgang aus ihren Baracken kamen. Nach dem Duschen mit lauwarmem Wasser waren sie wach, aber immer noch schlechter Laune. Der dampfende Kaffee half ihren Lebensgeistern auf die Beine. Der Flug aus Amsterdam steckte ihnen noch in den Knochen. Stumm vor Schlafmangel und Kälte standen sie steifbeinig im Hof unter der großen Tamariske von deren oberen Zweigen mehrere großäugige Toko Nashornvögel zu ihnen herunterstarrten und die frühe Störung ebenso verwünschten wie die Kaffee schlürfenden Jäger. Sie, das waren drei Jäger aus Europa, drei Jagdführer und die Fahrer der Geländewagen. Sie wurden von einer Hausangestellten, einer alten, knittrigen, barfüßigen Frau mit Kaffee, belegten Broten und warmem, labbrigem Porridge versorgt, wobei das, darüber waren sich die Jäger trotz ihrer Müdigkeit einig: „... eigentlich eine Tautologie ist".

Roy, der älteste, mit Krebsgeschwüren überzogene Farmhund kam winselnd heran. Er hoffte etwas abzustauben. Es war, als wisse er, dass sein Leben bald enden würde, und er versuchte, es durch ständiges Fressen zu verlängern. Die Nacht wich graugelber Vordämmerung, und die Fahrer gingen zu ihren Wagen. Die Jagdführer drängten zum Aufbruch. Es bleibt keine Zeit für eine weitere Tasse Kaffee.

Jeder Jäger hatte sein eigenes Ziel, seinen Führer, seinen Geländewagen, seinen Driver, sein Lunchpaket, Getränke und – für „nach dem Schuss" – seine Zigarre bekommen. Klamm kletterten sie in die drei Autos und fuhren durch das Hoftor in die Dämmerung. An der ersten Kreuzung bog Team I ab, und von der nächsten Gabelung an fuhren auch Team II und III allein in den Busch.

Am Wind Wheel

Das Windrad pumpte quietschend das letzte Wasser in das mächtige Betonbecken, das die Rinder und die großen Wildtiere versorgte, dann stand es still. Farmrinder, Antilopen, Vögel, Pavianherden und alles mögliche andere Getier kamen zum Trinken hierher. Seit die Rinder fort waren, lag die bräunliche Wasserfläche ruhig da. Die von der Sonne in glänzende Watte verwandelten Wolken spiegelten sich in ihrer Oberfläche wie auf poliertem Marmor. Die beiden Weißen saßen in einem Ansitz, der, weil halb in einem Erdhügel versteckt, fast zu kühl war, um stundenlang unbeweglich zu warten. Sie hatten einen guten Blick über die Wasserstelle und alle Wildpfade, die aus der Steppe und aus dem Gebüsch zur Tränke führten.

„Die Antilopen kommen durch den Busch, die Zebras aus der Steppe hierher", raunte Piet, der Jagdführer.

„Wir lassen die Tiere trinken und erlegen sie erst, wenn sie wieder im Busch verschwinden wollen."

„Ist deshalb der Ansitz so weit weg vom großen Wasserbecken?"

„Ja, richtig."

„O.K.", erwiderte der Jäger.

Während sie flüsterten, hatte sich etwas verändert. Kaum sichtbar und unbeweglich standen sie neben einem Busch, dessen kleine gelbe Blüten auf fast nackten Zweigen einen Farbtupfer in dieser graubraunen Landschaft erzeugten. Drei Kudu-Antilopen standen neben dem Strauch. Durch seinen Schatten waren sie nahezu unsichtbar. Piet deutete mit dem Kopf in ihre Richtung, und nun erkannte sie auch der Jäger.

Piet nahm das Fernglas und schaute zu den Tieren hinüber. „Ein großer Bulle, eine Kuh und ein fast selbstständiges Bullenkalb." Die Tiere sahen ruhig zum Wasser hinüber. Der Jagdbetreuer sah, dass dieser Bulle ein schwaches Exemplar war und deshalb nur ein Weibchen abbekommen hatte. Deshalb suchte er ihn spontan für den Jagdkunden aus.

„Ein schönes Tier!", schwärmte der Jäger aus Dortmund. Piet nickte nur.

Die drei Antilopen glaubten sich sicher, und das Männchen kam zuerst aus der Deckung. Langsam, sehr langsam, schritt es vorwärts. Die Canon klickte, und die Tiere waren weit entfernt, schienen aber etwas bemerkt zu haben und hoben im gleichen Moment den Kopf. Steppenhühner trippelten hintereinander über den Platz und zogen mit ihren Füßchen Staubfähnchen hinter sich her. Wie auf Verabredung flatterten sie geräuschvoll auf, und landeten auf dem Beckenrand, wo sie sofort tranken. Die Kudus erreichten das Becken. Ihre drei Mäuler tauchten gleichzeitig ins trübe Wasser und soffen sich für den Tag satt.

Nach kurzen, intensiven Momenten des Tiererlebens wurde der Jäger unruhig. Die Waffe lag schussbereit in seinen kühlen Händen. Zwei Riesentrappen liefen einander jagend geräuschvoll auf den Platz. Die Kudus schraken zusammen. Sie rissen die Köpfe herum, Wasserfahnen folgten den Mäulern und warfen weite Tropfenbögen in den Staub. Die Tiergruppe zerstob und galoppierte einige Meter vom Wasser fort. Als die Oryx die Trappen erkannten, entspannten sich ihre Körper und sie fielen in langsamen Schritt.

„Warten Sie, bis die Tiere fast an uns vorüber sind." Der Jäger nickte.

„Der Bulle geht sicher zuletzt", wisperte Piet.

Die Spannung des Jägers stieg mit jedem Schritt, den die Tiere auf ihn zugingen. Das kleine schwarze Loch zeigte erst auf das Gesicht des Bullen und glitt dann bedächtig auf seine Brust hinunter. Auch Piet griff nach seinem Gewehr, legte aber nicht an. Die Kuh ging auf das Gebüsch zu. Sie schob sich in die Gasse zwischen den Sträuchern. Die langen Dornen kratzten hörbar über ihr Fell. Das Jungtier folgte, ohne zu zögern. Der Bulle sah noch immer zum dunklen Bunkerstreifen hinüber. Er schien direkt in die Gewehrmündung zu blicken und, als könne er dadurch seine Zukunft verändern, stand vollkommen ruhig da. Die leisen Geräusche der Steppe drangen in den Unterstand. Das dumpfe Brummen der Käfer, das Sirren der Mücken und das Schnarren der Libellenflügel vermischte sich mit dem stetigen diri-diri-diri der Steppenhühner und dem leisen Sausen der aufflackernden Luft, die kleine Windteufel über den Platz jagte, aber noch zu schwach war, um das Windrad zu drehen. Der Bulle hob den linken Vorderlauf, setzte ihn wieder ab, sah den Trappen beim Staubbaden zu, blickte seiner kleinen Truppe nach und wandte sich zum Gebüsch.

Trotz der Kühle des Unterstandes stand dem Jäger der Schweiß auf der Stirn. Mit zusammengepressten Zähnen wartete er. Das kleine schwarze Loch folgte dem Tier und wanderte zum Blatt der Antilope. Sein rechter Zeigefinger hatte schon lange den Abzug gefunden, nun suchte er vorsichtig den Anschlagspunkt, fühlte ihn und …

––––––

Die Steaks, in die der Fleischberg zerfallen war, wurden mit der speziell zubereiteten Erdnusspaste eingerieben, einige konventionell in Marinade eingelegt und für das Grillen bereitgestellt. Zwei junge Herero-Mädchen, dunkel und schön wie die kommende Nacht, rieben das Fleisch ein. Die Holzkohle hatte bereits die richtige Glut.

Die Hunde der Farm hatten sich versammelt und gierten nach den Sehnen und Fleischresten. Knurrend verwehrten die beiden Gesunden dem todkranken Roy seinen Anteil. Aus Jos Hand flog aber genug in sein Maul, ohne dass er sich darum mühen musste. Jos hatte ein besonderes Verhältnis zu diesem Hund, der eines seiner Kinder vor einer Puffotter bewahrt hatte und dabei einen Biss einstecken musste. Das hatte er überlebt, aber nun war der Krebs stärker.

Es zischte laut. Rauch, Dampf und der Duft des BBQ stiegen in den kühlen Abend. Die Erdnusspaste und das Fleisch verbreiteten einen wilden, gierig machenden Geruch, und Bierflaschen klangen erwartungsvoll aneinander.

Am Kudukopf

Seit vier Stunden war es hell am Kudukopf. Außer den obligatorischen Steppenhühnern und einem Hammerkopf, der zum Trinken zur natürlichen Tränke am Fuß des Felsens geflogen kam, war kein größeres Lebewesen aufgetaucht. Der Jäger, ein leitender Angestellter aus Erlangen, und Jos, der nicht nur Farmer war, sondern auch diesen Jagdservice organisierte, um ein weiteres Standbein neben der Game Farm zu haben, warteten stumm.

Es gab nichts Auffälliges zu sehen, es sei denn, man erfreute sich an den unzähligen Insekten, die vor ihren schweißbedeckten Gesichtern umherschwirrten oder in ihre Kragen, Münder und Nasenlöcher krabbelten.

Seit Stunden saßen sie unbeweglich auf dem Hochsitz am Fuß des Felsens. Sie hatten einen guten Blick auf die Wasserfläche und die ausgetretenen Tierpfade. Der Fahrer hatte es sich ein Stück entfernt auf der Hinterbank des Land Cruisers bequem gemacht und holte den verpassten Schlaf nach. Vor ein paar Minuten hatten sie einen Schuss gehört, weit entfernt, im Osten. „Das war Piets Gruppe", erklärte Jos dem Gast. Sonst war nur Stille, Ruhe, Einsamkeit. Wer das suchte, hätte hier einen Sechser im Lotto. Aber deshalb waren sie nicht hergekommen. Hier ging es um etwas anderes. Eine Oryx-Antilope sollte her, oder ein Kudu mit anständigen Hörnern. Stattdessen vier Stunden in glühender Hitze warten und kein Schwanz zu sehen. Leises Pfeifen drang unerwartet in die Stille, als würden Meerschweinchen rufen. Jos grinste, er wusste, was jetzt kam, und freute sich darauf, auch wenn es vielleicht die Jagd verzögern würde. Und wirklich, sie kamen. Das Pfeifen wurde lauter, und man konnte jetzt mehrere Stimmen unterscheiden. Ein Rasseln, wie wenn der Wind Bambus aneinander reibt, kam aus der Gegend hinter ihnen. Sie konnten nicht sehen, wer oder was da pfiff. Da kamen sie schon unter dem Hochsitz hervor und stürmten nach vorn aufs Wasser zu. Fünf, nein, sechs, sieben muntere Stachelschweine tobten über die Lichtung. Jetzt, in der Mittagshitze, war das eher ungewöhnlich, aber die Paarungszeit hatte begonnen, und da spielten die Stachelschweine ebenso verrückt wie ihre Hormone. Die Tiere tobten ausgelassen und schubsten sich gegenseitig ins Wasser. Ihre schwarzen, borstigen Gesichter mit den stumpfen Nagetiernasen und den glänzenden Knopfaugen hingen voller Wassertropfen.

Unerwartet schraken sie zurück. Sämtliche Tiere starrten nervös in dieselbe Richtung. Ihre Stacheln stellten sich auf, und das Pfeifen hörte schlagartig auf.

Sie war über einen Meter lang, dick wie ein kräftiger Männerarm und höllisch giftig.

„Eine Puffotter", raunte Jos. Das Tier kroch gemächlich aus seiner Deckung, einer kleinen Mulde am Wasser. Ihre weiß-hell-dunkelbraune Zeichnung hatte sie zu einem Haufen lehmiger Erde gemacht, und, so getarnt, hatte sie zusammengerollt seit Stunden auf kleinere durstige Tiere gewartet, ohne dass die Männer sie bemerkt hatten. Das Getrampel und Piepsen der Stachelschweine hatte sie aufgescheucht, und sie wollte verschwinden.

Die neugierigen Nager hatten den ersten Schrecken überwunden. Sie gingen näher heran. Die Schlange wurde schneller. Mutig stellte sich das größte Tier ihr in den Weg. Die schwarze Zunge des Reptils schnellte lebhaft vor und zurück. Sie hob den dreieckigen Kopf und taxierte den Gegner. Zischend stieß sie zu. Blitzschnell sprang ihr Herausforderer zurück, sein schrilles Pfeifen wirkte wie Lachen auf die Beobachter. Der Scheinangriff zeigte Wirkung. Unentschlossen drehten die Tiere noch eine Verlegenheitsrunde um die Otter, dann rannten sie zum Wasser zurück, tranken hastig und verschwanden geräuschvoll im Gebüsch. Die Puffotter rollte sich zusammen, wartete in Ruhe, bis es still wurde, und kroch dann durch das verdorrte Gras davon.

„Meinen Sie, die Oryx kommen noch?" Jos sah auf die Uhr und machte ein ernstes Gesicht.

„Lassen Sie uns noch warten, oft kommen sie auch am frühen Nachmittag. Unsere Oryx sind eben nicht so pünktlich wie Ihre Wildschweine", feixte er. Kaum hatte er das gesagt, huschten zwei Hyänen zum Wasser und tranken. Nun hatte Jos ernste Zweifel, ob noch Großwild kommen würde. Doch die Hyänen wurden gestört. Ein dumpfes Geräusch zog die Blicke der Jäger zur Seite. Sie sahen gerade noch drei Oryx-Antilopen über den Zaun fliegen, während die erste, ein mächtiger Bulle, schon wieder ruhig am Boden stand. Die Hyänen verschwanden mit eingeklemmten Schwänzen und leisem Jaulen.

„Achtung, sie sollen erst trinken. Zielen Sie auf den zweiten Bullen." Der Jäger hob das Gewehr. „Ja genau, den, der jetzt ans Wasser gegangen ist." Der Jäger nickte und stützte den Arm, der die Waffe hielt, auf. Wieder wartete eine Kugel.

Die Oryx tranken lange und nervös. Ständig lief ein Muskelzittern über das Fell ihrer Beine, als würden sie gleich durchstarten.

„Hoffentlich springen sie nicht über den Zaun zurück. Dort sind sie außer Schussweite", meinte Jos. Die Jäger mussten lange warten, bis die vier Tiere sich satt getrunken hatten, dann ...

———

Das Veldt-Brot roch köstlich. Jeden Morgen wurde es frisch gebacken, und nun lagen etliche Scheiben dieses typischen „Namibian Bred" auf dem Grill. Außer dem Lunchpaket hatten die Jäger, ihre Begleiter und die Fahrer den ganzen Tag nichts gegessen.

Es war schon relativ spät und die Sonne lange untergegangen. Alle freuten sich auf das Jagd-BBQ. So viel Fleisch gab es nicht häufig und schon gar nicht für die Angestellten der Farm, die sich hier zu Ehren der Jagdkunden versammelt hatten. Fledermäuse flogen über den von Öllampen und dem Lagerfeuer beleuchteten Innenhof. Sie holten sich ihre Mahlzeit an Insekten, die vom Licht angezogen wurden. Dicke Käfer fielen manchmal auf den Boden, die Köpfe oder ins Feuer. „Sie sehen aus wie Maikäfer", sagte einer der Gäste auf Deutsch, und die Weißen nickten nachdenklich. Ein kleines, bezopftes Mädchen, die Tochter einer Hausangestellten, erklärte den Gästen auf Englisch: „Das machen sie, wenn sie von den Rufen der Bats getroffen werden. Weil sie nicht gefressen werden wollen."

Die Herero-Frauen lachten, halbierten weiter Tomaten und legten sie auf den Grill. Die Chakalaka-Soße wurde bereitgestellt und zusammen auf dem nach Zimt und Kardamon duftenden Veldt-Brot probiert. Großes Gelächter, als den drei Jägern die Tränen in die Augen schossen. Die Chakalaka war gut und scharf geworden.

Am Observation Point

Sie hatten es am bequemsten. Seit zwei Stunden saßen sie auf Feldstühlen im Schatten eines großen Busches. Glücklicherweise trugen sie hohe Stiefel, eine Sandviper war zwischen den Stühlen hindurchgekrochen. Sie hatte sich von den bewegungslos dasitzenden Männern nicht stören lassen, ja, sie vielleicht gar nicht bemerkt.

Zweimal waren Zebras, Impalas und Oryx-Antilopen fast in Schussweite, hatten jedoch in größerem Abstand gegrast, und es war sinnlos, ihnen zu folgen.

„Das wird noch!", hatte der Jagdbegleiter dem Jäger aus Scheveningen beruhigend zugeflüstert.

Eine weitere Stunde verging, in deren Verlauf nur eine Fuchsmanguste vorüberlief. Es war unglaublich schwer, in dieser Hitze gegen das Einschlafen anzukämpfen.

Die Hölle brach los. Unbemerkt hatte sich eine Horde Steppenpaviane genähert. Plötzlich waren Affen und Menschen heftig erschrocken. Die Paviane schrien wie wahnsinnig, rannten herum, rissen an Zweigen und taten, als wollten sie sich auf die beiden stürzen. Es wurde brenzlig. Die Jäger waren aufgesprungen und die Anführer der Herde, zwei große, starke Tiere, und einige Halbstarke machten grimmige Gesichter und kreischten drohend. Sie fletschten ihre riesigen Eckzähne und bellten ihr heiseres Drohen aus voller Kraft. Der Jagdgast hob sein Gewehr. Sein Begleiter sah es und rief: „Nicht schießen, ich mach das." Zwei Warnschüsse zerrissen die Luft, die Paviane wichen zurück und rasten hinaus in die Steppe.

Die Jäger standen vor ihren umgestürzten Feldstühlen.

„Das war's für heute", sagte der Jagdführer lakonisch.

Das hatte sich auch der Fahrer gedacht, als der Lärm der Paviane ihn weckte, und kam mit dem Land Rover. Keiner von ihnen bemerkte die gelben, böse funkelnden Augen des entmachteten Pavianmännchens, die keine fünf Meter entfernt zwischen den Zweigen hervorglühten.

―――

Das Fleisch flog auf die Teller. Riesige Steaks auf riesige Teller, wie es sich für ein African BBQ gehörte. Veldt-Bred, Chakalaka, afrikanische Erdnusssoße, Pili Pili und Süßkartoffeln in Mengen machten das BBQ zu einem Genuss, ebenso wie das Windhoek Lager, der Namib Red und der Namibische Shiraz, lokale Weine, auf die Jos sehr stolz war, weil sie zu den seltensten und besten Weinen Namibias gehören.

Der Mond ging auf, ein Schakal heulte dicht hinter dem Zaun, und die Hunde, die abends vor Schlangen warnen sollten, antworteten. „Fast ein bisschen kitschig", flüsterte Dortmund. Erlangen und Scheveningen nickten. Trotzdem schmeckte es allen und Piet erzählte wie immer afrikanische Jagdgeschichten. Jos erwähnte so nebenbei, dass jedes Jahr ein Hund verlorenginge, weil er auf dem Gelände von einer Schlange gebissen oder einem Skorpion gestochen werde. Die Jäger blickten zu ihren Füßen hinunter, und Scheveningen nahm sich vor, nur mit Taschenlampe in seine Baracke zurückzugehen.

Langsam wurden alle satt, und es war schon eine Menge Fleisch verschwunden, da begannen auch die beiden jungen Herero-Frauen, zuerst noch schüchtern, dann voller Lust, zu essen. Allerdings aßen sie Mealie-Pap zum Fleisch, das traditionelle Grundnahrungsmittel Namibias, das morgens zum Frühstück, frisch gemacht, flüssig, mittags halbfest und abends wie Brot zu allem gegessen wird. Jos hob sein Glas, in dem der Wein funkelte.

„Liebe Freunde, in Namibia begrüßen wir unsere Gäste mit einem zünftigen African BBQ. Normalerweise läuft es allerdings ..." und das nächste Wort betonte er besonders, „... etwas anders ab. Heute sind es keine Kudus, Zebras oder Oryx, die wir auf den Tellern haben, sondern es ist ausnahmsweise mal Fleisch unserer eigenen, fast wild lebenden Rinder. Ich finde, sie schmecken ebenso gut. Heute war Diana, die Göttin der Jagd, unseren Jägern nicht zugetan, und jeder tut mal einen Fehlschuss." Alle blickten den Dortmunder an, der heftig an seiner Zigarre zog, „Oder die Tiere kommen für einen sicheren Schuss einfach nicht nah genug heran oder, und das ist besonders gemein, eine Herde wild gewordener Paviane verjagt Beute und Jäger." Er grinste breit, und Piet feixte hinter dem Rücken der Angesprochenen. „Dennoch bin ich überzeugt, dass Sie morgen, ehe Sie am Abend wieder nach Hause fliegen, noch etwas erlegen werden."

„Und wenn es ein Stachelschwein ist", prustete ein Fahrer auf Kisuaheli, heraus. Alle lachten.

Die drei Jäger aus Europa lachten verständnislos mit.

ZEITOPIA

19:20:00   Kaum hält der Zug in Meran, schon springt Mark heraus und landet sanft auf dem Bahnsteig. Leichtfüßig läuft er, schließ-lich ist er Mitglied einer Langlaufgruppe, den Taxischildern folgend zum Ausgang. Es regnet in Strömen: „Hey Jorge, man kann es auch übertreiben", schimpft er vor sich hin. Die Taxen stehen vielleicht 80 Meter entfernt. Er rennt los und wie unter der Dusche prasselt das Wasser auf ihn ein.

19:22:04   Der Taxifahrer zeigt ein erschrockenes Gesicht, als der Fahr-gast die Tür aufreißt und sich auf den Beifahrersitz wirft. Er lässt den Motor an, die Scheibenwischer stürmen im höch-sten Gang durch den Wasserfilm auf der Frontscheibe. Mark will sich das Wasser aus dem Gesicht wischen, doch es ist trocken. „Nicht schlecht, Jorge ..." Das Autoradio wird leiser, damit Mark sein Ziel angeben kann. „vigilius mountain re-sort", sagt er und steckt sich eine Zigarette an.

„Da kann man nicht hinfahren. Sie müssen die Seilbahn neh-men."

„Dann fahren sie eben dorthin."

„Das schaffen wir nicht mehr. Um halb acht geht die letzte Bahn und wir brauchen mindestens 15 Minuten."

20:15:08   „Ach so. Mist!" Mark drückt den Knopf an seiner Kehle - Reset. Er spricht mit dem Operator. Die Zeit ist knapp, und solche Pannen sind nicht akzeptabel. Es ist schon mehr als ärgerlich, wenn man in einer Schleife strandet.

20:16:42   Die wunderbare Kulisse hält ihn seit dem Start gefangen. Die Talwelt gleitet unter ihm in die Vergangenheit, die scharfen Schat-ten des Sommersonnenuntergangs schneiden schwarze Fetzen aus dem glühblauen Himmel. Alles schrumpft zu einem Zwer-genpatchwork. Obstwiesen und Weinhänge zerfließen vor seinen Augen. Der Guest Relation Service hat gefehlt, aber jetzt hat er Mark für eine Sonderfahrt eingesammelt. Warum nicht gleich so? Alles andere kostet nur Zeit. Er träumt sich schon auf die Höhe zum Resort hinauf.

20:20:41   Da schaukelt die Gondel heftig. Sie springt wie ein bockendes Kaninchen über den Stahlträger. Das Schaukeln wird immer be-drohlicher.

20:22:01 „Ist das so gewollt?", fragt er.

„Hoffentlich", flüstert er und schließt die Augen. Er kann jetzt alles Mögliche gebrauchen, nur kein Adventure. Bloß kein Adventure! Es würde ihm alles verderben. Doch die Gondel schaukelt weiter.

22:22:33 Mark drückt den Kehlknopf länger als 4 Sekunden.

22:22:36 Der kurze Weg von der Station zum Resort ist sicher. Eigentlich hätte er die Reise gleich hier anfangen sollen. Na, vielleicht nächstes Mal. Die Ruhe hier oben beeindruckt ihn sehr. Kaum, dass er einen Vogel hört. Die Windstille ist vielleicht etwas übertrieben und die Temperatur auch, aber immerhin ist er deswegen hierhergekommen. Tatsächlich ein Lärchenwäldchen! Fast wie zuhause. Jorge weiß, dass Mark Lärchen liebt. Lächelnd erreicht er die Rezeption.

22:25:37 Die Nacht auf dem Balkon ist genauso wie jene seinerzeit in Garmisch, als er mit Maria, seiner italienischen Freundin, dort im Urlaub war. Sie fehlt ihm. Sehr sogar. Mark gibt etwas in sein iPad ein und geht mit Maria duschen.

22:26:19 Sie ist schön wie die Sonne und redet wie früher ununterbrochen auf ihn ein. Obwohl es sicher siebzehn Jahre her ist und er noch immer nicht versteht was sie sagt, reißen ihn ihre schwarzen Haare, ihr Mund, ihre schlanken Fesseln und alles, woran er sich immer erinnert hat, sofort hin und weg.

22:26:22 Wie damals macht sie G&T. Er mag es nicht, wenn sie beim Küssen nach etwas anderem schmeckt. Sie sehen sich in die Augen.

22:32:59 Es ist wunderbar. Er erinnert sich an alles, was sie damals mochten, und dieser weite, über dem Abgrund hängende Balkon mit Glasboden gibt ihm einen zusätzlichen Kick. Man muss nur vergessen, wer zusehen könnte. Aber hier kann sie niemand sehen. „Obwohl, Jorge, siehst du etwa zu?!", fragt er ärgerlich halblaut.

23:39:44 Atemlos streichelt er ihr das Haar aus dem perfekten Gesicht, dimmt das Licht mit einer Handgeste herunter und betrachtet die Sterne. Der große Wagen im Norden, der Gürtel des Orion, das zarte Nebelband der Milchstraße flimmern wirklich natürlich. Eigentlich müsste es jetzt ein wenig kühler werden.

23:58:00 Er nimmt sich eine große flauschige Decke und sie schlüpfen darunter. Es wird kühler. Mark schließt die Augen und leise italienische Musik erklingt. Maria lächelt. Er schüttelt ungläubig den Kopf.

23:59:30 Die Lärchen riechen bis hier herauf. Nachtigallen – nein – Alpenlerchen singen.

23:59:59 Sonnenaufgang. Ein wunderbares Erlebnis hier oben.

00:00:00 „Vielen Dank für Ihren Besuch, wir buchen 2.400 Sekunden von Ihrem Frei-Zeit-Guthaben ab. Haben sie noch weitere Wün ...?"

20:20:41 Die Gondel schaukelt, springt wie ein bockendes Kaninchen über die Stahlträger. Das Schaukeln wird stärker. Mark starrt aus dem Fenster nach oben, sieht das schwarze Kabel gegen den glühblauen Himmel schwingen. Das Schaukeln nimmt zu. Der nächste Träger kommt heran, die Gegengondel huscht an ihnen vorbei. Maria schreit auf. Er nimmt sie in den Arm, beschützt sie.

21:30:00 Die Gondel kracht auf einen Stahlträger und hakt sich fest. Sie schaukelt noch nicht einmal mehr. Wind kommt auf, nein es ist ein regelrechter Sturm. Mark tastet nach dem Kehlknopf. Nein, noch nicht. Es ist viel zu spannend. Er will Maria küssen.

21:35:00 Maria klammert sich an ihn, dass es weh tut. Die anderen in der Gondel kreischen.

„Ruhig bleiben, Leute, ganz ruhig. Auf dem Träger sind wir sicher", beruhigt Mark sie mit fester Stimme, „Es kann uns ja nichts passieren." „Jorge hätte ihnen ja wenigstens Gesichter geben können", fährt es ihm durch den Kopf. Da kracht es, und die Gondel rutscht mit irrem Metallkreischen über die Trägerschienen ein kleines Stück talwärts.

21:40:00 „Nun ist es aber gut, Jorge", sagt Mark unwillig und drückt den Kehlknopf. Keine Reaktion.

21:41:05 Das Kreischen wird stärker. Langsam schiebt sich die Gondel, wieder vom Wind hin und her geschleudert auf den Träger zurück.

21:41:07 Er drückt den Kehlknopf länger als 4 Sekunden.

22:30:00 Ein Gesicht taucht am Fenster auf. Der Retter baumelt an einem Drahtseil. Sie öffnen von innen die Tür und der Retter schlüpft, die Beine voran, herein. Er ist es selbst, der da hereinkommt. Ruhig und tief beruhigt seine Stimme die Insassen.

22:30:00 Nacheinander schnallt er alle Fahrgäste an den mitgebrachten Rettungsgurt, geht mit jedem einzelnen verängstigten Menschen zur geöffneten Tür und wartet auf einen windstillen Moment.

22:40:00 Zuletzt hebt er Maria hinaus. Er klinkt das baumelnde Drahtseil ein. Sofort reißt der Wind sie ihm aus den Händen. Der Sturm verschleudert ihre Hilfeschreie. Die Winde zieht Maria hoch. Der Hubschrauber verschwindet.

23:59:59 Sie sind allein. Mark und Mark als Retter. Wortlos sehen sie sich an. „Was soll ich ihm sagen?"

24:00:00 Schhhhhh – Die Tür öffnet sich. Mark schließt geblendet die Augen und legt den Ganzkörperanzug ab. blickt auf die Uhr.

13:04:55 „Na, wie waren die Bonusminuten?", fragt Jorge und grinst breit.

13:05:01 Mark murmelt einen gemeinen Fluch. Seine 30 Minuten

13:05:02 Mittagspause sind schon überzogen.

13:05:03 Laut sagt er: „Toll gemacht, muss man dir lassen Jorge. Bist einfach der Beste den wir haben."

13:05:04 Mark sieht erneut auf die Uhr und hastet zum Fahrstuhl. „Verfluchte Simulationen."

9. NACHTGESCHICHTE

Durch die Wüste

Das große Tier brüllte erbärmlich, als es die drei kommen sah. Ob es sich vor dem einen besonders fürchtete? Vor dem, der den gleichen Bauchumfang hatte wie das Tier selbst? Würde es ein Überlastungsproblem geben? Sie sahen aus, wie aus der Zeichenmappe eines Karikaturisten. Da war ein Kleiner, schwarze Jacke, Bauch, wenig Haare, offensichtlich der Anführer. Ein langer, dünner, freundlich blickender Blonder und der Dicke eben.

Nun konnte es losgehen. Der Klops blickte skeptisch zum brüllenden Dromedar hinüber und verhandelte dennoch mutig mit dem Besitzer um den Preis. Der große Dicke war es auch, der unbedingt auf eines dieser Tiere klettern wollte um es zu reiten.

Der Preis war gemacht, die Tiere ausgesucht, das Schicksal nahm seinen Gang. Der Lange entschied sich für ein winziges Pferd. Seine überlangen Beine würden sicher auf dem Boden schleifen. Der Kleine entschied sich ranggemäß für das höchste Dromedar, das schon durch seine Größe dafür sorgen würde, dass sein Reiter dem Himmel näher war als seine Begleiter. Was immer das auch bedeuten sollte in dieser wüsten Umgebung. Der Dicke bekam das schwächste Kamel. Vielleicht wurde es für ihn ausgesucht, weil sein Höcker schon etwas eingedellt wirkte. Wahrscheinlich saßen die ganz schweren Jungs und Damen auf diesem Tier wenn es losging. Deshalb auch der gequälte Gesichtsausdruck und das angstvolle Brüllen als es des Giganten ansichtig wurde? Der Titan kletterte mit Hilfe dreier Helfer auf das liegende Tier. „Du zuerst ganz nach hinten liegen, dann ganz nach vorn werfen, sonst Du fliegen in Sand", beschwor der Guide die Kamelreiter eindringlich. Gesagt getan. Der Kleine hievte sich entsprechend der Empfehlung mit dem Dromedar nach oben und kam schaukelnd an.

Nun der Titan. Mrrrrchhh, befahl der Führer. Boaaaahhhh sang das Tier zurück und hob sich auf die Hinterbeine. Der Titan warf seine tonnenartige Gestalt mit verzweifeltem Schwung nach hinten und rutschte seitlich fast herab. Das Kamel wackelte erheblich, seine Hinterbeine standen schief, wie die Zähne seines Besitzers. Hier wirkten Kraft gegen Gewicht, Gewicht gegen Kraft. Boaaaahhh und dann kam für eine viertel Sekunde so was wie Gleichgewicht zustande. Nun stemmte sich das arme, menschbelastete Dromedar mit dem Dellenhöcker auf die Vorderbeine während sein Besetzer die Arme um den Hals des Tieres, wie um den eines geliebten Freundes schlang, und ihn sogleich wieder loszulassen, ja nicht nach Vorn vom Tier zu rutschen. Dann standen sie. Schwankend. Der Reiter blickte stolz und schweißbedeckten Gesichtes in die Ferne und das Dromedar schüttelte ärgerlich den Kopf und hob in seiner arroganten Weise die Nase auf die Höhe seiner Augen, ließ die Lefzen hängen, spitzte die Ohren und seine Gedanken waren für jedermann zu ahnen. „Quälerei, elende. Und alles für die paar trockene Datteln." Alle Anwesenden, außer dem Guide natürlich, stimmten ihm zu.

Nun saßen sie oben, bzw. der Lange saß grinsend unten, quasi in der zweiten Etage. Drei Menschen, zwei Dromedare und ein Pferdchen waren bereit loszugehen. Ach ja, schnell noch ein Photo, dann ging es los. Die Sonne, der Staub, die uralten Steine, der Kamelmist, der Durst und mindestens ein wunder Hintern erwarteten sie. Das Abenteuer hatte begonnen. Wohin es ging?

„Einmal um die Pyramiden, bitte"!

.

CRÈME BRÛLÉE

„Möge dein Blut schreien."

Der Franzose, der mit wackeligen Beinen auf den Tisch gestützt sein volles Glas zur Decke streckte und den klingonischen Trinkspruch hinausdonnerte, war sturzbesoffen.

„Pröschtli" antwortete der kleine Schweizer mit der großen Nase. Die Zwischengang-Gang sang englisches Liedgut der 68er und vermied dabei keinen einzigen schlüpfrigen Ausdruck. Man hörte heraus, wer wo studiert hatte. Sachiko aus Osaka versuchte mit schwerer Zunge Egészsègedre! auszusprechen.

Willy schüttelte seinen Kopf. Das hatte er nicht erwartet, als ihn die Firma fragte, ob seine Kochschule ein Event mit internationalen Delegierten auf Englisch durchführen konnte. „Solange nicht koscher oder vegan verlangt wird, kein Problem!" Er fasste zusammen: „Vier Gänge Menü und dreiundzwanzig Personen." Zwinkernd fragte er: „Sind Sie auch dabei?" und schielte dabei auf die üppigen Formen der Bestellerin. „Könnte Ihnen so passen!" antwortete sie und nickte grinsend.

Keiner der ausländischen Mitarbeiter von Direktor Dr. Knurrhahn kannte das abendliche Social Event. In den letzten Jahren waren es eher ausgefallene Dinge wie Einübung eines Kurztheaterstückes in den Kammerspielen oder gemeinsames Tauchen im Haiaquarium im Sealife gewesen. Also waren alle gespannt und dann fast etwas enttäuscht, als sie in eine Kochschule kamen. Dennoch begann der Abend sehr harmonisch mit Willies Rede.

Es sollte gekocht werden, ja, aber mit Hindernissen. Fast zwei Dutzend Menschen aus zwanzig Ländern sollten ein gemeinsames Vier-Gänge-Menü kochen. Die Rezepte waren nicht definiert, und das war tricky. Die Idee des Gastgebers: All diese hochrangigen Manager sollten in der Lage sein, aus der ungeordneten Zutatenliste aller Gerichte den ihnen zugelosten Menü-Gang zusammenzubasteln. Der Koch Willy würde immer da helfen, wo sie nicht weiter wüssten, oder Katastrophen drohten. „I cannot cook, I swear!", jammerte Cameron, typisch australisch aufgeregt. Auf den Schreck gab's Prosecco! eiskalt und in nennenswerten Mengen. Syrien, Kuwait, Malaysia und die Türkei fragten dezent nach alkoholfreien Alternativen - also Saft. Dann wurden die Gruppen ausgelost.

Jedes Team bekam eine Hostesse zugeordnet. Man begrüßte sie mit einem kleinen Pro-Aperitif. Das Gemüseteam trank wiederum geschlossen - Saft. Wobei die Ukraine maulte. Der Osmane und Dany aus Syrien blieben jedoch unbeirrbar. Frankreich huschte für einen „Petit Apéritif, n'est-ce pas?" zum Hauptgericht. Spanien, Griechenland und Thailand tauschten Küsschen mit ihrer Hostess Jeannine, der schwedischen Austauschstudentin, die so unglaublich blond war. Jolanda aus Łódź jammerte: „Es ist wie immer, nur alte Säcke und junge Dinger, aber nie was für mich." Das ließ Didier aus der Gemüsegruppe nicht auf sich sitzen. Er ging mit spitzem Mund auf sie los, aber Jolanda griff nach dem Haiko Damaskus Messer, dessen Klinge noch schärfer war als die Zunge der Begehrten selbst, worauf der Franzose lieber flüchtete.

Dr. Knurrhahn sprach den noch zaghaften Pseudoköchen an den Kochinseln Mut zu; er meinte, ebenfalls keine Ahnung vom Kochen zu haben, aber die Damen würden den Herren schon unter die schwachen Schultern greifen. Was die kleine Sachiko, angesichts des massigen weißen Südafrikaners, dessen Gestalt einem jüngeren Bruder von King Kong glich, mit Schrecken erfüllte. Mit ihrem tiefen Seufzer könnte man sicher die gleichnamige Brücke in Venedig für die Touristen zwei Jahre lang mit Sound versorgen. Jolanda tippte sich in seltener Allianz mit Sandy aus den USA an den Kopf.

Startschuss! Jede Gruppe bekam nun den Namen ihres Gerichtes und die Liste, auf der die Zutaten aller Gerichte in alphabetischer Reihenfolge standen. Die Theorien flogen hoch, welche Zutaten denn wohl zum eigenen Gericht gehörten. Frankreich, Malaysia, Syrien und die Ukraine schnibbelten verbissen das Gemüse der Saison in Weinsauce, das Mehmet nach dem Lesen der Rezeptüberschrift besorgt hatte.

„Vergiss es, mein Lieber", insistierte Sharif aus Kuwait, „Iranischer Safran ist zweimal besser als syrischer."

„Da kannste Gift drauf nehmen", stimmte Mehmet zu.

„Quatsch", kam von Javier, „Azafran aus Syrien ist das geilste, was du kriegen kannst." Abdul Haqq, Malaysia, kratzte sich am Kopf und fragte die Hostess Susanne, warum die so'n Geschiss um Safran machten. Sie stießen schnell noch mal mit Tomatensaft an und klauten im Vorbeigehen der Fischgruppe den Safran von der schon völlig vollgesauten Tischplatte und warfen ihn zu den Artischocken, Zwiebeln, Zucchini, Oliven und Pfefferschoten für den ersten Gang. Auf den Weißwein verzichteten sie vorderhand. Willy war zufrieden. Er holte unauffällig die fehlenden Zutaten und machte den Rest schnell fertig. Nebenbei stieß er mit den Bewohnern der Kochinsel an.

Drei tranken was Klares - wahrscheinlich kein Wasser - und drei tranken wieder mal Saft.

Der erste Gang war gelungen.

Die Bouillabaisse mit Safran und Rouille erschien den Bewohnern der zweiten Insel machbar. Fisch und Safran o.k., aber:

„What the Hell is Rouille?"

„Ich frage Didier", flüsterte Cameron, dessen schiefe Nase seinem gälischen Namen Ehre machte. Didier dozierte:

„Rouille (franz.: Rost) wird als Paste auf mit Knoblauch geriebenen Weißbrotscheiben ..."

„Danke, reicht", unterbrach Cameron und spurtete zurück. Spanien, Thailand, Griechenland und Polen sammelten nun Rotbarben, Garnelen, Kabeljau, Seeteufel, Venus- und Miesmuscheln ein, während Cameron, als Logistikspezialist, alle mit G&T versorgte. Munter zerlegten sie den Fisch und werkelten an der Rouille, die sie aus Paprika, Chilischoten, Knoblauch und Olivenöl zusammenmanschten. Cameron war für weitere Getränke und Weißbrot verantwortlich. Willy kam rüber, nippte am Fischsud, nickte zufrieden und nahm auch einen G&T. Dann kochte er ein wenig weiter, bis endlich serviert werden konnte. Die Rouille schmeckte köstlich, und die Bouillabaisse verführte den Australier zu etlichen Toasts auf Sangitta und Muu, deren Thai-Name Kuh bedeutete.

Die Rehmedaillons wurden differenziert bewertet. Sangitta fand sie großartig, Cameron mickrig, Olof nickte nur, Mehmet und Rütli waren unentschlossen. Giovannis vehement vorgetragene Fingergeste verriet die vollständige Opposition ganz Italiens zu dem gesamten Gericht. Er zischte immer nur „Saltimbocca" vor sich hin.

Rütli hatte schnell die wichtigsten flüssigen Zutaten gesichert: „Das sind ja alles spanische Getränke", kicherte er. Seine Kochkumpels sahen ihn fragend an.

„Na, da steht doch zwei El Rotwein, zwei El Portwein, Cassis und Armagnac drauf." Verzweifelt riefen sie Willy, und der kam zum Ablöschen herbeigewalzt. „Skål, Salute und Serefe!", klang es munter in den Raum, wobei niemandem auffiel, dass der Tomatensaft von Mehmet mit Cassis verdünnt war. Na ja, Sandra, die Leipziger Hostess, putzte schnell den Rosenkohl und die Feigen, während Olof Sandras beachtenswerte Anatomie mit norwegischen Fjorden verglich. Willy half ein bisschen beim Abschmecken, und die Hostessen servierten. Die Rehmadallions mit Rosenkohl und arabischen Feigen korrespondierten hervorragend mit dem Rotwein.

„Kull sinneb wo enteh salem", prostete der Syrer.

„Aha."

Dr. Knurrhahn und Kumpane legten nun los mit der Crème Brûlée. Abdul trennte Eigelb und Eiweiß. Ekligschleimige Fäden an den Fingern, ließ der Malaie sich schnell von Sandy etwas Vino Rosso einflößen. Sie lachten, als das Eigelb auch ohne Pips blutigrot wurde. Joao öffnete gravitätisch die Sahnebecher. Nada aus Antwerpen maß die Zutaten ab. Knurrhahn übernahm die Tête. Die Dessert-Crew in weißen Schürzen, Gläser in der Hand und mit leuchtenden Gesichtern, sah zu, wie Sachiko den Knopf der Küchenmaschine drückte. Die Ei-Milch-Zuckermasse spritzte hoch und verzierte ihre Gesichter und Brillengläser mit weißen Tupfen. Während alle flüchteten, schimpfte Joao: „Sauerei" auf Portugiesisch. Lachend spülten sie ihren Schrecken hinunter. Inzwischen hatten auch die sogenannten Gläubigen entdeckt, dass sich klare Getränke gut zur Saftverdünnung eigneten.

Sachiko füllte die Crème in Schälchen, die sie brav in den Ofen setzte. Willy stellte diesen und auch die Zeituhr unauffällig an. Inzwischen schwatzten alle mit allen, die Hostessen und Willy werkelten. Sachiko, die Verlässliche, hielt Bunsenbrenner und Rohrzucker bereit und starrte gebannt auf die Schälchen im Wasserbad.

Großes Gelächter, als Elvira, Knurrhahns Sekretärin, den Kollegen deutsche Trinksprüche beibrachte. Jolanda versuchte:

„Der Esel pupt, die Katze schreit, es lebe die Gefräßigkeit."

Norwegen im Duett mit Australien intonierten:

„Es lebe die Liebe und der Suff, der uneheliche Beischlaf, der Papst und der Puff", worauf die katholische Liga, von Ungarn aufgestachelt, nur mit Madeira zu beruhigen war.

Das Karamellisieren begann. Alle wollten Knurrhahn dabei zusehen. Mit dem Gasbrenner in der Hand näherte er sich den Crème-Schälchen. Wim streute braunen Zucker auf die Crème.

„Brûlée, Brûlée", rief die internationale Truppe. Knurrhahn kam mit der Flamme.

„Das geht ja gar nicht", flüsterte Jolanda, und Didier unterstrich:

„Dafür gibt's ja schließlich fer à caraméliser, n'est-ce pas?" Knurrhahn schwenkte alkoholschwangeren Blutes ärgerlich herum, um im Vorübergehen Iwans Schürze in Brand zu stecken. Der wich zurück, Cameron und Sandy versuchten, mit Spültüchern zu löschen. Der Brand weitete sich aus. Knurrhahn zog die Brennerflamme in der Aufregung quer über Willies zur Hilfe eilende rechte Hand, der brüllte, alle brüllten, Gläser fielen, Muu riss

92

ein paar Crème-Schälchen runter, und Elvira – was machte Elvira? Sie nahm in Ruhe den Feuerlöscher und hielt voll drauf.

„Das passiert schon mal", knirschte Willy, und seine Lieblingshostess machte ihm einen Schnellverband.

„A sua sau'de!" „Pani zdrowie!" und „Egészsègedre!" erklangen.

„Ist ja nichts weiter passiert", murmelte Iwan stoisch.

Die Crème Brûlée wurde geschmacklich ein Riesenerfolg, möglicherweise durch die heimliche Ladung Cassis, oder weil Dr. Knurrhahn das Brûlée zu wörtlich genommen hatte und deshalb fast die Bude abfackelte.

Stavros, der Grieche, der bisher noch nicht zu Wort kam, lobte das Dessert „Crème Brûlée à la Dr. Knurrhahn" und erntete großen Beifall.

Willy fragte:

„Na Leute, wie war's?"

„Suuuuuper!".

Ob, wie und wann alle nach Hause kamen, blieb unklar. Eines war aber sicher: Die Hostessen, Zaphira und Willy hatten dabei alle Hände voll zu tun.

Am nächsten Morgen stand an der Tafel des Sitzungsraums:

Heute:

Knurrhahn Spezialgerich

Filet auf Fenchel mit Riesengarnelen und

Knoblauchcroutons.

Gruß

Dany, Syrien.

Dr. Knurrhahn kam rein, sah die verkatert dasitzenden Gestalten an, las, was an der Tafel stand, grinste, streichelte unauffällig im Vorbeigehen zärtlich Sachikos schlanken weißen Nacken, worauf sie hintersinnig lächelnd zu ihm hochsah, und begann die Sitzung mit den im Unternehmen inzwischen unsterblichen Worten:

„In der großen, fremden Stadt
gab es zu essen gut und satt.
Man schämte sich und sprach betroffen:
Mein lieber Mann, war'n wir besoffen!"

Manche Menschen sind nie verrückt. Was für ein wahrhaft grauenvolles Leben!

__Charles Bukowski__

BLITZ-LICHT

Donner erschlagen das Stöhnen. Krachend stürmen sie durchs Zimmer. Die Herbstsonne drängt sich durch die Wolken und den Lammellenvorhang. Schatten kriechen über den Boden, knicken aufs Bett, gleiten über Leiber, schneiden Brüste, Bauch und den Kopf zwischen ihren Schenkeln in Scheiben. Ein behaarter Rücken zerfällt in keuchende Streifen. Wolken löschen sie wieder, restaurieren die Haut zu Grau.

Blitze entblößen die Nackten. Lichtmesser zeichnen mit harten Schatten die Linien der Lust. Sex vermischt sich mit Schweiß, Duft mit Geschmack, Wollen mit Müssen und Tun mit Sein. Sie zieht ihn herauf. Seine Muskeln zittern. Die raueste Zunge der Welt schießt in seinen Mund. Mörderisch wie ein Tiger am Riss. Aushalten. Sekunden nur, dann dirigiert er ihren Mund weiter. Blitzgeflacker. Ein schwarzer Balken zersägt sein Gesicht. Er greift mit harter Hand in blonde Haare und stößt in ihren Mund. Blitzkaskaden jagen seine Hüften nach vorn. Unendlicher Lärm sich schlagender Lüfte. Noch eine Sekunde. Alte Tränen drängen sich vor, mächtig wie die Lust. Sein Geschlecht schreit schon den Sieg heraus. Tränen rinnen mit dem Strom. Der graue Bart schminkt sie zu Schweiß.

Er zieht sie an sich, küsst ihre Augenlider, fesselt ihren Kopf an seine Schulter. Nass und verkeilt liegen sie da. Alles verblasst im Abendgrau. Das Gewitter wirft noch mit wenigen Lichtbögen, und ihre Lust verschwimmt im Regen. Sie lächelt auf seine ruhige Brust. In ungefähr sechs Monaten wird sie wieder so lächeln.

Leider raucht sie seit zwei Jahren nicht mehr danach. Er vermisst es. Seine Frau raucht auch schon lange nicht mehr.

Wie ein gut verbrachter Tag einen glücklichen Schlaf beschert, so beschert ein gut verbrachtes Leben einen glücklichen Tod.

Leonardo da Vinci

10. NACHTGESCHICHTE

Buschmann

Piet war gut einen Kopf kleiner als ich, zierlich, bescheiden und scheu. Seine dunkle Haut war meistens staubbedeckt und wirkte mal rötlich, mal gelb, mal grau. Sein kleines Gesicht war fast immer mit einem feinen Lächeln geschmückt, das verhalten seine Zähne zeigte. Er trug eines der dünnen T-Shirts der Forschungsstation, dessen knallig weißer Gepardenkopf auf blauem Stoff mit dem Schriftzug der Forschungsgesellschaft nicht recht zu diesem Mann passen wollte. Beigefarbene kurze Hosen und nagelneue Sportschuhe von Nike vervollständigten den „modernen" Buschmann. Stolz und gleichzeitig bescheiden sprang er vom Range Rover, noch bevor die Reifen still standen. Seine Füße warfen Staubfahnen in die Luft, als er zum Ausgleich des Schwunges ein paar schnelle Schritte machte. So stand er vor mir. Eben noch voll Zufriedenheit und sich selbst genug, sank er sofort in sich zusammen und machte ein unsicheres Gesicht. Ausgerechnet er, der draußen im Busch soviel besser Bescheid wusste als wir, der jeden Augenblick half, uns zurecht zu finden, er tat sich schwer mit uns zu reden. Es lag nicht an der Sprache. Sein Englisch war nicht überragend, aber hinreichend. Piet sah mich an und fragte leise, ob er etwas fragen dürfe. Ich nickte freundlich und lächelte ihn bewusst gewinnend an. Doch das schien ihn nur noch nervöser zu machen. Nach ein paar Ahs und Mmmhs wollte er von mir wissen, welche Tiere ich besonders mochte. Rhinos, war meine spontane Antwort, und gerade wollte ich erklären, warum ich gerade diese Riesen so gern mochte, da war Piet schon wieder verschwunden. Ja, er konnte direkt vor unsern Augen verschwinden, so leicht und geschmeidig bewegte er sich und wurde hinter der nächsten Deckung praktisch unsichtbar.

Am nächsten Abend saßen wir am Lagerfeuer, erzählten Geschichten und fragten uns seit Stunden schon, warum heute alle Gepardenfallen leer geblieben waren. Es ging hoch her, und wir schimpften und lachten, erzählten allerhand Unsinn, tranken Bier und Gin. Da fiel mir eine kleine Gestalt auf, die bewegungslos und kaum erkennbar am Rand der vom Feuer beleuchteten Fläche stand. Wären nicht die glänzenden Augen gewesen, ich hätte ihn gar nicht erkannt.

Ich stand auf, stellte mein Glas weg und ging hinüber. Hier war es beinahe stockdunkel. Er fragte, ob er mir etwas schenken dürfe. „Schenken, Piet, nein, du sollst mir doch nichts schenken." Er nahm meine Hände und legte etwas hinein. „You are a good man. You are different. You love not only the animals, you do love african peoples, too."

Dann war er verschwunden.

Ich ging zum Feuer zurück und betrachtete, was er mir gegeben hatte.

Er hatte sie aus hellem Holz geschnitzt und die Konturen, Augen, Nase und Maul mit Feuer geschwärzt. Es war eine ganze Rhino Familie. Ein großes Männchen und eine Mutter mit ihrem Kind. Sie waren auf diese naive, klare Art geschnitzt, mit wenigen Formen war die ganze Charakteristik der Tiere erfasst, und an den entscheidenden Linien und Körperregionen war mit einem glühenden Ast das Holz leicht angebrannt, geschwärzt, so dass es die Konturen der Nashörner in wunderbarer Weise zeigte. So einfach und doch so schön, wie sie die Buschleute wohl schon seit Jahrhunderten anfertigten.

„Eine besondere Ehre. du musst etwas ganz Wichtiges getan haben. Sie geben es nur Freunden", sagte der Farmer, bei dem wir während des Forschungsaufenthaltes lebten. Ich schwieg und dachte lange darüber nach.

Zuhause habe ich die Figuren oft in der Hand. Sie stehen in meinem Regal, riechen immer noch leicht angebrannt. Ich habe sie auf einen der flachen Steine der namibischen Steppe gestellt. So hat die kleine Rhino-Familie immer heimatlichen Boden unter den Füßen, und Piet ist immer hier. In meinem Wohnzimmer, in meinem Leben.

KOPFSCHMERZEN

„Ich kam früher als gewohnt nachhause."

„Na und, was soll das beweisen?" - Pause -

Stille umgab das Grüppchen zusammenklebender Menschen auf der Bühne.

„Nein, nein, nein!", kam es weinerlich genervt mit steigender Lautstärke aus dem dunklen Zuschauerraum. Schrill und resigniert kam das daher. Schon wieder! „Was muss ich mich mit solchen Idioten rumschlagen? Habe ich das nötig?", steckte ungesagt hinter diesen Worten - auch wie immer.

Keine Frage, Hasi war wieder mal stocksauer! Hasi nannten sie ihn natürlich nur, wenn er es nicht hörte und in ihren Gedanken, und wenn sie ihn gerade mal nicht hassten. Hasi machte heute jedenfalls wieder jeden auf der Bühne fertig. Sie litten seit Wochen unter seinen Launen. Sogar der unsichtbare Beleuchter oben, auf dem Laufsteg unter der Decke, hatte schon sein Fett abbekommen.

„Wo habt ihr eigentlich gelernt so zu reden? Auf dem Max Reinhard Seminar, wo sonst. Was ist denn bitte daran so schwer zu spielen? Und wo hast Du eigentlich Regie gelernt, Häslinger? In Bollywood?", blubberte wie schon so oft durch ihr Hirn, und sie verdrehten die Augen, bis sie schmerzten.

Seit zwei Stunden dauerte das nun schon. Zwei Stunden für diese lächerliche Szene. Von Anfang an war der Wurm drin. Sie hatten sich alle beeilt um pünktlich zu kommen. Sechs Wochen noch bis zur Premiere, und Hasi ließ sie zu einer Extra-Probe antreten.

„Der hat doch`n Schuss", lästerte Susanne völlig durchnässt, weil sie mit dem Fahrrad in diesen „beschissenen Regen" gekommen war, und alle hatten zustimmend genickt. Aber keiner hatte gefehlt.

Kopfschmerzen. In diesem unsäglich modernen Stück von Häslingers Freund ging es um Kopfschmerzen. Kopfschmerzen, und wie einer wahnsinnig davon wird und alle möglichen Leute fertigmacht, und wie ihn seine Frau betrügt, und wie er dann – ach, alles nur furchtbar langweilig. Und in der ganze Szene mussten sie so eng zusammenstehen, dass sie kaum Luft bekamen.

„So steht doch kein Mensch!"

„Das ist eine Schlüsselszene", war Hasis Kommentar, als sie wegen dieser Extraprobe miese Gesichter gezogen hatten. Die fünf auf der Bühne traten müde von einem Bein aufs andere und positionierten sich für den nächsten Anlauf. Hasi schnaufte unzufrieden in seinem dunklen Parkettsitz, und über ihnen klapperte der Beleuchter mit den Ketten des großen Spots.

„Was denn nun, Hasi? Come on", drückten die Mienen der fünf Schauspieler aus. Sie erwarteten ergeben ein neues:

„Noch einmal – und - Go"

Langsam und knarrend öffnete sich die Tür 3, Parkett links. Ein Lichtstrahl blitzte über die Sitze. Hasi sah die schwarze Silhouette eines Menschen.

„Kann man denn nicht mal in Ruhe proben", brüllte Hasi, glücklich über den neuen Blitzableiter und immer mehr gepeinigt von den Kopfschmerzen.

Die Gestalt rührte sich nicht.

NACHTS IM SLUM

„Heute Nacht war das Schwein wieder da", stöhnte Sangitta und wickelte sich ihr ehemals dunkelrotes Lehanga fester um den Unterleib. Das braune Choli reichte ihr bis knapp unter die Brust und ließ ihren Bauchspeck hervorquellen. Ein an der Hüfte verknoteter Schal verdeckte ihre Üppigkeit nur notdürftig. Sie wollte ihren Bauch gar nicht verstecken. Sollten die Nachbarn ruhig sehen, wie gut es ihr, ihrem Mann und den vier Kindern ging. Wenn man ihrem schlanken Mann schon nicht ansah, dass sie ihm gute Dinge aus dem Restaurant, in dem sie aushalf, vorsetzte, so trug wenigstens sie ihren Bauch mit Stolz. Sie zeigte alles gern her, was von ihrem Wohlstand zeugte. Sollten die Hungerleider sie ruhig beneiden. Ihre Familie war gut genährt und gesund. Nicht wie diese mageren Weiber, die beim Wasserholen ewig mit ihr um den Platz am angezapften Hydranten stritten, nur weil sie sich nicht mit ihnen abgeben wollte.

„Das Schwein war schon wieder hier, tu endlich was!", fauchte sie ihren Mann noch einmal an. Pratek hatte seinen Arbeits-Dhoti schon an und zog eben die Kurta darüber. Er schüttelte unwillig den Kopf.

„Was soll ich wohl gegen die verdammten Schweine tun, mitten in der Nacht und ohne Licht? Sag mir, was?", schnauzte er.

„Außerdem, wann nähst Du endlich die Seitenschlitze an meiner Kurta? Wann Sangitta, wann?" Sie zog den Kopf ein, ergriff hastig den kurzen Handbesen, floh aus der Hütte und begann draußen den festgetretenen Lehmboden zu fegen, dass es nur so staubte. Pratek Kumar grinste. Nun war erstmal Schluss mit dem Gezeter. Er nahm das Teegefäß und das Blechset mit seiner Tagesverpflegung von der Bodenmatte, steckte beides in den Leinenbeutel, schob die graue Sacktür zur Seite und ging selbstbewusst und voller Freude auf den heutigen Tag vor seine Hütte. Delhis smoggrauer Himmel, die Massen der über ihm kreisenden Milane, die in seiner Stadt schon lange die Aufgabe der ausgestorbenen Geier übernommen hatten, und auch der ohrenbetäubende Verkehrslärm waren ihm gerade völlig gleichgültig. Heute sollte er vom Eingangssteher an der kaum benutzten Rückseite der Parkgarage zum Stellvertreter auf der Vorderseite werden. Hier, an der Hauptstraße, lag der Eingang, durch den die meisten Kunden kamen und gingen. Das bedeutete für ihn zwar mehr Ärger mit dem Besitzer der Garage und den Kunden, aber auch Mehreinnahmen, die vor allem für Asha, seinen einzigen Sohn, gebraucht wurden. Er durfte nun den Kunden die Autoscheiben waschen oder die Luft in den Reifen nachsehen. 300

Rupien mehr im Monat winkten. Es war ein wahrhaft bedeutendes Ereignis, auch wenn er nun dem Haupt-Eingangssteher sogar die Hälfte des Trinkgelds abgeben musste. Nein, heute ließ er sich durch irgendwelche verdammten Schweinegeschichten die Laune nicht vermiesen. Es war sein Tag.

Als Sangitta ihn so stolz vor ihrer Hütte, die ein Dach aus dicker, brauner Bauplane hatte, stehen sah, verschwand ihr mürrischer Gesichtsausdruck und sie hörte auf zu fegen. Etwas atemlos ging sie zu ihm, beugte den Kopf und berührte seine Hände kurz mit den ihren.

„Viel Glück, mein Mann, komm gesund wieder nach Hause."

Er nickte. Seine weißen, fast vollständigen Zähne blitzten. Dann ging er los. Er raffte den Dhoti und setzte in einem weiten Sprung über die schmalste Stelle der stinkenden Schlammpfütze, die seinen Hüttenplatz fast zu einer Insel machte, hinweg und erreichte die trockene Stelle vor der nächsten Lache. Noch ein Sprung und er landete auf der ansteigenden, von Steinen, Kot und Müll bedeckten Böschung. Einen großen Schritt und er stand auf der Straße zwischen den Fußgängern, die wie er auf dem Weg zur Arbeit waren. Noch ein zufriedener Blick auf seine Hütte und ein mitleidiger auf die nur aus Sackleinwänden, Holz- oder Metallteilen gebauten Bustees der Nachbarn, dann schlängelte er sich durch den Strom der Autos, Busse, Karren und Mopeds hindurch auf die andere Straßenseite zum Hilton hinüber und erreichte den Fußweg. Pratek, der zukünftige Vizetürsteher, schob sich aufrechten Ganges in den Strom der Männer, Frauen und Kinder, die zu irgendeinem Broterwerb oder in Schuluniformen zur Schule eilten.

Sangitta blickte ihm nach. Sie hoffte, dass sein langer Weg gut verliefe und betete, dass ihr Stirn-Bindi heute seinen Schutz auch auf ihn legte, auf ihren Pratek. Sie fegte weiter und hing ihren Gedanken von einer sorgloseren Zukunft nach. Es war der erste Montag im Monat, und sie musste zu ihrem Vater. Der alte Mann schnitt seit Jahrzehnten den Menschen die Haare und rasierte ihnen Kopf und Bart, immer schon unter demselben Baum in der Nähe des Gate of India. Seit Mutter tot war, musste Sangitta für ihn waschen und nähen. Sie besuchte ihn gern, verließ aber nur ungern ihr Zuhause. Letztens erst waren Kühe in ihre Hütte eingedrungen und hatten sie verwüstet, schlimmer noch als voriges Jahr.

Die Kinder hatten heute Morgen genug gegessen und waren dann zwischen den Chawls und Bustees verschwunden. Sie kamen schon zurecht. Gut, dass die Großen auf den knapp zweijährigen Asha aufpassten und ihn immer auf ihren Streifzügen mitnahmen. Sangitta zog den Sack vor dem Eingang sorgfältig zu, befestigte ihn an den Seiten an kleinen Drahtbügeln, nahm ihr Transporttuch und ging. Bis zum Gate of India waren es zwei Stunden zu Fuß.

Prateks großer Tag ging zu Ende. Nach seiner Schicht sollte gefeiert werden. Die meisten Autos waren schon abgeholt und, obwohl erst in zwei Stunden Feierabend war, schickte ihn der Eingangssteher los, Essen und ordentlich Schnaps zu holen. Pratek zählte sein heute verdientes Trinkgeld und war glücklich, dass er davon die Kollegen einladen konnte und noch etwas für Sangitta übrig wäre. Es ging hoch her in der Garage, und schwer angetrunken stolperte er erst spät nach Hause.

Sangitta hatte viel erledigt und mit ihrem Vater geredet. Er verfiel immer mehr und hatte sie beim Eintreffen nicht gleich erkannt. Wie sollte es weitergehen? Seine Ersparnisse reichten sicher nicht bis zum Tod, Verbrennen war sowieso zu teuer, und es gab keinen Sohn, nur Sangitta. Zu ihr aber konnte er nicht kommen. Das würde ihr Mann nicht erlauben. Sie eilte nach Hause obwohl ihre Füße schmerzten und ihre Gedanken im Rhythmus ihrer Schritte kreisten.

Das Delhi Hilton strahlte prächtig in der Nacht. Gegenüber lag, dunkel wie ein riesiges Loch in der Erde, der Slum. Sangitta kletterte vorsichtig den Hang hinunter, glitt aus, schlug sich das Knie auf, umging den Schlammring um ihr Haus und stand endlich vor der Hütte. Alles war still und finster. Pratek konnte noch nicht da sein. Sie schob den Eingangsteppich zur Seite, da rasten kniehohe Schatten aus der Hütte und rissen sie zu Boden. Schreiend fiel sie auf den Rücken, und eine schmutzige, scharfe Klaue trat ihr ins Gesicht, andere auf Bauch und Brust. Sangitta schrie um ihr Leben. Hilflos, blutend und mit zerrissenen Kleidern lag sie im Dreck, während die wilden Schweine laut grunzend in der Dunkelheit verschwanden. Die Nachbarin eilte herbei und leuchtete der am Boden Liegenden mit einer Öllampe ins blutende Gesicht.

„Die Kinder? Wo sind die Kinder?", fragte Sangitta, raffte sich auf und wollte in die Hütte. Im Halbdunkel stolperte sie und fiel auf ihre Knie. Das flackernde Licht der Öllampe zeigte ihr, worüber sie gefallen war. Der Körper eines nackten Kleinkindes, Gesicht und Leib zerfetzt, die Arme und Füße abgebissen, lag unter ihr.

„Asha!", kreischte Sangitta.

„Die Schweine, die Schweine ...", schrie die Nachbarin immer wieder. Der Lärm alarmierte den Slum. Bald zeigte ein Taschenlampenstrahl genauer, was geschehen war. Mehr Menschen als der Platz vor der Hütte fassen konnte, eilten herbei.

„Die Schweine haben Asha ...“

„... einfach aufgefressen.“

„... ihren einzigen Jungen ...“

„... zerrissen und gefressen ...“, schrien alle durcheinander. Sangitta heulte wie ein verwundetes Tier.

Pratek rannte taumelnd auf den Lärm zu, stapfte durch den Schlamm, drängte sich durch die Menge und sah die Leiche. Er nahm sie in die Arme, drückte sie an sich, küsste das zerfetzte Gesicht und barg seines an dem blutenden Körper. Er hob das Kind mit beiden Händen zum Himmel hoch über seinen Kopf und heulte seinen Schmerz hinaus, dass alle erschauerten. Sein Gesicht verzerrte sich plötzlich zu einer Fratze nackter Wut. Die Menschen schwiegen. Zitternd übergab Pratek den Leichnam einem alten Mann, raste zu Sangitta und drosch ihr aus dem Lauf heraus stumm und vernichtend die Faust ins Gesicht. Sie fiel wie tot zu Boden. Er brüllte Unverständliches, dann voll ohnmächtiger Wut die Namen der Töchter. Sangitta kam zu sich, riss sich hoch und warf die Arme um seine Knie. Er riss den Leichnam aus den Armen des alten Mannes und stieß ihn der blutenden Sangitta ins zerschlagene Gesicht. Kniend nahm sie das Kind in die Arme

„so jaa“

„so jaa raajkumaari so jaa“

„so jaa main balihaari so jaa...“, sang sie leise, wie sie immer Ashas Ängste fortgesungen hatte. Sie küsste, liebkoste und umarmte den blutigen Körper. Pratek glühte vor Wut. Er trat zu, stumm, voll unbändigen Zorns, wieder und wieder, bis sie wimmernd auf dem Bauch lag, das tote Kind unter sich begrabend, und dann wie tot liegen blieb. Dunkle Gestalten standen unbeweglich da und Kerzenlichter verwischten die Szene. Der Halbmond peitschte schwarze Schwerter der Astschatten durch die Gesichter.

Die Stille zerbrach. Widerwillig machte die Menge eine Gasse. Kinder drängten sich durch die Menschen zur Hütte. Seine Töchter kamen. Unsinnig vor Wut stürzte sich Pratek auf das älteste Mädchen. Er hob die Faust. „Baba, nein!“ Angstvoll drehte sie sich weg. Er sah seine jüngste Tochter an. Asha, sie hatte Asha im Arm. Der Kleine schrie jetzt wie am Spieß. Sangitta hörte ihn, stieß sich von der Leiche ab und stürmte zu ihm. Wie wahnsinnig riss sie ihn kraftvoll an sich, jubelte, küsste und liebkoste ihn ohne Maß. Das Mondlicht glänzte im Blut ihrer Wunden und ließ Tränen wie Silberfäden über ihr zerschundenes Gesicht fließen.

Am nächsten Morgen ging Pratek pünktlich und stolz zur Arbeit. Befangen und vor Schmerzen gekrümmt beobachtete Sangitta Asha. Die Nase zerschlagen, die Lippen geschwollen und ohne Vorderzähne schaute sie auf ihren Sohn. Er hockte auf einer Decke, sah sie an und kaute auf einer Gummipuppe.

In der Nacht hatte man die Kinderleiche zu den Eltern gebracht. „Arme Frau", sagte die Nachbarin und ihr Blick ruhte auf einem Bustee in der Nähe des Hydranten, „die verfluchten Schweine hatten ihren Kleinen bis zu dir geschleppt." Sangitta zuckte die Achseln, nahm den Besen, warf einen liebevollen Blick auf Asha, bedeckte den schwarzen Blutfleck vor ihrer Hütte mit Staub und begann ihn wegzufegen.

„Warum passt die Schlampe nicht besser auf ihre Brut auf."

Lasse nie zu, dass du jemandem begegnest, der nicht nach der Begegnung mit dir glücklicher ist.

Mutter Teresa

11. NACHTGESCHICHTE

Begegnung

Es passierte, als ich aus dem Auto stieg. Die Sonne knallte mir ins Gesicht und ich wendete mich rasch ab. Seinen aufgerollten Rüssel vor sich herschiebend, flog er mir voll ins Gesicht. Er traf meine Nase, taumelte über meine Brille und stieß gegen meine Stirn. Ich zuckte zurück, als wäre ich mit einem Zug zusammengestoßen. Wir waren beide erschrocken und er ließ sich einfach fallen. Schnell streckte ich beide Hände nach vorn und er fiel in die Fingerschüssel.

Nur matt und benommen schlug er noch mit den Flügeln. Ich hob ihn soweit empor, dass ich ihn vor meinen Augen hatte. Wir sahen uns an. Ich blickte aus meiner menschlich prüfenden, wohlwollenden Perspektive und er schaute mit seinen Facettenaugen misstrauisch zurück. Sein Rüssel zuckte wie die Spirale einer alten Armbanduhr im Rhythmus der Unruhe, und er grinste wie betrunken. Ich lächelte zurück, warf ihn in die Luft, und nach einem gefährlichen Flugmanöver torkelte er weiter und nahm Fahrt auf.

Ein blütentrunkenes Großes Pfauenauge hatte mich besucht, unvermutet, ungestüm und voller Freiheit.

„Flieg, mein Schöner, und küss die nächste Blüte", rief ich ihm nach. Er sah kurz zurück und zwinkerte mir zu.

Nicht dass du mich belogst sondern, dass ich dir nicht mehr glaube, hat mich erschüttert.

Friedrich Nietzsche

WINTERREGEN

Das Dröhnen eines riesigen Gongs klatschte mir den eiskalten Sturzregen ins Gesicht und mein Taxi verschwand im Nichts. Aus meinen Augenbrauen tropfte Regen und verwässerte alles. Ich stand vor einem düsteren Eingang. Filmreif zog ich den Kragen meines dünnen Mantels, der eher nach Paris, Wien oder Los Angeles gepasst hätte, hoch und spurtete los. Heute war Sightseeing angesagt. Der eisige Regen, der brüllende Tempelgong und die Abwesenheit von Menschen würden mich nicht aufhalten. Den Lonely Planet Guide für CHINA umklammernd rannte ich durch das Portal, vorbei an einem Feuerkessel, der im hoffnungslosen Versuch Pekings Vormittagshimmel noch dunkler zu machen, schwarzen Rauch in die Luft atmete. Ein Tempelvordach versprach Trockenheit und Schutz, doch ich trauerte immer noch meinem Taxi nach. Ich orientierte mich, so gut es ging, in diesem Dunst, der die Gassen zwischen den Tempeln verstopfte, als wäre er schmutzige Verbandswatte.

Eine junge Frau erschrak furchtbar, als ich durch Pfützen platschend an ihr vorüberhastete. Ich bremste, doch die nassen Sohlen rutschten, deshalb erwischte ich gerade noch den Stützbalken eines Vordaches, wickelte mich schlingernd herum und kam mit dem Balken im Arm zum Stehen. Trotz meiner Zirkusnummer kam sie ohne zu lächeln näher. Etwas wie Honig zwischen den Fingern zog uns zueinander. Plötzlich erloschen ihre Augen, sie schüttelte unwillig den Kopf und lief weg. Ich hielt den Holzpfosten, so wie ich sie vielleicht gehalten hätte, wenn sie wirklich gekommen wäre, und mir fiel Hongkong 2009 ein. Es war der gleiche Blick wie damals, als sich die alte Frau durch die Menschenmenge drängte, unsere Augen sich für einen Moment ineinander versenkten, und sie sich vor unseren Augen vor einen Lastwagen warf. Exakt diesen Blick hatte das Mädchen mir gerade aufgedrängt. Aus ihr schaute mich etwas an, das auch in mir lauert. Genau dieses verfluchte dunkle Element meines Innersten hatte sich mit ihrer Verzweiflung zu einer dünnen Kette verbunden, war sofort zerrissen und hatte zwei zueinander gehörende Glieder zurückgelassen. Deshalb musste ich ihr folgen.

Sie stand unter einem Dach, auf dem kleine glänzende Ton-Ungeheuer hockten. Mit dem Gesicht zur Wand blickte sie auf ihr Handy, als stünde dort etwas Geheimes, dann eilte sie in eine Seitengasse. Sie schien sich auszukennen, durchquerte Hallen, Höfe und einige Tempel und war verschwunden.

„Narr, was kümmert dich diese Frau", murmelte ich und holte den Reiseführer aus der Manteltasche, da huschte sie über einen halb verborgenen
Hinterhof. Sofort folgte ich ihr wieder. Ungeschützt bot sie das Gesicht
dem Schneeregen. Ihr langes schwarzes Haar bekam einen weißgrauen
Schleier, aus dem es heraustropfte und schwarze Schlieren auf ihren Anorak
malte. So stand sie tief atmend auf dem Platz zwischen drei Tempeln. Ich
zwängte mich in den kleinsten und beobachtete sie.

In offenen Sandalen ging er an der Tür meines Tempelchens vorbei und,
obwohl seine riesigen Füße den Schneematsch zerquetschten wie einen zu
weichen Teig, hörte sie ihn nicht kommen. Still stand er hinter ihr. Der
Schnee fiel stärker. Bald verhüllten die Flocken die beiden Gestalten, und
bald heftete ihnen der Regen die Fäden eines Puppentheaters an. Als sie
den Mönch bemerkte, sank sie zusammen, so dass er sie halten musste. Sie
wollte sich anlehnen. Doch er packte ihre Arme und hielt sie wie eine
Stoffpuppe weit von sich fort. Sie redete auf ihn ein. War es nur Regen auf
ihrem Gesicht oder machten Tränen es zu dieser Elendsmaske? Er schwieg,
stand da in seinem regennassen, dunkelroten Umhang, den Schnee auf den
kurzen Haarstoppeln wie eine edle Krone. Stumm starrte er das schwan-
kende Mädchen an. Dann nahm er die Hände weg. Aufgeregt bettelnd redete sie weiter. Der Mönch stieß sie fort. Sie taumelte. Er sprach wie kämp-
fende Krähen krächzen, richtete sich himmelhoch auf, wandte sich ab, ging
wortlos weg. Sofort verließ ich meinen Horchposten, rannte um den Tempel herum, doch sie war verschwunden.

Nur heraus aus den offenen Tempeln und Gassen, fort von den nackten
Wänden, zugigen Ecken und dämonenbesetzten Dächern, der Kälte, dem
Schneeregen. Ich verließ die Tempelstadt durch das Tor am Trommelturm.
Ich betrat eine winzige, menschenleere Straße. Mich fror erbärmlich und ich
ersehnte eine Gelegenheit, mich aufzuwärmen. Eine unscheinbare Garkü-
che schien mir das Richtige. Der Schnee fiel wie ein Wasserfall. Ich öffnete
die verzogene, laut knarrende Holztür des kleinen Restaurants. Sofort beschlugen meine Brillengläser. Ich stand wie im Nebel und erahnte fünf Gestalten. „Nihao", grüßte ich und freundlich-erstaunte Stimmen klangen mir
entgegen. Jemand nahm vorsichtig meinen Arm, redete freundlich auf mich
ein und führte mich zu einem Tisch. Der hagere, junge Mann sprach weiter,
nahm mir meinen nassen Mantel ab, gab mir ein wunderbar riechendes
Handtuch, ermunterte mich, mir Gesicht und Haare zu trocknen, nahm das
Handtuch wieder an sich und bat eindringlich mich zu setzen, dann eilte er
fort, brachte eine in Plastik eingeschweißte Speisekarte. Ich zeigte auf das

Bild einer Rindfleisch-Nudelsuppe und einer Kanne Tee. Es roch gut hier, war warm, und obwohl ich merkte, dass die Männer über mich sprachen, fühlte ich mich wohl. Ich lächelte sie an und sie lächelten rauchend zurück. Jeder Stoß Zigarettenrauch ein Urteil.

Ich schaute aus dem Fenster. Der wilde Schneefall war feinem Nieseln gewichen. Behaglich rieb ich mir die Hände warm. Nur langsam verschwand meine Beklemmung. Die Gesten des jungen Mannes bedeuteten, dass der Tee sehr heiß sei. Ich nickte, zeigte ihnen, dass ich mit der chinesischen Art Tee zu trinken vertraut war, schlürfte was das Zeug hielt, warf allen mein Zufriedenheits-Gesicht zu und erntete Wohlwollen-Gesichter. Ein wirklich riesiger Topf Nudelsuppe wurde aufgetragen, genug, dass alle im Raum satt werden konnten. Ich freute mich überschwänglich und lud sie mit Gesten ein mitzuessen. Sie lehnten ab. „Aha, also das übliche chinesische Ritual", dachte ich. Noch einmal - wieder höfliche Ablehnung. „Dann los, wie gelernt." Hingehen, sie beinahe nötigen. Die Männer staunten - ein Fremder, der alles richtig machte - und lachten vor Freude. Sie gaben mir umständlich die Hand, setzten sich, riefen der Bedienung etwas zu, lachten weiter, zogen an ihren Zigaretten, als bekämen sie es bezahlt, und redeten. Ich redete zurück, von Deutschland, Beckenbauer, Berlin, München und Oktoberfest, Worte, die sie kannten. Sie sind die Eckpfeiler meiner Kommunikation in Asien. Die Männer lachten und ahnten, wovon ich sprach, wie vor ihnen schon viele Menschen in vielen Ländern. Sie hatten nachbestellt, köstliche Speisen, wir aßen sie mit großem Appetit und schlürften die breiten, kochend heißen Nudeln, wie man das Leben schlürfen sollte, vorsichtig, gekonnt, laut und mit Genuss. Zufrieden sah ich hinaus auf die Straße.

Völlig durchnässt, mit offenem Anorak stand sie vor unserem Fenster, weinte, das Handy ans Ohr gepresst. Der Schneefall kämpfte mit dem hilflosen Regen, begann das Mädchen einzuhüllen und die Konturen der Gasse zu verwischen. Sie sah durch mich hindurch, und durch eine Lücke im dampfgemalten Beschlag der Fensterscheibe erkannte ich, dass sie schwanger war. Als sie merkte, dass wir sie anstarrten, rannte sie auf die andere Straßenseite und lehnte sich erschöpft an die Wand. Ich wies mit fragendem Gesicht zu ihr hinüber. Meine Essgefährten zogen die Augenbrauen hoch, zuckten die Schultern, schoben mir mit ihren Stäbchen Leckerbissen in den Mund und lenkten meine immer wieder hinausirrenden Augen zurück auf unsere Gläser. Wir stießen an. Sie tranken genussvoll, ich kippte den scharfen Schnaps hinunter.

In roter Kutte, übergroß, mager, glatzköpfig, gerade wie ein Gewehrlauf und gewichtig wie ein weiser Meister ging er auf sie zu. Sein Gesicht war leer wie die Straße und weiß wie Schnee, bevor er den Boden berührt. Seine Augen lagen in Gruben, tief wie die düsteren Flusshöhlen von Guilin, in denen böse Drachen und Ungeheuer hausen und vor denen Kormorane mit Schluck-Ringen um den Hals Welse für ihren Fischer fangen. „Ganbei, Ganbei", riefen meine Tischgenossen eindringlich. Ich schüttelte den Kopf. Der Mönch zeigte auf den Bauch des Mädchens und sprach auf sie ein. Die Schneeflocken schmolzen vor seinem Mund, fielen als kalte Tropfen auf ihren Leib. Sie hob die Hände, und ihre Verzweiflung sprang ihn an wie ein bedrohtes Tier. Die Essstäbchen in der Hand und voller Wut starrte ich hinüber. „Ganbei, Ganbei, ... Ganbei", riefen alle vier, und jemand drückte mir mein Schnapsglas in die Hand.

Ihre kleinen Füße verschwanden im Schnee. Der rote Kerl stieß sie an die Wand, hob die Hand und schrie sie an. Ihr Gesicht verfiel zu Schneematsch. Dann schlug er sie. Sie rutschte an den roten Ziegeln herab und hockte, die Hände über dem Kopf, im nassen Winkel zwischen Weg und Wand. Er bückte sich und schlug weiter auf sie ein.

Ich sprang auf, die Männer wollten mich aufhalten. Ich wand mich hindurch, drängte weiter. Der junge Mann wollte mich zurückhalten. Ich stieß ihn beiseite, riss die Tür auf, lief hinaus, rutschte aus, schlug auf Knie und Hände in den Matsch, riss mich hoch, strauchelte, hetzte weiter und wurde mit Gewalt zurückgerissen. Die Männer aus dem Restaurant hielten mich fest. Meine Wut war groß, und sie waren zu vorsichtig. Ich brach durch und wollte mich auf den wütenden Mönch werfen, da stieß mich jemand von hinten, so dass ich in den Straßendreck flog. Eisiger Schneematsch stoppte mich augenblicklich. Die vier Männer liefen zum Mönch, verbeugten sich und stellten sich schützend vor das Mädchen. Der Mönch schrie weiter und prügelte nun auf die Männer ein. Anwohner kamen aus den Häusern und drängten sich zwischen Mönch und Mädchen, bildeten eine Wand. Zwei Frauen schleppten das Mädchen fort.

Ich stand im Winterregen, dreckig, nass, bebend vor Ohnmacht. Jemand nahm meine Hand, zog mich von der Straße, öffnete eine Tür und schob mich hinein. Der junge Mann setzte mich auf meinen alten Platz, schüttete einen riesigen Schnaps in den Tee und gab ihn mir. Als ich trank, holte er eine Schüssel heißes Wasser, zwei Handtücher, stellte alles vor mich auf den Tisch, ging in die Küche und machte die Nudelsuppe wieder heiß.

Drüben schneite es die Menschen fort. Die vier Männer kamen zurück, drehten sich noch einmal um und rauchten. Der Mönch, in roter Kutte, übergroß, mager, glatzköpfig, gerade wie ein Gewehrlauf und gewichtig wie die Weisheit selbst, sah zum Trommelturm hinüber, dann verschwand er hinter dicken Schneeflocken.

Ihr aber seht und sagt: Warum? Aber ich träume und sage:
Warum nicht?

George Bernard Shaw

DAS RITUAL

Die weiche Lederjacke, seine superschwere, stählerne Halskette, der selbstgeschnittene Ledergürtel, die Zorro-Stiefel und seine Jeans wurden ihm vor der Schleuse von einem griesgrämig blickenden Kerl mit beleidigender Gleichgültigkeit abgenommen, in einen Karton mit seinem Namen gelegt und weggeschlossen.

Um 14:00 Uhr war Dienstschluss, jetzt war 15:30 Uhr, aber sie konnte noch nicht gehen. Für einen pünktlichen Dienstschluss hatten sie heute zu viele Notfälle. Ob er warten würde? So spät war sie noch nie dran, seit sie sich kannten. Sie waren wie immer - wie sich das anhört, wie immer - für 14:20 Uhr hinter der Klinik verabredet. Er war pünktlich da, und sie hatte aus dem Fenster hinunter gewunken. Ja, pünktlich war Tom, das musste sie ihm lassen. Wenn ihr auch manches an ihm fremd war. Seit fast sechs Wochen waren sie zusammen. Zusammen nannte sie es wenigstens. Wie hätte es Tom genannt? Es gab sicher keinen Namen dafür, nicht in seiner Vorstellung, und über so etwas wie Zusammensein sprach er nicht. Sie redeten überhaupt nicht viel, wenn sie sich trafen.

Jetzt stand er vor der Klinik, an seine aufgebockte Riesenmaschine gelehnt, eine Zigarette qualmend zwischen seinen Fingern, den Blick vor sich auf den Boden geheftet, und wartete. Ja, das war noch etwas, das Tom konnte. Warten. Ganz in schwarz, mit seiner wundervoll weichen Lederjacke über den Schultern, die schwarzen glatten Haare vom Absetzen des Helms zerzaust, stand er dem Hinterausgang gegenüber. Er sah genau so aus wie auf den riesigen Werbeplakaten, die überall in der Stadt hingen, und die ihn in Tennis- oder anderer Sportkleidung zeigten. Alle Kolleginnen, die pünktlich raus kamen, würden ihn wiedersehen und erkennen. Anfangs war es nur ein Gerücht, auf wen er eigentlich wartete, doch nach wenigen Tagen wussten es alle.

„Die Sigrid ist es, auf die er wartet."

„Ach was, auf die? Ausgerechnet Sigrid! So einer kann doch was Besseres haben", und dabei hatte Silvia von Station 3 auf ihre eigenen Brüste gesehen, sie herausgestreckt wie Waffen, und sich mit der rechten Hand besonders auffällig die Haare zurückgestrichen.

„Wie eine läufige Hündin", dachte Sigrid.

Aber es hatte ihr schon weh getan, dieses Ausgerechnet Sigrid! Doch das kannte sie schon. Es drückte aus, was sie selber fühlte. Dieser Junge war einfach ein paar Nummern zu schön und zu cool für sie.

„Warum ausgerechnet ich?", hatte sie anfangs gedacht, als es das Ritual noch nicht gab, oder besser, als sie es noch nicht kannte.

Es dauerte nur wenige Tage, dann verstand sie, warum er sie ausgesucht hatte, und es tat ihr weh, brutal weh; und der erste Impuls war, die Sache zu beenden. Aber es war nicht nur eine Sache, und inzwischen machte es ihr fast nichts mehr aus, oder besser, sie brauchte es auch. Irgendwie. Sie war wunderbar, ihre Beziehung. Tom sagte Sig zu ihr. Niemand hatte sie jemals anders als „Sigrid" genannt und schon gar nicht Sig. Wenn er das tat, senkte sich seine Stimme, und sie fühlte sich schön und begehrenswert.

Bei Dienstschluss war sie aus der Klinik gestürmt, und nun hatte sie den Helm auf, die Arme um seine Hüften gelegt, und ihr Becken fraß ihn auf. So fuhren sie den langen Hügel von der Klinik in die Stadt hinab.

„Schön langsam, bitte", bat sie jedes Mal. Sie hätte schreien können vor Glück, Stolz und Verlangen. Sie wollte ihn zeigen, überall dort, wo man sie bisher übersehen oder sofort wieder vergessen hatte. Das Blut rauschte in ihren Ohren, oder war es der Wind am Motorradhelm? Egal, das Ritual hatte begonnen. Das Ritual bestimmte ihr Leben, wenn er sie vom Dienst abholte. Natürlich hatte sie ihn gefragt, ob sie sich auch ohne Ritual sehen könnten.

„Einfach nur so, mal ins Kino gehen oder in den Park oder zu deinen Freunden?"

Tom hatte die Frage ignoriert, nur noch weniger gesprochen, und seine Augen wirkten noch schwärzer. Da unterließ sie es, ihn zu fragen.

Wie immer, stellten sie das Motorrad am Anfang der Fußgängerzone ab. Die Leute guckten, wenn er seine Maschine noch einmal heftig aufröhren ließ, bevor er sie abstellte, und der Motor mit sanftem Stöhnen verröchelte. Sie sprang vom Sitz, zog schwungvoll den Helm vom Kopf, beugte sich tief nach vorn und ließ im Zurückschnellen ihre langen blonden Haare nach hinten fliegen und strich sie zufrieden glatt. Tom bockte die Karre auf und nahm seinen schwarzen Helm ab. Sie fuhr ihm mit beiden Händen durch die wirren, wundervollen schwarzen Haare, wie einem Kind. Dann sah er einen Moment lang glücklich aus, wie ein großer, schöner Junge. Sie hakte sich bei ihm ein, richtete sich auf und sah sich selbstbewusst um. Dann gingen sie die Fußgängerzone hinunter, und sie genoss die neugierigen, neidischen Blicke der entgegenkommenden Frauen und jungen Mädchen. Manche erkannten ihn sofort, anderen fiel er nur auf. Sie sahen zuerst Tom an, betasteten ihn mit den Augen, huschten dann kurz zu ihr, inspizierten sie kritisch, glitten über ihr unscheinbares Ich, hakten sie ab und fielen schnell wieder in Toms weißes, schwarz umrahmtes Gesicht. Sie hatte ihm mal gesagt, dass er aussähe wie ein Gemälde von Raphael. Daraufhin hatte er nur genickt, als kenne er den Vergleich, und als wäre er ihm egal.

Diesen Teil des Rituals nannte sie das Stadt-Ritual. Im Gegensatz zum eigentlichen Ritual waren sie hier nicht allein, und Sigrid genoss es, mit Tom gesehen zu werden. Aber sie mochte es noch mehr, wenn die Leute merkten, dass sie mit so einem ging. Alle sollten sehen, ja fühlen, dass sie zu ihm gehörte. Sie wusste, dass sich die Leute umdrehten, wenn sie vorüber waren. Der Nachmittag war ihr Teil des Treffens. Tom war ihr Anker geworden, hier in der Stadt. Sie fühlte sich bedeutender an seiner Seite, und damit wuchs das unbedingte Gefühl, mit ihm zusammen sein zu müssen. Die Rathausuhr schlug sieben Mal. Der letzte Espresso und Latte Macchiato waren getrunken. Die Stadt wurde grau, dämmrig und kühl.

Das Abfahren war für Sigrid nicht so befriedigend wie das Ankommen in der Fußgängerzone. Und gerade deshalb liebte sie es, besonders umständlich auf den Rücksitz der Maschine zu steigen und Tom unnötig vertraut zu berühren. Erst in letzter Sekunde setzte sie den Helm auf, während Tom wie eine schwarze Stahlfigur von Giger nach vorn gebeugt schon darauf wartete, in einem genau kalkulierten Halbkreis zu wenden, um so viel Gas zu geben, dass Sigrid, in der Angst herunterzufallen, aufschrie und sich fest an ihn klammerte. Dann fuhren sie zum Feiern des Rituals zu ihr. Seine Maschine konnte im Hinterhof stehen, gut sichtbar von ihrem Wohnzimmerfenster aus, direkt neben dem kleinen Gärtchen, das sie sich mit Genehmigung des Vermieters aus Kübelpflanzen und eisernen Gartenmöbeln zurechtgemacht hatte, und wo sie früher immer saß und las. Früher, das schien ihr ewig her zu sein. Seit sie Tom kannte, kam sie nur noch morgens kurz hierher, um die Pflanzen zu gießen - und natürlich auch an den langen, ritualfreien Wochenenden und den Tagen, an denen Tom auf Shootings war.

Als sie nach oben gingen, krachten seine Stiefel auf die durchgebogenen Stufen der Holztreppe. Tom setzte sich sofort ins Wohnzimmer und starrte vor sich hin. Er wartete. Sein weißes Gesicht leuchtete im Dämmerlicht ihrer Wohnung ebenso bleich, wie das Antlitz der auf dem Sofa sitzenden Porzellanpuppe in ihrem weißen Spitzenkleidchen. Je dunkler es wurde, desto gespenstischer wirkte er; unbeweglich, schwarz und stoisch. Währenddessen wusste Sigrid was zu tun war. Sie ging ins Bad, zog sich aus und rieb sich ein.

Nach einer Weile, Sigrid sollte bereit sein, stand Tom auf, ging an die Musikanlage, steckte die CD, die er aus seiner Jacke nahm, in den Player, schaltete den Tuner ein, die lokalen Lautsprecher aus, statt ihrer die im Schlafzimmer an und ging hinüber. Das richtige Ritual hatte begonnen. Es sollte wie immer ablaufen. Jedenfalls kam es Sigrid vor, als würde es schon immer so gehen mit Tom. Doch dann war alles anders als sonst. Völlig anders.

Tom hatte etwas vergessen. Er verließ das Schlafzimmer wieder, ging am Badezimmer vorbei, in dem Sigrid bei ihrer Vorbereitung leise summte, und betrat die Küche. Er suchte nach einem Messer. Im Messerblock steckte auch eines mit einer kurzen Klinge. Er prüfte die Schärfe mit dem Finger. Es war genau richtig. Vorsichtig schnitt er damit die Plastikspitze einer winzigen Ampulle ab und steckte es zurück in den Block. Er wusste, wo Sigrid den Würfelzucker hatte, nahm zwei davon aus der Schachtel und tropfte je die Hälfte der Flüssigkeit aus der Ampulle darauf, legte die getränkten Würfel auf seine Handfläche, öffnete die Badezimmertür, sah einen Augenblick von hinten auf Sigrids nackten, schmalen Körper und die grüne Haube auf ihrem Kopf und ging hinein.

Es war dunkel in der Wohnung, im Wohnzimmer lief lautlos die CD, und vom Licht des Tuners beleuchtet, grinste die weiße Puppe vom Sofa herab. Aus dem Schlafzimmer kamen Geräusche, die nicht in die Wohnung eines Mietshauses passten. Sachliche Stimmen baten um medizinische Geräte, riefen Anweisungen, fragten nach Tüchern, Tupfern, Klammern, Drainagen, Spritzen, Verbänden, wollten eine Abdeckung, das Knochensieb, den Stößel und Gaze. Die Worte wurden von saugenden, knirschenden und klatschenden Geräuschen begleitet.

Tom lag nackt auf dem Rücken, seine Beine mit grünen Tüchern abgedeckt, so dass es aussah, als wären sie ihm abgenommen worden. Seine Haare waren unter einer grünen Kappe verborgen und sein blütenweißer Körper durch rotes Desinfektionsmittel, wie es bei Operationen benutzt wird, in mehrere Sektionen unterteilt. Sigrid stand neben dem Bett und versuchte sich aufrecht zu halten. Es fiel ihr mit jedem Augenblick schwerer, nicht einfach auf das Bett zu sinken. Doch das Ritual zwang sie weiter zu machen. Langsam verlor sie die Übersicht. Sie hörte die ihr bekannten Anweisungen wie durch ein unendlich schweres Kissen aus Watte, das sich um ihren Kopf gelegt hatte und dabei auch noch langsam pulsierte. Immer wieder fiel sie vornüber auf das Bett, in Toms Körper hinein, was sie unendlich genoss. Dennoch versuchte sie, sich aufzurichten. Plötzlich wurde sie sich ihrer hässlich knochigen Nacktheit bewusst, ihres Körpers, der jetzt noch holziger wirkte, weil sich ihre Beckenknochen aus ihm nach vorn schoben.

Immer weiter. Der Mundschutz baumelte unter ihrem Kinn. Sie verfluchte laut das „Scheiß LSD!", worauf Tom nach ihr schlug. Es klatschte laut, als er sie traf. Seine Finger brannten rote Streifen auf ihre Brust. Er versuchte, ihre Hand zu sich zu ziehen, um an ihren Fingern zu saugen. Doch heute war alles jenseits der rituellen Ordnung. Das Ritual, das sie beide, vor allem aber Tom, minutiös und penibel bis zur völligen Befriedigung und Erschöpfung trieben, war einem Wirrwarr gewichen. Er improvisierte und rief nach einer Atemmaske. Sigrid wollte sie holen, griff daneben, fiel auf den Boden wie ein Sack. Sie schlug sich die Nase am Nachtschrank blutig, erwischte dann doch noch die Maske und krabbelte unbeholfen wie eine unfertige Statue, die Beatmungshilfe auf ihre kümmerliche Brust gedrückt, auf das Bett zurück. Toms Augen brannten, die Gier und das LSD beschleunigten den Kreisel des kalkulierten Rituals, machten ihn zum unkontrollierten Sog, zum Rausch. Toms Tränen ließen Sigrid für ihn zu einem lebenden Klumpen zusammenfließen. Das Bett schwankte, er versank in ihm. Ihre Körper klebten aufeinander, ohne einander zu verstehen. Sie presste, wie sonst auch, die Maske auf seinen Mund, drückte zu, versuchte ihn mit der anderen Hand zu wichsen, bis er sich von der Luftnot mit Gewalt befreite.

Tom zog sie aufs Bett, riss sich zusammen, während ihr Körper wie eine vertrocknende Qualle vor Lust und Irrsinn pulsend vor ihm lag. Er küsste und leckte sie, ohne zu wissen was es eigentlich war, das er auffressen wollte, dann tauchte aus dem Nebel ihr Gesicht hervor. Ein blutroter Ring keuchenden Atems, umgeben von Blut- und Desinfektionsgeruch, wollte ihn verschlingen, sein geiles Fleisch zerreißen. Er schrie sie an, doch sie hielt fest. Dann schlug er zu, mit der Maske in der Hand schlug er auf das rote, keuchende Maul, das seinen Namen rief, ein. Er nahm sie, und sie ließ sich nehmen, und er presste die alte und neue Angst und die Gewalt und den Rausch in dieses grau-glühende Gesicht und drückte weiter, mit aller Kraft, und während das Brausen eines Sturmes seinen Verstand zerrieb, verwehte seine Vernunft.

Sie las die Zeitung jeden Tag sehr gründlich, seit sie unter dem Druck der Öffentlichkeit suspendiert worden war. Was sollte sie auch sonst tun, nachdem sie jahrelang die Krankenstation der katholischen Einrichtung geleitet hatte und nun nur noch Langeweile kannte? Sie wusste es sofort, dass sie von Tom schrieben. Erika legte die Zeitung aus der Hand, trat ans Fenster und sah hinunter auf die Fußgängerzone. Sie kramte eine Postkarte aus der Kommode. Auf der Vorderseite war mit Bleistift, von ungelenker Hand gezeichnet, ihr Portrait zu sehen, einige Jahre jünger, aber gut zu erkennen.

Neben ihrer Adresse stand in schöner Kinderschrift:

Der lieben Schwester Erika zum 50. Geburtstag.

Tom.

12. NACHTGESCHICHTE

Fat Mama

Arusha, Namibia, Samstagmittag. Es ist nicht sehr heiß und die Stadt ist leer. Ich warte auf irgendwas. Gegenüber ist ein Stand mit afrikanischem Kram für die Touristen. Der Busstop zum Flughafen ist nicht weit. Der Stand ist wunderschön. Masken, geschnitzte Tiere, Krüge, Stoffe, Kleider, Hüte, alles, was der Tourist in letzter Minute kaufen möchte.

Zwei junge Typen bewachen den Stand und versuchen, etwas an die Vorübergehenden zu verkaufen. Eine junge Frau sucht herum, fragt dies und fragt das, dann hat sie sich fast entschieden. Es geht nicht mehr um das Was, sondern um das Wieviel.

Da ist sie plötzlich. Wie aus dem Nichts, und das ist bei ihrer Körperfülle schon eine Leistung, steht sie neben ihnen. Sie ist einfach da. Groß, dick und in ein buntes Etwas gehüllt.

Hier ist eine afrikanische Fat Mama. Eine Frau, mit der man rechnen muss. Ein richtiger Verhandlungspartner, kein unreifer Mann, der von nichts weiß. Sie ist die Autorität über all die Sachen. Sie sagt, wo es langgeht. Sie macht das Geschäft. Zu ihren Regeln.

Die beiden Typen stehen abseits, tun gleichgültig und rauchen nervös.

Der Schein ist ein gefährlicher Betrüger. Gerade wenn du glaubst mit ernsten und hohen Dingen beschäftigt zu sein, übt er am meisten seine täuschende Gewalt.

__Mark Aurel__

LEBENSFREUDE

- oder wie ich lernte, zynisch zu werden.

Neulich war ich auf der Lebensfreude Messe in Hamburg. Nicht, dass mir Lebensfreude abginge, aber erstens kann man davon nicht genug haben, und zweitens hat mich eine alte Freundin gefragt, ob ich nicht mit ihr hinginge, und zugegebenermaßen, sie konnte etwas mehr Lebensfreude vertragen, und drittens hatte ich Schnupfen, meine Nase war völlig zu, und ich hatte auch noch einen Tubenkatarr, wisst ihr, das ist dieser seltsame Zustand, in dem der Kopf eine halbe Tonne zu wiegen scheint und man hört, als hätte man seinen Kopf mit Macht in ein Goldfischglas gesteckt und liefe jetzt mit diesem auf der Rübe durch die Welt. Kurz, ich war erkältungsmässig etwas indisponiert. Ach ja, viertens: ich war neugierig, welche abgefahrenen Fische ich wohl hier im Reigen der Lebenfreude Suchenden wohl finden würde.

Nun, ich kam auf meine Kosten – im wahrsten Sinne des Wortes. Stand doch sogar am Eingang der Messe ein Typ mit einem Schild, auf dem zu lesen war, er hätte die Luft in der Halle mit Sprynxenergie und seinem Geist energetisiert, damit es allen Besuchern sofort beim Betreten der Messe besser gehe und ihre Aufmerksamkeit gesteigert würde. "Danke, oh großer Energetisierer", dachte ich noch so, da sah ich die Bettelschale vor ihm stehen und ein zweites Schild, auf dem er darauf aufmerksam machte, dass die Energetisierung zwar toll und unbezahlbar, aber im Eintrttsgeld nicht enthalten war.

Also, und da er sich große Mühe gegeben hatte die Abbildung eines Zweieurostücks dazukopieren, wäre es nur gerecht, wenn jeder diesen Betrag spenden würde.

Ach, und dann stand da noch: Danke für diese faire Geste.

Ich überließ es der höheren Justiz, sich auszumalen, welches virtuelle Messer ich ihm in diesem Augenblick in welchen realen Körperteil zu stoßen ich bereit war.

Es ging also schon gut los.

Iris, meine Freundin aus Hamburg, hats mit dem Darm, genauer gesagt, Schlimmes mit dem Darm, und sie leidet seit Jahren darunter. Ich habe erlebt, wie sie aussieht, wenn wieder ein Schub kommt. Und natürlich war sie in ärztlicher Behandlung. Aber eine Aussicht auf Heilung konnte ihr keiner der Doktoren machen. Ihr Körper zerlegt sie einfach von Zeit zu Zeit. Für mache Krankheiten gibt es eben gegenwärtig noch nichts. Genau wie vor 200 Jahren nichts gegen Lepra existierte. Also war sie auf den Gedanken gekommen, einen Quacksalber hier ... aber ich greife vor, also ... einen Menschen hier auf der Messe zu besuchen, von dem die wie immer wohlinformierten Ignoranten und auf Sensationsgeschich ... aber ich schweife ab. Also ... von dem in der Presse folgendes gestanden hatte:

Auf der Lebensmesse wird sich Ernesto Brakowic aufhalten. Er gilt als einer der größten Heiler Deutschlands. Sein Slogan, der sich auch in einem Prospekt wiederfindet, ist: 'Mein Wirken ist allumfassend heilend. Es gibt keine Krankheit, die nicht geheilt werden könnte.'

Immerhin war der Preis, den man dafür zu zahlen hätte, gleich mit abgedruckt. Für Eingeweihte, es reicht für eine Jahreskarte für die Zonen 1-6 der Münchner Verkehrsbetriebe, aber das nur nebenbei.

Nun gibt es Stimmen, die sagen, „Kranke werden von diesen Heilern gnadenlos ausgenutzt." Das stimmt nur halb, denn auch eigentlich Gesunde, so wie ich, müssen dran glauben. Unter anderm an die Heilkräfte jedenfalls, und genau das wollte ich testen.

Iris und ich kamen auf die tolle Idee, unsere Symptome zu tauschen.

Gute Idee, wie wir dachten. Dann würden wir es schon sehen, wie dieser Brakowic uns heilen sollte.

Aber zuerst wurde noch eine Demo gehalten, denn der Gute „nennen Sie mich Ernesto" lud die Umstehenden und noch nicht zur Geldverbrennung berei... ich greife schon wieder vor und verkündete in, sorry, „n breitem Fränkisch und mit Stentorstimme, „... er mache seine Heilungen immer coram publico.

Also, da lag ein über und über tätowierter älterer Mann auf dem Behandlungstisch. Der Heiler stand an der Kopfseite und beugte sich von hinten über das Gesicht des Heilsuchenden, so dass er ihm in die Augen sehen konnte. Er fragte, was er denn für Probleme habe.

„Ja, wissen sie, vor zwei Monaten hat mich meine Frau verlass ..." Der vielbeschäftigte Heiler schüttelt unwillig den Kopf.

„Gesundheitlich, meine ich natürlich", grummelte er und verfluchte wahrscheinlich innerlich den Deppen, der ihm hier die Zeit stahl.

„Ach so, klar, ich bin durch eine Hirnhautentzündung taub geworden."

Brakowic schrak zurück. Offenbar hatte er für einen Augenblick Verständnisprobleme. Dann beugte er sich wieder über den Tauben. „Und wieso können sie mich dann hören und antworten mir?", fragte er misstrauisch.

„Ich kann Lippenlesen. Aber was glauben Sie, wie schwer es, ist Ihre Lippen auf dem Kopf herum zu lesen – und dann auch noch dieses Wrängissssch."

Ernesto zog sich vom Tisch zurück, griff sich überlegend an die Nase und fragte erneut: „Und wie soll ich Ihnen helfen?"

Keine Antwort. Logisch, der Patient war ja schließlich taub.

Jetzt war der Heiler wirklich in Nöten. Entweder der Mann war ein Simulant und es stellte sich die Frage, warum simulierte er oder er war taub und er musste ihn nach „Prospekthaftung", das ist ein gängiger juristischer Begriff, heilen.

Er entschied sich für Letzteres.

Währenddessen schweiften meine Blicke und Gedanken zur Nachbarveranstaltung. Dort stand eine ältere Dame, sie sah aus wie die Dame, die mir in der Reinigung immer meine Hemden abnimmt, wenn ich sie zur Reinigung bringe, und mit der ich dann manchmal über das Wetter rede. Also eher unspektakulär, kein Irokesenschnitt und kein extravagantes Kittelchen mit chinesischen Schriftzeichen oder sonstwas Auffälliges. Nur, dass sie ein Pendel in der Hand hatte und vor der Nase einer anderen Dame, die gut aus der nächstgelegenen chemischen Reinigung oder der Drogerie an der Ecke hätte sein können. Sie, die Pendeldame natürlich, hatte während des Pendelns die Augen geschlossen und stand vor einem Schild, auf dem zu lesen war, dass es 100.000 Krankheiten auf der Welt gäbe, aber nur eine Gesundheit. Und dass es hier eine Gesundheitswiederherstellung nach der sogenannten Prana Methode zu kaufen gäbe. Das Witzige dabei war, dass die bependelte Dame eingeschlafen war und vom Stuhl zu fallen drohte, und ich drauf und dran war, ihr beizuspringen. Gerade als sie endgültig, ich hob schon die Ferse, um sie zu retten, sprang ihr Lebensgefährte hinzu und rüttelte sie wach. Zog sie ohne ein weiteres Wort vom Ort der Heilung fort.

Die Pendlerin (Ihr verzeiht, dass ich den Ausdruck mal in veränderter Weise verwende) pendelte unverdrossen weiter, wobei sie weiter auf die mittlerweile verschwundene Patientin/Klientin/Opfer (verwendet den Ausdruck, den Ihr für richtig haltet) einredete.

Dann kam sie zum Schluss: „Und so haben wir den Moment tiefer Zufriedenheit erreicht, und wenn sie die Augen öffnen, sind alle Bedrängnisse und auch ihr Sodbrennen verschwunden."

Sie öffnete die Augen, sah auf den leeren Stuhl, auf ihr Pendel, sich in der Gegend um und kratzte sich verwundert am Kopf. Zum ersten Mal hatte sie ein wirkliches Ergebnis erzielt. Die Sodbrennen waren tatsächlich verschwunden, allerdings mit der Sodgebrannten, und sie nahm sich, gemessen an ihrem Gesichtsausdruck, vor, beim nächsten Mal vorsichtiger zu sein. Und vor allem ein höheres Honorar zu nehmen. Letzteres konnte sicherlich nie schaden.

Aber zurück zu Ernesto Brakowic und seinem tauben Patienten.

Sichtlich bemüht seinen Lippen den richtigen Ausdruck zu geben, erklärte er ihm: „Ich kann ihre Taubheit nur indirekt heilen. Zuerst muss ich die Wirkungen der Hirnhautentzündung beseitigen und dann nach und nach die Hörnerven freischalten. Verstanden?"

Der Taube schüttelte den Kopf und sagte: „Gelesen. Ich habe gelesen was Sie sagten, ich kann ja nichts hören, gell?"

Brakowic wurde leicht ungeduldig. Für die läpperlichen paar Euro dauerte das hier schon zu lange.

Er beugte sich wieder über das Gesicht des Tauben, hielt ihm die Ohren zu, (eine ziemlich überflüssige Geste, wenn man bedenkt, dass der arme Kerl auf der Pritsche ja sowieso nichts hörte), dann murmelte er halblateinische Sprüche und bewegte seinen Oberkörper pendelförmig hin und her. Seine Birne schwoll rot an vor Anstrengung (wahrscheinlich hat es der Wicht mit der Bandscheibe, ja, ja, ein anstrengender Job, er sollte mal zu einem Heiler gehe...." aber ich schweife schon wieder ab), dann riss er mit einem Ruck die Hände vom Kopf des Tauben, wobei der zutiefst erschrak, und der Heiler versehentlich einem zu nahe herangetreten Passanten seine rechte Hand auf die Nase trümmerte, und dieser laut aufschrie und ihm Blut aus der Nase tröpfelte.

Typischer Fall von Kettenreaktion, es ist wie bei den Medikamenten. Keine Wirkung ohne Mitwirkungswirkung.

Schnell schickte der Heiler den Blutenden zum Hallensanitäter, der seinerseits mit Eis in den Nacken und Kopf nach hinten Legen irgendwelche heilenden Hausmittel anwendete. Noch ein Heiler?

Inzwischen stand der Taube wieder auf seinen Beinen. Iris, schwer krank und auch beeindruckt, ging zu ihm hin und fragte:

"Wie geht es Ihnen denn? Haben Sie etwas gespürt?"

Der taube Patient drehte sich um und sagte, „Es war schon etwas merkwürdig, all die Energie zu spüren, die durch den Heiler in mich hineinströmte. Ich habe das Gefühl, ich könnte fast wieder hören?"

„Wieso fast, was meinen Sie?"

„Wollen Sie auch zu diesem Heiler gehen?"

„Ja, wieso?" Er sah sie lange an, dann flüsterte er:

„Kommen Sie schöne Frau, ich erzähle Ihnen etwas."

Sie gingen scherzend von dannen, doch ihr Gesicht wurde immer ernster.

MÜNCHNER SOMMER

Es geschah eher zufällig, mittags im Englischen Garten, dort, wo die Nackerten auf der Schönfeldwiese rumliegen. Wolf war da, um mit nacktem Hintern anatomische Studien zu treiben.

Ihr wundervoller Arsch war ihm schon aufgefallen, als sie ihre Hose noch trug, ebenso wie ihre Wespentaille, die diesen Popo auf sensationell fragile Weise mit dem Oberkörper verband. Sie zog sich aus, und hinter seiner coolen Sonnenbrille verborgen, konnte Wolf jedes Detail beobachten. Nur ihr Gesicht sah er nicht gleich. Es hatte seine eigene riesige Sonnenbrillenmaske. Für Wolfs anatomische Studien war das im Augenblick jedoch ziemlich egal. Ihr schweißbedeckter Körper glänzte in der gleißenden Mittagssonne wie ein anatomisch geformtes Würstchen. Ach, und wer mag Würstchen und das Grillen im Park nicht?

Ein winziges, dunkles Ausrufungszeichen bewachte das Dreieck zwischen ihren Schenkeln, oder vielleicht war es auch umgekehrt. Wolf genoss die Situation. Alles war gut, bis eine riesige Dogge in der Nähe auftauchte. Das gute Tier stand vor ihnen, sah freundlich herüber und verzog vertraulich grinsend die Lefzen. Die Nackte lag, in den Himmel blickend, ihre Hände unterm Kopf verschränkt und die Beine leicht angestellt, völlig entspannt auf dem Rücken. Die Dogge kam langsam näher. Nach und nach veränderte sich der Gesichtsausdruck des Tieres von gutmütig über neutral zu neugierig. Plötzlich machte der riesige Hund einen Satz nach vorn und steckte seine dicke, fette, kalte, nasse Schnauze mitten in ihr dreieckiges Herz. Mit einem Schrei, der jeder Kreißenden Ehre gemacht hätte, riss sie ihren Körper hoch, trat nach dem Vieh und floh zu Wolf. Und er? Er – rettete sie – natürlich! Später hatten sie noch zusammengesessen und sich beim Reden gegenseitig auf die primären und sekundären Geschlechtsteile geblinzelt. Nach einer Weile war sie rasch aufgestanden, in ihr T-Shirt und die Shorts geschlüpft und hatte etwas wie „muss leider noch arbeiten", gemurmelt und war sichtlich unmutig in Richtung Staatskanzlei geradelt. Das also war mittags. Mittlerweile war eine dieser warmen, prickelnden Münchner Nächte angebrochen, lange, lange helle Nächte.

Wolf war nun schon den ganzen Tag erfolglos auf der Jagd. Kurz nach Mitternacht tauchte er im Mr. B.'s, Münchens kleinster Life-Jazz-Bar, auf. Der Barkeeper und die Musiker waren noch am Werk. Außer ihnen gab es hier nur ein paar schmusender Mädels. Also wieder nix. Als er gerade verschwinden wollte, begann die Band ein neues Stück, und blitzartig erwischte es ihn. War es die Art, wie sie mit den Saxophontönen nach ihm warf, die ihn festhielt? Er sah genauer hin, und die Erinnerung an sie traf ihn wie ein Kugelblitz, und ihr Saxophonsolo ging ihm unter die Haut wie ein ID-Chip einem Affen unters Fell. Ja. Hier um Mitternacht, bei Mr. B's, war sie aufgetaucht, die Schöne mit der Hundeschnauze. So hatte er sie in seinem grauweißen Memoblock, nicht ohne ein süffisantes Grinsen, gespeichert. Sie hieß Joy, und so sah sie auch aus. Nach ein paar Whisky und einigen weiteren Saxophonsoli, die Wolf an ihre Leine legten, gingen sie, nach einer längeren Schmuseunterbrechung im Hofgarten, zu ihm. Als sie am Pförtner vorbei wollten, hielt Joy kurz inne, sah ihm tief in die Augen, zog die Stirn in Falten und fragte nachdenklich:

„Du hast doch keinen Hund?"

„Nein", sagte Wolf „aber manchmal eine kalte Nase", und sie lächelten ohne Pause bis zum nächsten Mittag.

Der Sommer mit Joy war großartig, anstrengend und ziemlich abgedreht. Eines frühen Sonntagmorgens, es war schon hell, hatte sie, in Mehl gepudert, völlig verrückt auf der Dachterrasse seiner Maisonette-Wohnung als griechische Statue von Auguste Rodin und mit spitzen Lauten der Lust ihre kleine pinkfarbene Flagge gehisst. Sie hatte so was mal bei einer Dichter-Lesung gehört. Die Aktion trug sehr zur Freude von Wolfs Nachbarn bei, die aus Mooshammers Zeiten hier sehr spezifische Schauspiele gewohnt waren. Doch nichts dauert ewig. Als der Herbst kam, war Wolf wieder allein. Wolf traf Joy im Vapiano, in den 5 Höfen wieder, er hatte noch Glühwein-Bratwurstgeruch vom Weihnachtsmarkt in der Nase, stand allein dumm rum und der Techno-Chill-Verschnitt bummerte ihm ins unterzuckerte Hirn. Das Zappeln des elektronischen Summsers, der den hungrigen Kunden zur Pizzaabholung scheucht und den Laden so trendy machte, riss ihn aus seiner Unterzuckerungsdepression. Das Technoteil leuchtete und vibrierte sich auf dem Tisch den Plastikarsch wund.

Wolf sprang erschrocken vom Barhocker und dabei gleichzeitig Joy auf die Füße. Sie kämpften mehrere Augenblicke lang ums Gleichgewicht, bekamen immer mehr Schlagseite und düsten torkelnd quer durch den Raum. En passant beschleunigten sie einen im Weg stehenden Kinderwagen. Ein Aufschrei, den die Mutter wohl noch von den Wehen drauf hatte, übertönte den Chill-Hammer mit Leichtigkeit. Die stabile Elfe warf ihren Nudelteller ohne nachzudenken einem Teeniepaar ins feuchtfröhliche Lippengedränge und sich selbst dem davon schießenden Kinderwagen hinterher. Vielleicht sollte nicht ganz unerwähnt bleiben, dass der Wagen direkt auf die Treppe zum Erdgeschoss zuraste. Sie erwischte den Wagen mit einem beherzten Sprung und harkte die rechte Hand in die Speichen des Kinderwagens, was ihr kleiner Finger mit einem glatten Bruch quittierte. Indessen versuchte die andere Hand den auf ihr Gesicht zukommenden Boden zu bremsen, was prompt misslang. Währenddessen hatten sich Joy und Wolf gefangen und standen, die Nasen aneinandergequetscht, zwischen den anderen Gästen. Joys Scheiß-Brutalo-Bruschetta-Knoblauch-Fahne verschlug Wolf schier den Atem. Er musste unbedingt flüchten. Erstens aus Joys Knoblauchdunst und zweitens vor den Schlägen, die ihm das brutal zuschlagende Muttertier mit ihrer winzigen, aber hammerharten Handtasche auf den Kopf drosch. Die Frau ging ihm tierisch auf die Nerven mit ihrem:

„Mörder, ihr elenden Scheißtypen seid Mörder", zumal der Papa grinsend das Blag auf dem Arm hielt und der Kinderwagen leer auf die Treppe zugeschossen war. C'est la guerre!

Wolf und Joy flohen vor all dem Ungemach zu Hugendubel. Da saßen sie nun, umringt von Bibliophilen auf halbrunden Lesebänken. Sie quatschten dies und das und erinnerten sich gerade grinsend an gemeinsame Dachterrassenszenen, da wurden sie gestört. „Wer war sie? Eine Walküre oder nee, eine drei Meter große Pandoranerin, nein, nein, ein ...", Wolfs Gedanken suchten das richtige Wort: „... ein Haflinger." Er hatte diese Superpferde vor Augen. Groß, zartestes Braun und die wildeste weißblonde Mähne der Welt, schwarzglühende Augen unter langblonden Wimpern und die zartesten Nüstern, äh, Lippen des Universums. Ein Haflinger eben und viel, viel, viel stärker als Wolfi, wie er sich gern in solchen schwachen Augenblicken selbst nannte. Er liebte solche Frauen.

„Ach ja", seufzte er mit dümmlichem Gesichtsausdruck.

Langsam kam er wieder zu sich. Dieses Supergeschoss stellte sich neben Joy, beugte sich herab, sah sie zärtlich an und hauchte ein:

„Hi, Joy."

Es folgte ein Kuss. Hey, nicht so einer, wie sich Freundinnen küssen, links und rechts auf die Wange und so, nein. Das hier war mal ein richtiger Kuss. Einer, der Wolf von den Beinen holte, zum Anfassen sozusagen. Er geriet dabei förmlich zwischen die Zungen. Dann schrie irgendetwas STOPP im Innern der Haflingerfrau. Wolf kannte den Grund, natürlich, es war Joys Scheiß-Brutalo-Bruschetta-Knoblauch-Fahne!

Die blonde, tolle, Superschöne unterbrach den Kuss, als wäre ihre Zunge in ein Säurefass geraten. Sie schüttelte den Kopf, taumelte, griff Halt suchend um sich und erwischte Wolf. Ihre glasigen Augen klarten auf und sahen ihn dankbar an. Joy säuselte: „Das ist Zaphira. Zaphira ist ihr Künstlername. Sie schreibt Texte und Drehbücher für das Fernseh-Sandmännchen. Cool, oder? Eine richtige Schriftstellerin, extra für dich", schwärmte sie.

„Du stehst doch auf sowas", schob sie leise hinterher.

Wolfs Großhirnrinde war bei Zaphiras Anblick praktisch verdampft, und die Trümmer erinnerten sich später nur noch an:

„Hallo ... schön ... Sandmännchen ... schon lange?"

Auf einmal saß sie neben ihm und schilderte wortreich ihr Leben. Joy verschwand mit den Worten:

„Ich hau mal ab, ich kenn das ja", und dabei machte sie eine eindeutige Handbewegung für „Ran an den Feind!". Wenig später saßen Zaphira und Wolf, nachdem sie sich am Platzl - na ihr wisst schon, bei wem - ein Schokoladeneis geteilt hatten, noch Im Tal und quatschten bei einem Latte macchiato weiter. Noch später fand er sich mit ihr „Bei Carla" am Gärtnerplatz wieder. Sie hatte ihn hierher geschleppt und erklärte ihm mit viel Herzblut, wie sie ihren ersten Roman konzipieren würde, und warum er bisher noch nicht geschrieben sei.

„Die Atmosphäre soll es bringen. Es muss rüberkommen, um was es geht, ohne dass ich es erkläre. So wie bei denen da", meinte sie sinnlich lächelnd und deutete auf ein Bild an der Wand, auf dem zwei Frauen von einem gemeinsamen Teller Spagetti mit roter Soße lustvoll in ihre gespitzten Münder saugten.

„Es soll ein authentischer Lesbenfilm werden", sagte sie eindringlich. Nebenbei klärte sie ihn darüber auf, dass hier ein Anlaufhafen für Münchner Lesben war, aber Wolf trotz seines Geschlechtsapparates toleriert würde. Als einziger Mann saß er unter all den Frauen hier, wie ein Mops zwischen Gazellen, und verstand nachträglich, dass die Elfe an der Bar beim Hineingehen mit dem „Hallo Schnuckel" nicht ihn gemeint hatte. Irgendwann war Zaphira bei ihren Rückschlägen und Enttäuschungen, Lektoren, Verlagen, ihren Freunden und ihrem Sex angekommen. Sie gestand lallend, eigentlich lesbisch zu sein und im Rahmen von „Milieustudien" manchmal von den Männern genascht zu haben, voller Selbstzweifel und Skrupel natürlich, und dass sie sich noch in einer Art Selbstfindungsphase befinde, in der sie sich vor und zurück orientierte.

„Ich kann schließlich nicht nur Lesbenromane schreiben."

Wolf gab ihr stürmisch Recht. Er schwärmte vom Heterodasein und von den Gefahren der Orientierung als Selbstzweck und merkte erst nach einer Viertelstunde, dass sie eingeschlafen war. Na super! Er versuchte sie rumzukriegen, und sie kackte ab. Unterwegs zur Ihrer Wohnung, als sie auf dem Viktualienmarkt eine Erholungspause beim Karl Valentin Brunnen nahe der Pferdemetzgerei machten, Zaphira wog immerhin etliches, fragte eine Polizeistreife Wolf eindringlich, ob er sie entführen, vergewaltigen oder sonst was wollte. Wolf nickte – allerdings nur in Gedanken. Nach längerem Palaver begleitete die Staatsmacht ihn und die inzwischen aufgewachte Zaphira die letzten paar Meter bis zu ihrer Wohnung im Rindermarkt. Da lag sie nun wie ein besoffener Puter auf ihrem Bett, direkt vor der Nase eines Wolfes. Jedoch betrunken wie beide waren, verschliefen sie den restlichen Tag in ihrem großen Bett. Gegen Mitternacht wachten sie auf.

„Willst'n Kaffee?"

„Ja", so einsilbig war Wolf sonst eher nicht. Aber der Suff und diese unmögliche Nacht mit einer Lesbe und so ...

„Ich hau jetzt ab. Woll'n wir uns mal wieder treffen?" fragte er zerknirscht und rieb sich den steifen Rücken.

„Passt gut, ich muss noch was für den Sender schreiben", zwitscherte sie munter.

„Schreibst du übrigens auch?"

„Ab und an, aber nur für mich."

„Hast du schon mal bei einem Schreibwettbewerb mitgemacht?"

„Nee, warum?"

Zahphira stand auf, stellte sich hinter ihn und legte ihre Arme schlangengleich um seinen Hals. Sie küsste sanft den Wirbel seiner Haare, ihre Finger spielten mit seinen Ohrläppchen, und dann hauchte sie ihm ein leises, vibrierendes Schnauben ins Ohr, so dass sich ihm alle Haare wie Stecknadeln aufstellten.

„Du willst doch mit mir schlafen?"

Wolf nickte vorsichtig.

„Willst du nun oder nicht?", grollte sie.

Wolf stand entschlossen auf. Zaphira wich etwas zurück und ging aufreizend langsam zu ihrem Schreibtisch, nahm ein Stück Papier und gab es ihm. Wolf las: Weihnachts-Schreib-Wettbewerb.

„Schreib hierfür einen Beitrag, und wenn du besser abschneidest als ich, kommst du in meine Sammlung."

Wolf war sauer. Trotzdem, Zaphira war viel zu heiß, und sein Ego hatte mittlerweile deutlich mehr als eine Delle. Was diese Sandmännchen-Poetin konnte, konnte er schon lange.

„Gebongt, ich mach mit."

Sie lachte, umschlang ihn mit beiden Armen, hob ihn kurz an und gab dem Wehrlosen einen knallenden Kuss.

„Wie wäre es mit Vorschuss?", fragte er, während seine Beine in der Luft baumelten.

„Erst wird geschrieben, dann wird gebumst - vielleicht. So, nun hau ab, ich muss noch arbeiten", und sie machte sich für einen nächtlichen Besuch beim Sender am Rundfunkplatz fertig. Wolf stand noch ein Weilchen nachdenklich im Flur. Der Alte Peter schlug gerade zwei.

„Gi-gan-tisch", flüsterte er und seine Wolfsaugen wurden fast ein wenig feucht.

Am Nikolausabend, Wolf wollte gerade mit dem Überarbeiten des Textes anfangen, stand sie, unbeschwert eine Pfütze verbreitend, in seiner Wohnung, strahlte ihm ihr leuchtendstes Haflingerlächeln entgegen und schüttelte die blonde Mähne.

„Und? Wie weit bist du mit der Geschichte?"

Hochmut zog ihm die Mundwinkel bis an die Ohren.

„Fast fertig."

„Ich habe mit Joy gesprochen!"

„Ja und?"

„Sie hat von eurer Spezialität erzählt."

„Was meinst du?", fragte Wolf vorsichtig. Sie zeigte ihm eine Tüte.

„Ich habe Mehl für die Statuengeschichte dabei!!"

„Oh nein, nicht schon wieder", stöhnte Wolf.

Zaphira wollte ein enttäuschtes Gesicht aufziehen, aber Wolf begriff plötzlich und strahlte. Während sie auf dem Weg zum Schlafzimmer waren, schrieb er mit der linken Hand eine SMS an seine Putzfrau.

„Sorry für das Mehl im Schlafzimmer. Es ging um Leben und Tod!" Und so gab es eine Neuauflage der Marmorstatue (Rodin hätte sich gefreut). Diesmal hatte sie rubensche Formen und es gab keine Dachterasseneinlage, schließlich

war Nikolaus. Vergessen war die Literaturwette, und niemand war glücklicher darüber als Wolf. Am Dreikönigstag besuchte sie ihn wieder. Wolf wollte sie küssen. Um sich zu befreien, schüttelte sie jedoch nur kurz den Kopf.

„Weißt du Wolfi, es ist besser, wir machen Schluss damit."

Er sah sie an wie ..., na scheißegal wie.

„Meine Studienphase ist abgeschlossen und ich habe mich endgültig entschieden. Ich bleibe lesbisch."

„Hey, das ist doch keine Sache wie, ich bleibe katholisch oder so'n Quatsch. Spinnst du?", schnauzte Wolf. „Warum das denn?"

„Deine Bartstoppeln", druckste sie rum, "sie machen mir die Haut kaputt, überall!"

Ein hastiger Kuss noch, ihre Schritte donnerten die Treppe hinunter, und weg war sie.

Wolf musste unbedingt zu Joy. Sie kannte Zaphira schon länger und schließlich war sie bi und wusste wie schön das ist. Er fand sie schließlich im Kinder- und Jugendmuseum an der Arnulfstrasse 3, wo sie bei einem Quigong Kurs war. Nachdem Joy ihr Qui aus dem Gong befreit hatte, gingen sie hinunter in die Eingangshalle des Starnberger Bahnhofs. Sie suchten sich eine Ecke zum Reden, in der keine Penner saßen. Nach unendlichen Diskussionen und der Versicherung, dass er sein Leben lang nach diesem einen Haflinger gesucht hatte usw., kam sie mit der Wahrheit heraus. Es gab einen anderen in Zaphiras Leben und das Lesbe-Sein wäre nur vorgeschoben.

„Obwohl sie eine verdammt leckere Lesbe ist", murmelte Joy mit einem entsprechenden Gesichtsausdruck.

„Ich bring ihn um", grollte Wolfi.

„Das wird dir nicht gelingen!"

„Wieso?"

Sie sah Wolf mitleidig an, dann nahm sie ihn in den Arm, legte ihre Lippen an sein Ohr und flüsterte leise, gaaaaanz leise:

„Es ist der Sandmann".

Die Obdachlosen hatten alles beobachtet. Als Joy schon lange fort war und Wolf immer noch bewegungslos dastand, kam der, den die Leute vom Kinder-Museum König der Penner nannten, zu ihm. Er räusperte sich fast verlegen und krächzte dann:

„Hey Kumpel, kann doch nicht so schlimm sein. S'wird schon wieder."

Wolf sah, langsam erwachend, in das bärtige, runzelige Gesicht, roch den Fusel, die Zigaretten, die ungewaschenen Klamotten und blickte auf das Grüppchen grauer Menschen, die hinter dem Mann in der Ecke standen und hockten. Er nickte traurig. Plötzlich, einen Entschluss fassend, griff er in die Hosentasche, holte etwas heraus. Er hielt es hoch und fragte:

„Hier ist ein Fuffi. Wer holt uns was zu trinken?"

Man möchte es kaum glauben, aber es fand sich tatsächlich jemand, der Rotwein holte. Eine halbe Stunde später sah ein Polizist herein. Er wurde aufmerksam, weil er aus dieser Halle so ein unbändiges Lachen schon lange nicht mehr gehört hatte. Wir ahnen, dass Wolf ihnen von seinen Erlebnissen mit Joy, Rodin, einem Haflinger und der Lesbenkneipe erzählte – und das war gut so.

13. NACHTGESCHICHTE

Robinsons Ende

Den Platz für seinen Tod hatte er sorgfältig gewählt. Im ewigen Wind der Südspitze würde die winzige Insel mit seinem Leichnam winken.

Die einzige Möglichkeit der Insel zu entfliehen war der Tod. Alle Versuche absichtlich zu verhungern, oder zu weit hinaus zu schwimmen waren gescheitert. Auch die vielen Haie dort draußen hatten ihn nie gewollt.

Nun stand er auf einer alten Kiste, das angeschwemmte morsche Schiffstau um den Hals, und blickte angewidert auf den weißen Strand dieser verfluchten Insel und auf den Berg aus Muschelschalen. Jeder Tag eine Muschel, jede Muschel ein Tag. Der zwanzigste Jahrestag des verfluchten Schiffbruchs und die Hoffnung war schon so lange verbraucht.

Er dachte an die schäbige Hütte, die Fischspeere und das halbvolle Vorratsfass, die wichtigsten Pfeiler seines Insellebens. Heute sollte Schluss sein.

Seine Augen streiften noch einmal den immer leeren Horizont, die immer gleichen Wellen, die Sonne, die wehenden Palmwipfel, die vorbeiziehenden Wale, das Boot, dann schlossen sie sich.

Er schob sich langsam an den Rand der Kiste. Sie stand so, dass sie umkippen musste, wenn er noch eine Handbreit vortrat. Er hörte die Wellen, fühlte die brennende Sonne und ahnte durch eine Wimpernschlitz noch den vagen Schatten. Er riss die Augen auf und konnte es durch dem Tränenfilm kaum erkennen.

Ein Boot ... es kam auf die Insel zu ...

Die Größe eines Menschen hängt nicht von der Größe seines Wirkungsfeldes ab.

Erich Kästner

BEZAUBERNDE TROPEN

Die Sonne peitscht glühend auf den leergefegten Strand. Krähen huschen in rasendem Flug die Küstenlinie entlang, um sich, wilden Flugzeugen gleich, einmal in den Himmel und dann wieder scheinbar in den Sand zu bohren. Heisere Schreie surfen auf den Geräuschen der See, die gleichmäßig warm an den Strand schlägt.

Etliche Steinwürfe vom Land entfernt, schneiden schwarze Kiele gegen den unaufhörlichen Wind auf dem Weg zu neuer Nahrung. Ihre Segel scheinen Brüder der Krähen zu sein.

Der Krähenschwarm stürzt auf angeschwemmtes Aas zu, eine faulige Fischleiche. Die Vögel hacken in dieses faulig-weiche Fleisch, um sich daraus ein Stück Leben zu holen. Jeder ist um sich selbst bemüht, jeder kämpft um ein Stück Abfall. Große, starke Schnäbel drohen gegeneinander, Verlierer, von Schnabelhieben vertrieben, fliegen auf, springen zurück in das Gewühl, schreien, krächzen, kämpfen.

Aus der Ferne torkeln zwei Gestalten auf das schwarze Gewimmel zu. Vier Füße ziehen Fähnchen aus Sand und Staub hinter sich her. Barfuß schlurfen sie, die Zehen verkrampft, oft strauchelnd, einer hinter dem anderen den Strand entlang.

Zwei Menschen, gebückt, einsam und leer, suchend.

Vorweg eine Frau, deren Wesen und Gestalt nur noch Schemen dessen sind, was sie einmal vorgab zu sein. Reduziert auf eine gebückte Haltung, gichtige Glieder, zerrissene Gesichtszüge, langes, graues, wirres, schmutziges Haar und einen ausgetrockneten, ausgemergelten, graubraunen Leib, aber mit beweglichen, funkelnden, gierigen Augen und harten, jetzt ins Leere krallenden Händen.

Mit Selbstverständlichkeit und in die abgerissensten Fetzen gekleidet, dient sie dem anderen Menschen, der seine kraftlose Hand auf ihre magere rechte Schulter gelegt hat, als Fährmann zur weiteren Existenz.

Über die Brücke des Armes führt ihr Wille zu seinem Körper, dirigiert ihn, den Blinden, den kraftlosen, ehemaligen Mann und Fischer, jetzigen zerschundenen Körper, mitsamt seinen furchtbaren, blößenbedeckenden Drecklappen über den menschenleeren Strand.

Ungeachtet der Hitze brabbeln sie vor sich hin, stimmen hin und wieder eine Art Singsang an, wie um sich Mut und Kraft zu geben für den weiteren Weg, von dem man meinen mochte, er führe sie schon seit ewigen Zeiten immer rund um die Insel herum.

Die seltsame Karawane aus zwei Menschen, die nur noch Schatten sind, kommt der aufgeregt lärmenden Krähenschar immer näher, stockt, beratschlagt, will ausweichen, singt, nimmt Anlauf, dringt blitzenden und toten Auges auf den Ort der Fischverstümmelung ein.

Mit großem Geschrei fliegen die schwarzen Vögel auf, segeln unschlüssig über der Beute hin und her, krächzen und fliegen Attacken gegeneinander, als wären sie untereinander für die Störung verantwortlich, während sich unter ihnen zwei neue Beutegänger den Fischresten nähern.

Die schwarzen Federfetzen geben auf, fliegen schreiend in das Landesinnere, um sich in die Kronen der sich im Wind wiegenden Palmen zu setzen und die wenigen erhaschten Brocken zu verdauen.

Jetzt sind die Eroberer bei den stinkenden Fischleichenfetzen angekommen. Die blinden Augen bleiben stehen, hilflos flattert seine eben noch in der Schulter verkrampfte Hand durch die Luft, während sich ihre Finger in das tote Fleisch krallen, es zusammensuchen und hastig damit zum Wasser eilen, es waschen, prüfen, beriechen, auf Essbarkeit untersuchen.

Fragen und Antworten fliegen zwischen den beiden zerknitterten Lippenpaaren hin und her, erst zaghaft fragend, dann eilig hoffend, schließlich eifrig wünschend.

Nachdem seine Hand sich wieder auf ihrer wegweisenden Schulter eingerichtet hat, ziehen die beiden weg vom Strand, schlurfen, kleine Staubfähnchen hinter sich herziehend, auf' den Palmengürtel zu, vorbei an kleinen, fadenscheinigen Fischerhütten, bis sie einen geeigneten Platz zur Rast finden.

Sie setzt ihn mit dem Rücken an einen Stamm in den Schatten, denn die Sonne steht jetzt senkrecht. Leise fährt ihre Hand ihm über das wirre Haar, sie brabbelt wieder irgendetwas vor sich hin und geht fort.

Während sie notdürftiges Brennmaterial zusammensucht, fährt seine Hand wieder suchend durch die Luft ...

Ein Jumbo rast donnernd über sie hinweg, die Krähen schreien ihn an und ein Segelschiff kreuzt kitschig die untergehende Sonne.

MAMA TUBE

Mama Tube, Maryborough Street 1, Fishwick, Canberra, Australien, lebte länger, als wir alle erwartet hatten, und sie lebte gern.

Diesen Satz wollte Susan in die Zeitung setzen, wenn es soweit war. Sie hatte oft darüber nachgedacht, und nun war es an der Zeit.

Susan stieg aus dem Bus, lief über die Straße wie schon tausend Mal zuvor. Sie ging in das unscheinbare Mietshaus am Rand des Industriestadtteils Fishwick. Langweilig, alt und verfallen war hier alles, aber die Mieten waren niedrig und für sozial schwache Familien erschwinglich. Es gab eine Menge Unterschichtler hier. Sie wurden in der Sprache der Stadtverwaltung Underprivileged Persons genannt. Kinderreiche Familien, blutjunge alleinerziehende Mütter und viele alte und kranke Menschen lebten in den Mietburgen zwischen Lagerhallen, Riesenlastern mit Doppel-Anhängern und vielen Polizeistreifen. Das Leben spielte sich auf der Straße und auf dem Parkplatz vor dem Kaufhaus an der Kreuzung Wollonga und Maryborough Street ab. Es war das einzige Kaufhaus des Viertels, und hier begegneten sich alle, die für sich und ihre Familien einkauften, Freunde trafen, Meat Pies vom Imbiss aßen und Bier aus dem Bottle Store tranken. Man trank das billige Victoria Bitter oder allenfalls Tootheys, selten Fosters, das bekannteste und teuerste australische Bier. Während sie die Treppe hinaufging, dachte Susan daran, was sie über das Leben von Joan Sutherland wusste, und welchen Anteil sie daran gehabt hatte.

Für Joan war der Parkplatz vor ihrem Haus in Fishwick ein Glücksfall. Jeder Tag entstand direkt vor ihren Augen und brachte werk- und sonntags die Welt zu ihr hinein. Als Kind hatte sie mit ihrer Mutter dort eingekauft. Zu dieser Zeit war das Viertel noch nicht so verbraucht wie heute. Hier hatte sie Fahrrad fahren gelernt und sich Knie und Ellbogen aufgeschlagen. Auf dem Rückweg von der Schule kam sie hier vorbei und sah die Verliebten scheu auf der Bank sitzen. Auf dieser Bank unter der Laterne hatte sie ihren ersten verlegenen, hastigen Kuss bekommen. Später saß sie mit ihrem Freund dort, und sie verlobten sich heimlich. Sie planten die Hochzeit und ihr späteres Leben, und auf einmal waren es nur noch zwei Wochen bis zum großen Tag. Mitten in die Vorfreude fiel ein Virus hinein. Alle Pläne wichen vor der Kinderlähmung zurück, und der Kampf gegen den Tod wurde zum Lebensinhalt der kleinen Familie im Mietshaus gegenüber dem Einkaufszentrum.

Das war 1949. Kurz nach dem 2. Weltkrieg war Polio oft noch tödlich. Die Eltern brachten Joan in die großartig ausgerüstete Klinik am anderen Ende Canberras. Dort tat man alles für sie, aber ihre Atmung versagte. Ihre Brust hob und senkte sich nicht mehr. Was sonst unbewusst und automatisch passiert, verschwand völlig. Das Auf und Ab des Brustkorbs, dieses simple Einsaugen der Luft in die Lungen war einfach verschwunden. Lautlos rang sie um ihr Leben, dann verlor sie ganz undramatisch das Bewusstsein. Sssssch-Pfffff, Sssssch-Pfffff, Sssssch-Pfffff.

Mit diesem Geräusch meldete sich ihr Leben zurück. Eine Erfindung aus den zwanziger Jahren erzeugte rhythmisch atmosphärischen Unterdruck auf Unterdruck, immer wieder, und so hob und senkte sich ihre Brust.

„Das, was Sie vom Kopf an abwärts umgibt, Joan, nennt man Eiserne Lunge. Sie atmet für Sie", sagten die Ärzte, und die Maschine tat es.

„Machen Sie sich keine Sorgen, es ist nur vorübergehend!"

Ihr schwacher Körper erholte sich, und nach einigen Wochen konnte sie das Krankenhaus verlassen. Aber wie sollte das gehen? Ihre Atemmuskeln arbeiteten immer noch nicht. Ohne die Maschine wäre sie sofort erstickt. Also musste die Blechröhre mit nach Hause. Der Krankenwagen fuhr sie in die Maryborough Street. Es war schwer, die Maschine durch das Treppenhaus in den zweiten Stock zu hieven. Ihre Eltern richteten das schöne Zimmer mit dem Fenster zum Parkplatz für sie her.

„Was soll ich mit dem Fenster?", fauchte Joan.

Sie steckte fest in dieser Blechröhre, nur ihr Kopf sah daraus hervor. Er sah aus wie der kleine wackelnde Kopf einer Köcherfliegenlarve, der aus ihrem aus Kieseln, Sand und Schmutz gebauten Schutzgefängnis herausguckte; den Blick immer zur Decke gerichtet. Tausend Tränen flossen. Die Nachbarschaft bestaunte ihren eisernen Lebensretter, ihr Verlobter machte sich davon, und die Maschine stampfte stoisch ihren Rhythmus. Sssssch-Pfffff, Sssssch-Pfffff. Nur vorübergehend.

„Die Akutphase der Muskelfehlfunktionen ist sicher bald beendet. Wir erwarten das Wiedereinsetzen der Muskeltätigkeit und damit Ihres Zwerchfells in Kürze", trösteten die Mediziner und gingen. Ihre Mutter saß am Fenster und erzählte vom schnellen Leben auf dem Platz, unten, bei den Bänken. Jeden Tag und jeden Tag.

„Mama, was ist los unten, bei den Bänken?" Beim Erzählen fielen die Tränen ihrer Mutter auf die Fensterbank – Monat für Monat. Das Leben da draußen wurde in den Rhythmus der Maschine hineinerzählt, zerstückelt durch das ewige Sssssch-Pfffff, Sssssch-Pfffff. Nur vorübergehend.

Drei Jahre später:

1952

Ihr fünfundzwanzigster Geburtstag wurde groß gefeiert. Sie bekam einen Direktblick zu den Bänken. Nachdem sie drei Jahre lang an die Decke gestarrt hatte, sollte sie das Leben draußen wieder mit den eigenen Augen sehen. Das Kopfende der Bett-Maschinen-Konstruktion wurde dicht an das Fenster gerückt und darüber ein riesiger Spiegel so an die Decke gehängt, dass sie hinunter auf den Platz sehen konnte. „Ich kann jetzt spazieren-sehen, Mama!" Mama nickte, und während Papa sie mit der Handpumpe beatmete, machte Mama sie sauber und rieb ihren Körper mit Franzbranntwein ein, wie mittlerweile schon seit mehr als tausend Tagen.

1959

Der Regen schlug so heftig gegen die Fensterscheibe, dass sie die schwarzen Gestalten kaum sehen konnte, die über den Platz zur Bushaltestelle eilten. Nur eine Nachbarin blieb bei ihr.

„Kleines, du wirst sehen: Zu ihrer Beerdigung werden jede Menge Menschen kommen. Deine Mutter war eine gute Frau. Alle hatten sie gern."

Der neue Fernseher stand nun genau da, wo Mama noch im letzten Monat gesessen hatte. Mit dem neuen geteilten Spiegel konnte sie nicht nur zu den Bänken hinunter schauen, sondern auch das Fernsehprogramm ansehen.

„Sie sind der einzige Patient in unseren „Eisernen Lungen", der Fernsehen und gleichzeitig auf die Straße sehen kann", hatte der Wartungsmensch bei der zehnten Jahresinspektion gesagt und sie gebeten, einen Moment den Atem anzuhalten, während er schnell ein Ersatzteil herauszog und ein neues hineinsteckte, und ihr Vater vorsorglich den Handbeatmungsbeutel auf ihren Mund presste.

„Wenn ich den Atem anhalten könnte, bräuchte ich hier nicht zu liegen, Blödmann!", dachte sie zähneknirschend.

„Wir brauchen das alles zwar nur noch vorübergehend, aber ...", sagte Papa fast ein bisschen stolz über die bestaunte Spiegelanordnung. Sie hatte ihm nie erzählt, dass sie im Spiegel alles seitenverkehrt sah, das Fernsehbild ebenso wie die ganze Welt unten auf der Straße, und er hatte es nie gemerkt. Alle paar Wochen roch es manchmal, wenn Papa die Tube öffnete und die ambulante Pflegerin Joan sauber machte. Dann schämte sie sich und weinte verstohlen, während Papa sie mit dem Beutel beatmete und dabei angestrengt aus dem Fenster sah.

141

Juli 1968

In Europa probte man den Aufstand. Ihr Spiegel zeigte die Demonstrationen farbig im Fernsehen. Alles sehr dramatisch, aber was hatte das mit ihr zu tun? Sie las die Transparente der Demonstranten eben falsch herum, das war alles.

August 1968

Wie sollte sie nun ohne ihren Vater in der Wohnung zurecht kommen? Wer sollte sie versorgen? Zum Teufel mit dem ganzen Europa.

„Zwanzig Jahre in dieser Röhre und nicht einmal krank, nichts. Und Papa stirbt an dieser Scheißgrippe", schrie sie der Pflegerin vom Sanitätsdienst, die seit Papas Tod in der Wohnung war, wieder und wieder ins Gesicht. Diesmal ging niemand in Schwarz über den Platz zum Bus. Es regnete auch nicht. Sie sah auf die Uhr an der Decke. Die Beerdigung musste jetzt vorbei sein. Ihre Augen brannten, und scharfe Tränen fanden den Weg die Schläfen entlang auf ihr Spezialkissen.

Sssssch-Pfffff, Sssssch-Pfffff war der Rhythmus, der ihren Herzschlag schon lange übertönte. Sssssch-Pfffff, aber es war doch nur vorübergehend?

September 1968

Die Wohngruppe, in der sie jetzt lebte, war letztens

„... einfach bei mir eingezogen. Die Rollstuhlfrau, Susan, ein kleines Mädchen, dem die Hände an den Schultern sitzen, ihre verhärmte Mutter, unsere Aufseherin und ich leben jetzt hier zusammen, ob mir das passt oder nicht", wisperte sie der Nachbarin ins Ohr. Joan schmollte, war wütend und weinte - aber die Leute blieben.

1969

„Wie kann das denn sein? Ich bin doch erst einundvierzig!", fragte sie ihren alten Hausarzt zornig, der schon über ihre Zahnlücken gelacht hatte, als er ihre Windpocken behandelte.

„Deine Hormone spielen einfach verrückt. Sei froh! Dann hast du wenigstens damit keine Schererein mehr in deiner Röhre", winkte er ältlich nickend ab.

„Ein Problem weniger! Sei froh, dass du die Schweinerei los bist", war der lakonische Kommentar der Aufseherin, und es kümmerte sie offenbar wenig, was Joan dabei fühlte. Traurig über diesen neuen Funktionsverlust sah sie hinauf in den Spiegel ihres Vaters. Unten bei den Bänken zeigten Plakate und Transparente die Neueröffnung einer Ladenkette an. Auf dem Platz trugen junge Leute die Einkäufe der Kunden in die Autos. Wirtschaftskrise - Hauptsache, man hatte erstmal irgendeinen Job. Vorübergehend.

1971

Im Gegensatz zu ihrer deutschen Mutter sprach die kleine Susan hervorragend englisch, und sie freundete sich schnell mit der Frau in der Röhre an und nannte sie bald nur noch „Mama Tube". Sie passten aufeinander auf. Susan auf Mama Tube und Mama Tube auf das kleine Contergan-Mädchen. Susie saß, wann immer es ging, auf dem stabilen Holztisch neben dem riesigen Stahlrohr mit dem rollenden Kopf am oberen Ende und unterhielt sich mit ihm oder las vor. Oft sahen sie Tiersendungen. Susie lag dann mit dem Rücken auf dem Tisch, und sie sahen gemeinsam hinauf in den Fernseh-Spiegel. Manchmal beobachtete Joan sie heimlich. Sie sah, wie Susies Stummelhände mit den blonden Locken spielten, in den Ohren pulten oder in der Aufregung über die TV-Show einfach nur zu Fäusten geballt waren. Niemals würden sich ihre beiden Hände berühren. Niemals. Und nie würde sie selbst aus dieser Röhre herauskommen. Niemals.

1972

„Das kann doch nicht wahr sein", heulte Mama Tube auf. Susan hielt die riesige Zeitung wie immer mit ihren Zehen und sah Joan erschrocken an. Sie hatte doch nur aus der Zeitung vorgelesen!?
„Lies es noch einmal, Susie. Aber langsam!", bat Mama Tube mühsam beherrscht. Susan zog die Beine an und las noch einmal langsam laut vor.
„Der Bau der Eisernen Lungen wird Ende des Jahres eingestellt. Der Pressesprecher der Firma Philips sagte: Durch die Einführung der – dann kamen schwere Wörter für eine Elfjährige, und Susan las Silbe für Silbe: „en-do-tra-che-al-e In-tu-ba--zion - wird die Eiserne Lunge nicht mehr gebraucht. Dank der modernen Medizin ist die künstliche Beatmung der Patienten normalerweise nur noch vorübergehend!"
Ma`s schrille Schreie trieben Susan aus dem Zimmer und alarmierten die Aufseherin und die Rollstuhlfrau.

1978

Der Bezirksvorsitzende von Fishwick und ein paar Reporter gratulierten. Die Rollstuhlfrau hatte einen Kuchen mit der Aufschrift Zum 30. gebacken, und sogar das Fernsehen hatte ein Team geschickt. Mama Tube und ihre Röhre glänzten wie geleckt.
Die neue Friseuse hatte sich besondere Mühe gegeben, und Susie trug heute in der Wohnung tatsächlich Schuhe. Verlegen standen alle um die Eiserne Lunge herum und lauschten auf das irritierende Sssssch-Pfffff, Sssssch-Pfffff.

Der Vorsitzende hatte einen Kloß im Hals. Er musste zuvor noch nie eine Rede zu einem so seltsamen Jubiläum halten. Dreißig Jahre in der Eisernen Lunge. Der Reporter und der Kameramann nickten allwissend, und die Tonfrau des Fernsehteams schluchzte betroffen, während sie das laufende Tonbandgerät im Blick behielt.

Es gab sogar ein Geschenk. Die Aufseherin hatte genickt, als man bei ihr angefragt hatte, ob das Geschenk o.k. sei. Alle waren glücklich. Mama Tube, weil sie etwas so Außerordentliches geschenkt bekam, Susan, weil sie sich schon immer danach gesehnt hatte, und Rob, ein kleiner Dalmatiner, weil er aus dem Tierheim und von den anderen Hunden fort kam, die ihn immer weggebissen hatten.

Am Tage saß Rob immer auf dem Tisch neben der Tube, und wenn Susie aus der Schule zurück war, hockten sie dort zusammen. In der Nacht freute sich Mama Tube oft an Robs Anblick. Vor allem dann, wenn er ausgestreckt auf dem Tisch lag und dabei zuckend durch seine Träume rannte und Kaninchen fing.

1979

Die Rollstuhlfrau und Susans Mutter waren über Nacht verschwunden.

„Sorry, Susan. Ich kann nicht mehr. Pass auf dich auf. Ich melde mich.", stand auf dem Zettel. Keine Adresse, kein Telefon. An diesem Tag kam der Zahnarzt mit seinem tragbaren Bohrer. Es war ein schlechter Tag.

1980

„Susie, nimm dir doch das Zimmer deiner Mutter noch dazu", sagte Mama Tube, als Susie sie während der Pflege mit dem alten Lederbeutel beatmete, der nun schon seit über dreißig Jahren benutzt wurde.

„Meinst du, Mama kommt nicht wieder?"

„Lass sie! Wenn sie mit der Rollstuhlfrau in Sydney glücklicher ist als hier bei uns. Lass sie!"

1986

Susan war inzwischen bei einer guten Firma in Canberra angestellt und zuständig für das Beschwerdemanagement.

„Ein toller Job, Ma. Kannst'e glauben!"

Rob der Zweite - sie hatten nach dem plötzlichen Tod des ersten Hundes, der überfahren wurde, wieder einen Dalmatiner gekauft - war nun schon über die Zeit hinaus, in der er als Welpe noch ungestüm die Röhre und Mama Tubes Gesicht abgeleckt hatte. Eines Tages raste er wie wahnsinnig durch die Wohnung, bellte seine Angst und Wut in die Ohren der Aufseherin und schaffte es, dass sie hereinkam und Ma Tube, die schon ganz blau geworden war, durch das Handbeatmungsgerät so lange am Leben hielt, bis der Wartungsmensch die Eiserne Lunge in Gang setzte. Am Abend hatten sie geweint und dem Hund eine Wurst gegeben.

„So kurz vor meinem sechzigsten Geburtstag kann ich doch nicht aufgeben" und „Macht euch keine Sorgen, Unkraut vergeht nicht. Rob der Zweite passt auf mich auf." Damit hatte sie Susie und die kurz zuvor eingewiesene Mitbewohnerin ihrer „Krüppel-WG" getröstet.

Sssssch-Pfffff, Sssssch-Pfffff, imitierte die Neue das Geräusch der „Eisernen Lunge".

„Sie ist Autistin", hatte die Aufseherin gesagt.

„Psst, sie kann Sie doch hören", raunte Mama Tube.

„Is doch egal, die kriegt eh' nichts mit. Wir sind gar nicht da für die."

Sofort nach ihrem Einzug hatte die Neue begonnen, das Geräusch der Atemmaschine nachzuahmen. Oft stand sie dabei unbeweglich am Fußende der Tube und streichelte mit leerem Blick das Kontrollmanometer. Manchmal ging sie zischend durch die Wohnung, immer die gleichen Wege. Oder sie stand einfach auf dem Flur, „Wie ein lieblos geparktes Auto", meinte Susie. Susan nannte sie Sssssch.

„Wo ist Sssssch?", oder „Was macht Sssssch?"

Obwohl Ma Tube sie deshalb ausschimpfte, antwortete sie meistens grinsend:

„Pfffff ist da und da", oder: „Pffff schläft" und sie lachten.

1987

Susans kleine Stummelhändchen ragten aus ihrem an den Schultern viel zu großen Anorak hervor, als sie sich regennass an den Türrahmen lehnte.

„Erzähl von deinem Tag, Liebes", rief Ma Tube munter. Susan kam kurz an die Tube, zeigte ihr lachend weinendes Gesicht und jubelte.

„Ich bin verliebt, Ma." Dann rannte sie hinaus und hinterließ eine Pfütze und eine erschrockene Joan.

„Es wird auch Zeit, mein Schatz! Mit 27 ..."

Am Abend feierten sie Mama Tubes 60. Geburtstag und, ohne es extra auszusprechen, Susans erste Liebe gleich mit.

„Es ist passiert, Ma und war sooo lieb", flüsterte Susan, als sie zwei Tage später mitten in der Nacht nach Hause kam, in Mama Tubes Ohr. Die anderen schliefen schon lange. Sie sah so glücklich aus. In dieser schrecklich-schönen Nacht weinten beide. Die eine vor Glück und die andere vor Verzweiflung.

„Bring ihn doch mal mit. Wenn du magst", sagte Joan am Morgen. Er betrat die Wohnung jedoch nie und war bald vergessen.

1990

Mama Tube war nun offiziell in Rente. Ein Brief hatte ihr mitgeteilt, dass eine andere Instanz ab jetzt für ihr Leben aufkommen würde. Eine Videokamera wurde außen an der Fensterbank angebracht und ein Steuermodul innerhalb der Röhre montiert. Das erlaubte ihr, den Platz noch viel besser als durch den Spiegel zu beobachten. Der Zoom brachte wunderbare Dinge an den Tag. „Ich sag euch, ich könnte Bücher schreiben!" Vor allem nachts war draußen eine Menge los. Die Cops fuhren oft Streife. Oft saßen sie auf den Bänken und rauchten.

„Sicher Marihuana", dachte Ma Tube. Sie konnte den Rauch fast riechen. Der Rauchmelder über ihrem Stahlbett blinkte und schrie Alarm. Susan war auf einem Lehrgang, die neue Aufseherin schlief manchmal heimlich nicht in der Wohnung, und Ssssch, wo war Ssssch? Rob der Zweite bellte im Nachbarzimmer und rannte wie wild herum, Ma Tube rief nach Ssssch, aber sie kam nicht.

„Cool, bleib cool, wofür hast du dein Notfalltelefon?"

Es dauerte eine Weile, der Rauch drang schon unter der Tür durch, dann hämmerten Fäuste an die Wohnungstür. Es klingelte Sturm. „Hilfe, Hilfe! Hierher!", schrie Joan. Die Haustür wurde zertrümmert. Gleichzeitig tauchte ein Helm im Spiegel auf. Auf dem großen Leiterwagen im Spiegel stand Fire Brigade. Seitenverkehrt!

Die Aufseherin wurde ausgetauscht, und Ssssch und Rob der Zweite wurden begraben. Mama Tube sollte in ein Heim. Doch Susie stemmte sich dagegen.

1992

Zwei Jahre nach dem Brand. Susans Gehalt und Joans Rente reichten nicht mehr aus, um in der Zweier-WG ihren Lebensunterhalt, Mama Tubes Ganztagsbetreuung, die Arztkosten und das Fressen von Rob dem Dritten zu bezahlen. Deshalb hatte Susan nach dem Brand Himmel und Hölle in Bewegung gesetzt, um den Status der Betreuten Wohnung beizubehalten. Ma und sie wollten unbedingt zusammenbleiben. Es gelang ihnen nach vielen Kämpfen. Eine neue Aufseherin kam. Beide mochten sie gern. Außerdem zog Debbie, eine Frau mittleren Alters mit Down-Syndrom, ein. Sie lachte und fragte nach ihrer toten Mama. Ma Tube erzählte ihr Geschichten von Engeln.

1997

„Na klar, mein Schatz! Ich freu mich für euch", lachte Mama Tube etwas zu laut, als dass Susan es ihr abgenommen hätte.

„Aber ihr müsst unbedingt hier an meinem Stahlsarg heiraten, Susie. Versprochen?"

„Versprochen", hatte das Brautpaar genickt.

Susie ist nun schon 37 und ihr Mann Peter auch. „So ist das bei Contergan-Paaren. Die sind immer gleich alt", war Susies Kommentar gewesen, als sie ihn ihrer Ma vorgestellt hatte.

Nach der Hochzeit zog Susie zu ihrem Mann, weit fort, nach Melbourne. Eine sehr junge Mutter mit ihrem Kind zog vorübergehend ein. Eigentlich waren sie beide Kinder, und das war letztendlich auch der Grund, warum sie hier waren. Sie fürchteten sich vor der alten Frau in der Röhre und kamen selten in ihr Zimmer.

1999/2000

Auf dem Platz vor ihrem Spiegel war die Hölle los. Die Welt spielte verrückt zum Jahreswechsel, und Joan war das erste Mal allein mit ihrer Röhre. Susan und Peter waren nicht da.

„Es geht aus gesundheitlichen Gründen nicht, Ma. Bitte versteh das, in meinem Alter ist eine Schwangerschaft ..."

„Na klar, mach dir keine Sorgen, ich komme zurecht. Pass auf dich auf!"

Gut, dass sie kein Bildtelefon hatte.

Februar 2000

Peter und Susie kamen. Sie heulten alle erstmal wie die Schlosshunde. So wild war die Kopfkugel am oberen Ende der Röhre lange nicht mehr herumgerollt. Debbie hatte auch gleich mit geweint, und in ihrer unbedingten Herzlichkeit wollte sie immerzu Susans Baby küssen.

„Vorsicht Debbie. Sie ist doch noch so klein."

„Heißt`n die?"

„Joan ist ihr Name. Joan, genauso wie Mama Tube heißt."

„Mama Tube heiß nich Joan, heiß Mama Tube." Susan nickte.

„Ja, Debbie, du hast recht, das ist Mama Tube."

2001

Susies Mann ist Computerfachmann und hat Joan online gebracht. Wegen seiner Stummelarme ist er, genau wie Susie, mit den Füßen irre geschickt. Joan kann jetzt mit Sprachsteuerung PC benutzen und im Internet surfen. Der PC liest ihr vor, und sie kann Briefe schreiben. Plötzlich kann sie überall sein.

Susan und Peter sind nach Canberra zurückgekommen. Sie wohnen in der Nähe. Nur 20 Minuten sind es mit dem Bus. Trotzdem haben sie eine Webcam installiert, sie liefert jede Minute ein Bild von Joan. Mama Tube ist glücklich. Das Baby liegt oft in einer Schale neben ihr auf dem Tisch. Joan kann immerzu in sein schönes Gesicht sehen.

2004

Sang- und klanglos haben sie den Service für die Eisernen Lungen abgeschafft. Ein letztes Mal kam ein Service-Mitarbeiter von der Wartungsfirma. „Ihre Maschine ist noch gut in Schuss. Machen Sie sich keine Sorgen. Ich lasse Ihnen die notwendigen Verschleißteile hier. Sie kommen noch ohne Weiteres zehn Jahre damit hin." Der Mann merkte nicht einmal, dass er damit ihr Ablaufdatum nannte. Susan fand einen frühpensionierten Maschinenbauer. Er arbeitete sich in die alte Technik der Maschine ein. Alles war wieder gut. Vorübergehend.

2007

Drei Ereignisse wurden gleichzeitig gefeiert. Susan und Peter waren jetzt zehn Jahre verheiratet. Mama Tube wurde 80, und sie kam ins Guinness-Buch der Rekorde. Niemand war je länger als sie in einer Eisernen Lunge gewesen. Großer Bahnhof. Menschen drängten sich in dem Zimmer und bewunderten die Spiegelkonstruktion. Die kleine Joan Marie war höllisch aufgeregt, weil sie und ihre Grandma im Fernsehen waren. Die Schulfreundinnen vergaßen darüber vielleicht ihre Eltern mit den Stummelarmen, das hoffte sie wenigstens. Und sie schämte sich sofort dafür. Der große Tag war bald vorbei. Manchmal stotterte der Blechsarg, und es war ein scheußliches Gefühl für Ma Tube, wenn sich das Sssssch-Pfffff verzögerte und sie Angst hatte, es würde gar nicht mehr kommen. Doch der Pensionär bekam es immer wieder schnell in den Griff.

Anfang 2008

Mama Tube wurde krank. Die Pflege wurde sehr mühsam. Die Aufseherin und Susan halfen der Krankenschwester, die Ma Tube jetzt zusätzlich betreute. Irgendein Arzt kam und schüttelte beim Gehen an der Wohnungstür den Kopf. Aber Ma Tube rappelte sich wieder auf. Die Pflegerin konnte gehen.

Freitag, 14. August 2009

Um 2:00 Uhr nachts fiel der Strom für fast eine Stunde aus. Kein Problem für Joan. Die Tube hatte für solche Fälle ein Notstromaggregat.

Als die anderen aufwachten, war es schon hell. Wegen der stehengebliebenen Wecker hatten sie verschlafen. Die Aufseherin betrat Joans Zimmer und machte das Fenster auf. Die Röhre machte wie immer Sssssch-Pfffff, Sssssch-Pfffff. Mama Tubes Brustkorb hob und senkte sich wie schon seit Jahrzehnten. Angetrieben von einer Maschine atmete eine Tote. In dieser Nacht war das Notstromaggregat nicht angesprungen. Ein Arzt stellte die Maschine nach Feststellung des Todes gegen 9:00 Uhr morgens ab.

14. August 2009

Um 11:00 Uhr verließ Joan Sutherland anlässlich ihrer Beerdigung das erste Mal seit über 60 Jahren das Haus. Susan nahm Debbie mit zu sich nach Hause, wo sie bleiben konnte, und die Kindmutter und ihre Tochter zogen in eine andere WG.

16. August 2009

Im schönsten Sonnenschein spielte die Kapelle beim Versenken des Sarges Joans Lieblingslied, Waltzing Mathilda.

Ein paar Tage später stand Susan zum letzten Mal in Mama Tubes Wohnung. Sie sah die leere Stahlröhre, den Spiegel, den Tisch, den Schrank mit den Pflegemitteln. Kopfschüttelnd kniete sie sich auf den Boden, nahm Rob den Vierten an die Leine, wandte sich zum Hausflur, löste vorsichtig die vergilbten Zettel mit den Namen Joan Sutherland, Debbie Stanton von der Tür und steckte sie vorsichtig in ihre Handtasche. Ihre rechte Hand strich noch einmal über das alte, von Gebrauchsspuren übersäte Holz der Wohnungstür, drehte sie sich zögernd um und ging, jeder Stufe nachfühlend die Treppe hinab.
Nach ein paar Stufen sah sie noch einmal zurück.
„Cheers, Mama Tube. Cheers."
Dann verließ sie das unscheinbare, langweilige Mietshaus am Rande des Industriestadtteils Fishwick. Die Leute auf der Straße sahen der Frau mit den Händen an den Schultern und dem Dalmatiner an der Leine wie üblich hinterher. Susan überquerte den Parkplatz an der Kreuzung Wollonga und Maryborough Street, wo immer noch das einzige Kaufhaus des Viertels stand. Sie sah die Leute aus dem Viertel ihre Pies essen und Bier aus Brown Bags trinken. Auch die Bänke waren besetzt. Susan sah nachdenklich Joans Hund an:
„Na, Rob, wir sind schon ein seltsames Paar, oder?"
Sie stellten sich an die Bushaltestelle und warteten.

Wer die Welt bewegen will, sollte erst sich selbst bewegen.

__Sokrates__

14. NACHTGESCHICHTE

Schneckenschatten

Der Mond schielte zwischen zwei Pappeln hindurch. Einige zitternde Blätter saßen an seiner Kinnspitze und zauberten einen silbrigen Bart an den Himmel. Die zerstobenen Strahlen stießen zu Boden, trafen einen zertretenen Pilz, feuchtes Moos und eine Helix aus Kalk.

Die Strahlen schienen die Helix hinabzugleiten, wie Kinder eine schraubenförmige nasse Rutsche hinabgleiten, um unter großem Gejohle ins Wasser zu platschen. Doch Licht platscht nicht. Licht ist unhörbar, es wirft mit Schatten. Der Schatten der Helix fiel auf den Moosteppich. Er wanderte. Zügig glitt er über die Moosköpfchen auf die Pilzreste zu. Ihr Geruch rief den Gast zu größerer Eile.

Der Schatten der Helix war nicht allein. Er wurde gezogen. Ein sich streckender und einschnurrender Schattenschlauch mit verdickten Stabaugen am vordern Pol zog ihn in unrhymischen Intervallen hinter sich her. Eine Schnirkelschnecke schleppte ihr Haus zum Mahl.

Die Schnecke warf ihren Schatten. Er wuchs und schrumpfte mit den Bewegungen des Hauses und verdeckte eine Fläche, winzig für einen Menschen, riesig für eine Milbe, unermesslich für ein Moosköpfchen und unendlich für eine Mikrobe.

Es ist eben alles relativ. Das Licht, die Größe, die Eile, der Schatten und die Bedeutung.

Wir sind nicht die Besten auf diesem Planeten, sondern die lautesten.

Fred Ammon

CHINA, DIE ERSTE

Wer nur an Sonnentagen wandert, kommt nie ans Ziel.
(Chinesisches Sprichwort)

Im Rausch der Verzweiflung, nicht Schmerz noch Wunden achtend, stürzte ich mich auf die Feinde. Jeder der vielen Gegner ...
Ach, besser ich erzähle die Geschichte von vorn:
China. Das erste Mal in China. Das allererste Mal in China, und zwar lange vor der Olympiade, post-olympionär kann jeder. Ohne pampernde Gruppe und nur mit spärlichen Informationen auf die erste Reise nach Beijing und von dort ins Innere des Landes, nach Guilin zu gehen, war etwas ganz Spezielles. Als Gutachter der Weltgesundheitsorganisation wollte ich rund sechsunddreißig Stunden nach dem Start im fernen Südosten Chinas einen Vortrag halten. Er sollte meine Eintrittskarte zum Erhalt einer ...
Aber ich bin schon wieder mittendrin, (Jiànliàng) Entschuldigung.
Eine lange Reise beginnt mit dem ersten Schritt.
Und worin besteht der erste Schritt von München nach Beijing? Klar: Einchecken, Boarding, Platz suchen, Gepäck verstauen, die Enge verfluchen, setzen und anschnallen. Jeder kennt das. Dann kommen die zu leisen oder zu lauten, unverständlich genuschelten Ansagen, und der Flieger legt los. Normalerweise! Immerhin rollten wir zum Start.
„Krchrr"
Eine Ansage? Nein, doch nicht, nur Lautsprecherknacken. Die Maschine wurde langsamer und drehte um. Warum? Woher sollte ich armer Passagier diese Informationen wohl bekommen? Von den Flugbegleitern etwa? Seltsamerweise quatschen die Luftprofis einem zwar immer ins Einschlafen rein, aber in solchen Situationen haben sie einen Kloß im Hals. Mein Handy musste ja unter Androhung der Todesstrafe ausgeschaltet bleiben. Also nur Schweigen, brummendes, räderdrehendes und rumpfwendendes Schweigen. Es kam mir vor, als würde die AIDA auf dem Weg von Hamburg nach New York noch auf der Elbe wenden.
Wenn ein Drache steigen will, muss er gegen den Wind fliegen.
Warum nur dieses Wenden? Maschinenschaden? – Wenn ja, Glück gehabt, immer noch besser, als hätten sie es über der mittleren Mongolei gemerkt. Es hätte auch ein noch vor dem Essen vergifteter Fahrgast gewesen sein können, der uns stoppte. Vielleicht war es aber auch ein Unwetter, das über die Alpen kroch und seine gierigen Finger nach uns ausstreckte. Wer weiß?

Ruhe, die gespannte Ruhe in einer wendenden Maschine. Wir rollten zu einem einsamen Platz im Off des Flugfeldes. Krchrrrrrr. Der Lautsprecher knackte, und die Ohren der Fluggäste schnellten auf höchste Empfangsbereitschaft. Die Krise kroch uns in den Pelz. Ach, was soll ich lange lamentieren? Bis heute weiß niemand, warum wir mit zweieinhalb Stunden Verspätung starteten.

Kümmere dich nicht um die Zukunft,
und du wirst die Gegenwart betrauern.

Während wir über Beijing kreisten, las ich in der Zeitung etwas über Chinas ersten Taikonauten. Große Geheimhaltung über die Startzeit der Rakete. Hoffentlich mischt Lufthansa bei dem Raumfahrtversuch nicht auch mit. I cross my fingers! Da wir gerade dabei sind: Ich hatte mir alle möglichen Daumen blutig gequetscht. Aber mit 1000%iger Sicherheit war mein Anschlussflug weg. Na super! Das erste Mal in China, sofort zu spät, und zwar so richtig. Da war nichts mehr mit „Rennen durch endlose Gänge" oder so. Nein, zu spät, aus, vorbei, over.

Na ja, Lufthansa sollte es schon richten, würde mir helfen, dass ich am nächsten Morgen in Guilin den tollsten, kreativsten und wichtigsten Vortrag meiner Karriere halten konnte. Nicht irgendeinen verschiebbaren Vortrag oder etwas, das ausfallen könnte oder so. Nein, ich musste dort pünktlich hin und außerdem …

Aber ich denke, ich habe nun hinreichend klar gemacht, dass es mir wichtig war, pünktlich in Guilin zu sein, oder? O.k.!

Also, es war ungefähr 12:00 Uhr mittags, als wir landeten. Meine Fragen an die Flugbegleiter blieben an ihrem Achselzucken hängen. Die Chinesen am Boden taten einfach so, als verstünden sie kein Wort, und sie machten das perfekt. *Gute Reise*, sagte die Mimik, und ich wusste genau, was sie über den nervigen Fluggast … *dachten* …, der mit so was wie:

„Was tue ich in einem Land mit unmöglicher Schrift und gejingjongter Sprache, um nicht völlig unterzugehen und meine Zukunft in die Tonne treten zu müssen?", daherkam. Antwort:

„Bleib zuhause, Fremder!"

Man kann kein Tigerjunges fangen,
ohne sich in die Höhle des Tigers zu wagen.

Da stand ich im Flughafen von Beijing, den blauen, mit bunten Schildern beklebten Hartschalenkoffer zu meinen Füßen, und blickte mich um. Ich würde das Kind schon schaukeln. Immerhin trennten mich von meinem Vortrag noch 21 Stunden und nur noch 3000 Kilometer. Das sollte zu ma-

154

chen sein. Eins war klar, ich musste versuchen, unbedingt noch heute nach Guilin zu kommen. Mein Vortrag war am nächsten Morgen um 9:00 Uhr. Bei diesem Gedanken stieg mein Blutdruck wieder bis an die Augenbrauen. „Bleib ruhig! Geh einfach zu Lufthansa und frage, wie es weitergeht", säuselte meine innere Stimme.

In dieser Flughafenkathedrale mit glänzendem Marmorboden klebten etliche winzige Kioske wie Schwalbennester an den Wänden. Aus ihnen hielten soglächelnd kleine Chinesen paarweise nach Kundschaft Ausschau. Ein Lufthansakiosk war aber nicht in Sicht. Mein Herz sorgte brav dafür, dass der Blutdruck nicht unter Nasenniveau sank. O.k., für solche Situationen braucht man ein bisschen Adrenalin, vielleicht nicht gleich eine Tasse voll, aber besser zu viel als zu wenig. Wo mag der Info Point sein? Fragen, ich muss jemanden fragen. Jedoch schon mein Blick reichte aus, um eine Sicherheitszone zwischen meiner Barbarensprache und dem süßlich zarten, chinesischen Singsang zu schaffen. Ich mache das lange Suchen kurz. Ich fand - nichts. Keine Lufthansa, keinen Menschen, mit dem ich reden konnte, nichts Verwertbares. Meine verzweifelten Fragen, die zuletzt nur noch im Aufzählen von Airlines bestanden, wurden weggelächelt. Lächeln als Defensivwaffe. Selbst China Airlines oder Air China blieb unverstanden. Oh, deutsche Kehle, was machst du falsch?

>>>Noch 20 Stunden bis zum Vortrag.

Hoffnung ist wie der Zucker im Tee:
Auch wenn sie klein ist, versüßt sie alles.

Die Rettung schien nah. An der Wand klebte eine kleine Karte. Oh, administrative Barmherzigkeit. Auf der Karte waren alle Chiffren der wichtigsten Fluggesellschaften mit Ortsskizze versammelt. Xiexie, oh großer Xuanzang. Nun rannte ich diese verdammte Halle schon zum vierten Mal auf und ab. Jeweils ein halber Kilometer Marmor, polierter Marmor, spiegelglatt polierter Marmor. Ich kam mir vor wie ein kofferrollender Eisschnellläufer auf China Tour. Nie wieder Ledersohlen!!! Die Airlines waren einfach nicht zu finden. Ein verzweifelter Blick zum Flughafenhimmel erleuchtete mich. Hoch über dem Gewimmel der vielen hastenden Menschen schwebte ein winziges, aber verheißungsvoll herunter winkendes Schild. *Lufthansa*. Irgendwie kam ich auf die Balustrade. Natürlich war ich auf der falschen Seite der Halle, und es schien keinen Weg hinüber zu geben. Lufthansa winkte verlockend.

Zurück zum Boden. Den fußballplatzgroßen Grund überqueren, in einen startenden Lift springen, in den ersten Stock schweben, war Werk eines

Augenblicks. Jetzt stand ich vor dem winzigen Büro. Mein zerknautschtes Ticket aus der Jackentasche ziehend, trat ich triumphierend ein. Hier wird mir geholfen!

>>> Noch 19 Stunden bis zum Vortrag.

Anfangen ist leicht, beharren ist Kunst.

„Hello, 's someone here?" Keine Antwort. Irgendwo im Raum kramte etwas. Zu sehen war nichts. Plötzlich wuchs es hinter dem Counter hervor. Ein Mondgesicht mit superbreitem Lächeln schwebte direkt hinter dem Tresen. Vom Rest der jungen Frau war nichts zu sehen.

„Gerettet", schoss es mir durch den Kopf. Einige Verhandlungsmomente und etliche englisch-chinesische Missverständnisse später erfuhr ich Schreckliches. Bei weniger als zwei Stunden Umsteigezeit gibt es keine Unterstützung von Lufthansa. Zehn Minuten fehlten. Meine Birne schwoll an, mein Herz pumpte Gallonen. Die Kleine schwenkte nun völlig zu Chinesisch um und zeigte auf einen Punkt irgendwo vor dem Büro; sie nickte, lächelte freundlich, öffnete die Tür und machte Zeichen, dass wir zusammen irgendwohin gehen müssten, um mein Problem zu lösen. Erleichtert trat ich durch den Ausgang und sah mich um, wohin wir gehen wollten, da schlug hinter mir die Tür zu und die Jalousien donnerten herunter. Reingelegt! Einfach reingelegt! Während ich noch überlegte, ob ich die Scheibe einschlagen, alle Chinesen in einen Tripod werfen oder mich von der Brüstung stürzen sollte, schwebte ein eleganter Herr mit zufriedenem Gesicht aus der benachbarten Tür des Air France Büros. Ich betrat das Bureau.

„Bonjour." Mühsam kramte ich meine Französischkenntnisse heraus und legte mir meine Frage zurecht. Doch ich wurde sofort erlöst.

„May I help you?"

Dank über Dank. Eine Französin, die von selbst englisch spricht. Unglaublich und ein neues Wunder, hier, im Land der Mitte. Sun Wukong sei Dank. Wir parlierten Erfolgreiches. Es gebe heute nur noch einen Flug nach Guilin.

„In about 90 minutes, from now."

Nein, morgen ginge der erste Flug erst nach zehn Uhr. Aber ich müsse leider ein neues Ticket kaufen.

„Hurry up"

>> 50 Minuten bis Boarding.

Ob du eilst oder langsam gehst, der Weg bleibt immer derselbe.

Ich raste zum Lift, rutschte durch die Riesenhalle voll hinderlichen Lebens, umkurvte Karawanenladungen von Gütern, wuselnde Menschen, klapprige

Rollstühle und riesige Basketballer. Schließlich donnerte ich ungebremst gegen den Counter von Air China. Auf den Lippen einer Angestellten nahm ein Lächeln Anlauf. Ich stoppte es brutal. Keine Zeit! Ich warf mein Ticket und mein Problem in ihre weißen Arme und dann --- prüfte sie die Unterlagen.

>>>Noch 17 Stunden bis zum Vortrag

Sie sah auf die große Uhr in der Wartehalle und murmelte so was wie „...uin." „Yes, yes Guilin, today, please, urgent", wiederholte ich mehrere Male. Sie schüttelte den Kopf. Oh nein, nicht zu spät für diesen Flug? Sie sprach mit einer Kollegin. Mitleidige Blicke für mich und meine traurige Gestalt. Sie diskutierten, zeigten dahin und dorthin, zur Uhr, auf mich und wieder auf die Uhr. Dann gingen sie einfach weg.

>> 30 Minuten bis Boarding.

Ruhig! Immerhin haben sie mein Ticket behalten! Der Sekundenzeiger raste bergab und hastete erneut bergauf. ---

Ein Schmetterling berührte meine Schulter. Ich fuhr herum, und da stand eine ältere Dame, eine Art bürgerliche Suzi Wong in dunklem Kostüm und sagte: „Folgen Sie mir bitte, wir haben einen Flug für Sie." Wir gingen zu einem der kleinen Starenkästen in der großen Halle. Heftige Verhandlungen folgten. Fragende Blicke zu mir, zur kleinen Dame, zur Hallenuhr. Heftiges Kopfschütteln des Verkäuferpaars. Mein Mut versickerte zwischen den Marmorplatten. Ich starrte in die Unendlichkeit.

> 15 Minuten bis Boarding.

Suzie Wong zupfte mich am Ärmel.

„Hallo Sir, Sie können fliegen. Ihr Ticket wird umgebucht. Ausnahmsweise." Die Welt der chinesischen Wunder ließ mich abermals ihr Potenzial ahnen. Ich sah davon ab, die Gute zu küssen oder den beiden Starenkastenbewohnern zärtlich über die stacheligen Köpfe zu streicheln, denn wir machten uns im Schweinsgalopp auf den Weg zum Check-in. Mein Ticket in erfahrene Hände legend, verließ mich die kleine Dame. Vielleicht war es ja doch eher *Sha Wujing* in Person? Sie warf noch schnell eine flüchtige Handbewegung in Richtung Gates und verschwand im ewigen Fluss der Reisenden. Ja, ja, China.

> 10 Minuten bis Boarding.

Auf meinen Gleitschuhen schlitterte ich weiter zur Sicherheitsprüfung. Menschenmengen vor dem Eingang. Viel zu viele Leute für die wenigen Minuten bis zum Abflug. „Sorry, I'm late" stammelnd, schob ich mich an ihnen vorbei, bis ich nur noch ein Drittel der Schlange vor mir hatte. Da

entdeckte ich die nächste Katastrophe. Ein großer, mächtiger Kontrolleur tat, was sein Titel sagte, er kontrollierte. Jedoch wollte er nicht die Boarding Card oder etwa den Reisepass - nein, er verlangte einen kleinen weißen Zettel, stempelte ihn ab und gab ihn zurück. Über seinem Kopf hing ein Schild „Airport TAX". Verdammt, ich hatte die Steuer nicht bezahlt.
0 Minuten bis Boarding.

Fürchte dich nicht vor dem langsamen Vorwärtsgehen,
fürchte dich vor dem Stehenbleiben.

„Servus Guilin, das war's dann", seufzte ich und gab auf.
„Los rennet Sie, ich halte Ihren Platz fri", klang es in schönstem Schwyzerdütsch. „Wenn Sie sich beeilen, können Sie es noch schaffen. Dahinten ist der Tax-Verkauf. Es kostet 10 Yuan."
Ich fuhr herum. Ein völlig zugewachsenes Gesicht mit blitzenden Augen sah mich ermunternd an. Nach einer Mikrosekunde des Zögerns raste ich los. Meine Füße rutschten nach hinten wie falsch gewachste Ski auf ausgefahrener Loipe. Meine lange, schwarze Jacke umflatterte mich wie weiland Dracula auf der Jagd, und so schoss ich auf den Tax-Counter zu. Massen schreiender Chinesen belagerten die Verkaufsstelle. Versprengte Ausländer ragten aus der Masse wie Anlegepfosten aus dem Wasser eines norddeutschen Fischerhafens bei Springflut. Und genau da musste ich durch.
< Minus 5 Minuten bis Boarding.

Die sicherste Tür ist die, die man offen lassen kann.

Im Rausch der Verzweiflung, weder Schmerz noch Wunden achtend, stürzte ich mich auf die Feinde. Jeder der Gegner hatte ein paar Yuan in der Hand, um sich den Schatz des Ortes zu sichern. Die Eintrittskarte nach Hause, zu Mutter, Frau und Kindern oder auf die nächste Riesenbaustelle. Die Frau mit den kältesten Augen und dem gemeinsten Lächeln des Reiches der Mitte hielt sie in vielfacher Kopie in den knorrigen Händen. Mit einem gemurmelten Fluch und ihrem geringschätzenden Grinsen händigte sie die Quittungen aus. Ich hatte keine chinesische Knete dabei und war kein wirklicher Berserker, fühlte mich aber inzwischen wie eine Mischung aus Rambo und Karate Kid. Mit starken Armbewegungen pflügte ich mich zur Taxhüterin durch. Sprache war nicht ... und die chinesische Sphinx starrte mit unbeweglichen Gesichtszügen in mein schwitzendes Gesicht. Das Schicksal tickte, meine Zeit lief ab, und das Schlimmste drohte.
>> Minus 10 Minuten bis Boarding
Ich hob flehend die Hände. Sie entdeckte den Zehn–Dollar-Schein in der Linken, und schon schrie sie den vorderen Mannen zu, gefälligst zu verschwinden

und die Langnase durchzulassen. Zumindest interpretierte ich ihr Gekeife so, und schon stand ich am Counter, entriss ihr den weißen Schein, und sie grapschte nach den zehn Bucks, und dann schlitterte ich in ca. 11 Sekunden, die Kollateralschäden nicht achtend, zurück in Richtung Tax-Controll.

Die Schweiz winkte und hielt die Lücke direkt vor sich offen. Ich hätte ihn ja geküsst, aber der Kontrollhüne schnappte sich meinen Zettel, knallte seinen Stempel drauf und schob mich weiter. Er brüllte seinen Brüdern von der Personenkontrolle irgendwas zu. Sie schreckten auf, nahmen mich in Empfang, sahen mir einen Augenblick ins geweitete Auge und - schubsten mich durch die Kontrolle. Samt Aktentasche, Mantel und drohendem Herzinfarkt. - Auf zu Gate 47.

>> Minus 13 Minuten bis Boarding

Ein gutes Pferd springt knapp.

Gate 1 – 3 – 5 – Dracula flog an den Gates vorbei.

>>> Minus 23 Minuten bis Boarding.

Gate 44 - 45 - 46 - 47 endlich.

Niemand da. Die Bordkarte zeigte Gate 47.

Die Anzeigetafel war leer!

Am Gate nebenan lief das Boarding nach Shenzhen.

„Nein, nein, nach Guilin Gate sān shí r." Keine Ahnung, was die Gute meinte. Sie schrieb es mir auf. 32, es war jetzt Gate 32, warum auch immer. Ich düste zurück, hechelnd wie ein Hund auf der Rennbahn.

>>> Minus 25 Minuten bis Boarding.

Zu spät. Trotzdem weiter, ich hatte den Schweizer im Ohr. „Du schaffst es."

Da hinten ist Gate 32. ---

Völlig entspannt saßen dort etliche Leute und schwatzten. Auf dem Hinweisschild flimmerten chinesische Zeichen, dann kam meine Schrift: Guilin. Ich war da und der Flug verspätet.

>> Noch 16 Stunden bis zum Vortrag.

Neben mir, in Reihe 17, saß die Schwindsucht persönlich. Die Menge Viren und Bazillen, die er aushustete und sich in seinen Ärmel schmierte, reichte sicher, um Europa auszurotten. In der Maschine war es eiskalt, und ich wäre möglicherweise einfach gestorben, wenn nicht der Vortrag gewesen wäre. Beim Aussteigen traf ich Bekannte, drei Russen aus Moskau. Sie wollten zur gleichen Veranstaltung wie ich, und ich fragte sie, ob sie mich in ihrem Shuttle Bus mitnähmen.

„Da, Towarischtsch, no problema."

159

„Kannst du aufpassen auf unsere Sachen? Die Prostata, du verstehst?"
Alle drei verschwanden für die nächste Viertelstunde auf der Toilette. Erleichtert ging es zum Gepäckband. Ihr Gepäck kreiste, meines hatte es nicht geschafft, und das Piktogramm *Koffer Verschwunden?* war verdächtig auffällig. Ich bat die Russen, zu warten. Rimski, Latunski und Lichodejew nickten patriarchisch.

Vier Chinesen und ich blickten konzentriert auf eine Plastiktafel mit bunten Gepäckstücken zur Identifizierung des vermissten Gepäcks. Ein blauer Hartschalenkoffer, genau wie meiner, war auch darauf. Freundliches Nicken machte mir Mut. Sie brachten eine riesige Handtasche, grau und mit vielen Reißverschlüssen, aber nicht im geringsten mein blauer Hartschalenkoffer. Trotzdem lachten alle freundlich und glücklich, mir zu meinem Eigentum verholfen zu haben. Welch hilfloses Gebaren.

Nun füllten wir gemeinsam die Verlust-Formulare aus (sie lachten, und ich riet, wo ich was eintragen sollte). Schwierig genug, aber es ging vorwärts, sie konnten vielleicht sogar lesen, was auf einem Zettel über mein Hotel stand, und malten es sorgfältig ab, versprachen mir auf meine Fragen – irgend etwas.

„Dui, Dui, Dui, Dui", Hauptsache, ich würde endlich gehen. Man drängte mich hinaus, denn es war der letzte Flug für heute. Der Flughafen schloss hinter mir seine Türen. Also ohne Koffer auf zu den Russen.

>> Noch 13 Stunden bis zum Vortrag.

Es gibt nur zwei Arten guter Menschen:
Die Toten und die Ungeborenen.

Welche Russen? Wo waren die Russen? Wo? - Sie hatten sich verdrückt. Rimski, Latunski und Lichodejew hatten mich einfach sitzen lassen.

„Nomen est Omen", dachte ich. „Mögen sie Behemoth in die kralligen Hände fallen!", fluchte ich inbrünstig.

Der Mann, der den Berg abtrug, war derselbe,
der damit anfing, die kleinen Steine wegzutragen.

Ein Taxi musste her. Der Taxistand war leer, und der Flughafen verriegelt. Hinter mir erloschen die Lichter. Nur in weiter Ferne funzelte eine Straßenlaterne. Dort waren Menschen. Tatsächlich, ein Taxi. Männer saßen darin, tranken grünen Tee und zockten. Ich fragte, ob mich jemand ins Hotel nach Guilin fahren könnte. Aber die Karten waren ihnen gerade wichtiger. Ich wartete also, bis ein drahtiges Männchen den Gewinn einsteckte und dabei vor Freude fast seine Kippe, Marke *Langes Leben*, verschluckte. Nun sahen mich alle prüfend an.

Ich wusste genau, was sie dachten:

„Eine Langnase, spät am Abend, ohne Koffer und mit verzweifeltem Gesichtsausdruck, nachts vor einem geschlossenen Flughafen, mitten in China, ist eine dicke, fette, goldene Gans."

Mutig wiederholte ich:

„Guilin, Park Hotel".

Das Unverständnis schien echt. Niemand verstand, was ich wollte, nur bei Guilin erschien so was wie phonetisches Erkennen.

„Park Hotel" machte keinerlei Eindruck. Ich kramte meinen Zettel heraus. Auf diesem war das Hotel abgebildet. Guter Einfall. Sie blickten auf das Blatt, schnatterten drauflos und grinsten schwarz-zahnig. Ich solle mich schon mal ins Auto setzen. Gezeigt, gesetzt. Alle gingen weg.

>> Noch 11 Stunden bis zum Vortrag.

Eine alte Frau, die Osteoporose zwang ihr Gesicht auf die Höhe ihres Krückstocks, schlurfte zum Auto. Unwillkürlich dachte ich an ein übles deutsches Märchen. Leeren Mundes grinste sie mich an, kletterte mühsam in den Wagen, quälte sich hinter das Steuer, fummelte den Schlüssel ins Zündschloss und - raste los. Beim Schwatzen wanderte ihre Zigarette von einem Mundwinkel in den anderen. Diesmal war es Marke *Hong Dou -Rote Bohnen*. Sie sprach davon, dass sie es leid wäre, nachts, ohne Führerschein, für ihren nichtsnutzigen, zockenden Sohn immer diese Scheiß-Touristen fahren zu müssen. So klang es jedenfalls für mich. Der Fahrpreis war sogar für chinesische Verhältnisse gewaltig.

>> Noch 9 Stunden bis zum Vortrag.

Natürlich war mein Zimmer weg.

„Zu spät, sorry. Fully booked."

Es ziemt sich für einen europäischen Mann nicht, in der Öffentlichkeit zu weinen, also setzte ich mich in die Hotellobby, bestellte einen doppelten Gin mit wenig Tonic, verfluchte die Welt und weinte europäisch, also innerlich.

Ein Floh auf der Schlafmatte ist schlimmer
als ein Löwe in der Wüste.

Zwei G&T später kam jemand von der Tagungsleitung mit zwei Mädels im Arm ins Hotel zurück. Er erkannte in mir den eingeschlafenen Eröffnungsredner des nächsten Morgens. Die Mädels sollten mich ein wenig wärmen, während er mir ein Zimmer besorgen würde. Für beides hatte ich nur ein müdes Lächeln. Er besorgte mir immerhin ein Bett. Schon wieder ein Wunder.

>> Noch 7 Stunden bis zum Vortrag.

Eine halbe Stunde später lag ich ohne Schlafanzug, frierend und mit der Welt hadernd unter einer dünnen Decke in einem kalten Bett. Meine Nase lief, meine Kehle brannte, ich schlief erschöpft ein. Bis, ja bis sich eine halbe Stunde später sämtliche Hunde Guilins, wahrscheinlich unter der Leitung von *Zhu Wuneng* und seinen Gesellen, vor meinem Fenster versammelten und sich grinsend darüber austauschten, wie leicht es sei, eine Langnase vom Schlafen abzuhalten.

>> Noch 5 Stunden bis zum Vortrag.

Ich hockte mich auf das winzige Sofa, zog mir TV CNN International rein, bis ich unter der fadenscheinigen Decke einschlief.

> Noch 2 Stunden bis zum Vortrag.

Der Wecker stieß mich in die Welt zurück. Das bisschen Leben, das Dusche und Frühstück mir brachten, war nicht der Rede wert.

> Noch 1 Stunde bis zum Vortrag.

Die Angst stand mir bis zum Hals, und es ging mir zum Sterben schlecht!

9:00 – Jetzt.

Der Saal war voll, sicher mehr als 2000 Zuhörer. Der richtige Rahmen für meinen bahnbrechenden Vortrag, der falsche für meine Verfassung. Der Chairman unterstrich die Bedeutung des Kongresses und begrüßte den Minister. Der Generalsekretär der WHO würdigte meine Person, dankte für mein Kommen und gab mir das Wort. Mühsam erhob ich mich, räusperte meine Stimmritze frei, wankte in zerknitterten Klamotten, mit ungeputzten Schuhen und Zähnen, fransigen Haaren und unrasiert auf die Bühne. Ich starrte mit übermüdeten Augen in die erwartungsvollen Gesichter. Viel zu leise krächzte ich ins Mikrophon:

„Sehr geehrte Exzellenz, verehrter Generalsekretär, Mr. Chairman, sehr geehrtes Publikum ...", und jetzt sollte so was folgen wie „ich freue mich, Ihnen heute meine Erkenntnisse darlegen zu dürfen, die ...", aber plötzlich fiel mir etwas ein. Ich richtete mich auf, schüttelte die Erschöpfung und das unsägliche Reisedesaster ab, lächelte in die wartende Menge, warf Rimski, Latunski und Lichodejew in der dritten Reihe einen vernichtenden Blick zu, nahm das Mikrophon fest in die Hand, hustete kräftig und schmetterte:

„Ich freue mich sehr, dem chinesischen Volk dazu gratulieren zu können, dass heute Nacht sein erster Taikonaut nach 23 Stunden im All gesund wieder auf der Erde gelandet ist. Willkommen China, im Zeitalter der Raumfahrt!"

Jubelnder Applaus. Menschenmassen, Minister, Bodyguards, Würdenträger und Wissenschaftler stürmten die Bühne. Sie herzten und küssten mich ohne Rücksicht auf Verluste. Ich erhielt so viele Einladungen, dass ich in China bis an mein Lebensende eingelegte Hühnerfüße, 8 Schätze und Glück für die ganze Familie essen könnte. Etliche dieser Einladungen habe ich inzwischen angenommen und manches dabei erlebt. Aber das sind andere Geschichten. Ja, ja, wozu manchmal eine mit Hundegebell durchwachte Nacht und CNN gut sein kann. Danke dir Schweinemensch, *Zhu Wuneng*, und Dank auch an die Hunde von Guilin. Es dauerte lange, bis ich meinen Vortrag halten konnte, der schließlich mit großem Applaus endete. Der Tag klang mit zahllosen Trinksprüchen und *Ganbei* mit Mao Tai aus, wobei sogar der Minister sein Glas ein Mal niedriger hielt als meines. Mehr geht für eine Langnase im Reich der Mitte nicht.

> *Über Vergangenes mache dir keine Sorge,*
> *dem Kommenden wende dich zu.*

Mein Koffer kam nach einigen Tagen. Die Russen wollten Geld von der WHO. Pustekuchen, meine Lieben! Manchmal kann ich nachtragend sein. Später bekam ich eine Professur zuhause und eine Gastprofessur in Beijing. Seitdem bin ich oft in China gewesen, prä- und post-olympionär. Aber Letzteres kann jeder.

> *Wenn das, was du sagen möchtest, nicht schöner ist als die Stille,*
> *dann schweige!*

---

*Der China-Reisende liebt den klassischen chinesischen Roman „Reise nach Westen (zum westlichen Himmel)", ca. 500 n.C., und in einigen Situationen denkt er an die Helden des Romans *Xuanzang* = der reisende Mönch, *Sun Wukong* = der steinerne Affe, *Sha Wujing* = der Wasser- und Halbdämon, *Zhu Wuneng* = der Schweinemensch

Glück kannst du nicht kaufen.

__Kurt Cobain__

15. NACHTGESCHICHTE

Lottogewinn

„Ich kam früher als gewohnt nach Hause", sagte er händereibend, küsste ihren Haaransatz, verschwand wieder hastig in seinem Arbeitszimmer und ließ sie im Flur zurück. Sie stand einen Augenblick verwirrt da, ohne daran zu denken, den Mantel auszuziehen und die Handtasche abzulegen. Sie vergaß, das zu tun, was normal war. Irgendwas kam ihr seltsam an dieser überstürzten „Ich kam eher nach Hause"-Story vor. Wieso erzählte er ihr das? Sie hatte doch gar nicht gefragt. Ja, sie hätte es gar nicht gemerkt. Er war in letzter Zeit immer vor ihr nach Hause gekommen, aber das lag an ihrem Job. Sie musste länger bleiben, weil die Arbeit immer mehr wurde, und bei ihm war es umgekehrt. Die Wirtschaftskrise setzte seiner Firma zu.

Irgendwie war sie überzeugt, dass was falsch war. Aber was? Was war anders an diesem sonst ganz normalen Dienstag? Während sie solche Gedanken anflogen, zog sie den Mantel aus, zog andere Schuhe an und sah sich um. Sein Mantel hing auf dem Bügel, und Schuhspanner steckten in seinen Schuhen. Woher dieser plötzliche Ordnungsschub? Sie roch an seinem Mantelkragen. Nichts.

Die Post lag wie immer offen in der Küche. Umschläge und Inhalte passten zueinander. Das Wohnzimmer sah genauso aus wie gestern Abend. Die Post lesend ging sie die Treppe hinauf.

„War heute was besonderes los in der Firma?", rief sie. Tagsüber sind alle Türen in Ihrem großen Haus nur angelehnt.

„Hörst Du nicht, wie war es denn heute?"

„Och, nicht Besonderes. Wie immer."

„Warum bist du denn heute eher gekommen?" rief sie etwas leiser als vorhin.

„Was sagst du?"

Dann stand sie in der Tür und sah nur noch, wie er seinen Laptop zuklappte. „Warum du heute eher nach Hause gekommen bist? Ist irgendwas mit deiner Firma?" Während sie noch auf eine Antwort wartete, verwarf sie die Frage schon wieder. Nein, danach sah er nicht aus. Sein Gesicht glühte unseine Bewegungen waren seltsam aufgeregt. Nicht depressiv, nicht wie bei Leuten, die gerade erfahren haben, dass sie gekündigt sind. Auf dem Schreibtisch lagen Kontoauszüge, sein PDA und irgendwelche Wertpapier-Bescheinigungen.

„Was machst du? Wollen wir einkaufen?"

Seine Augen streiften durch das Zimmer und blieben an einem Kaktus hängen. „Ich wollte eigentlich noch was überweisen, äh, mit Internet."

„Das kannst du doch nachher noch machen, oder?"

Sie stand inzwischen hinter ihm und legte, sich vorbeugend, ihre Arme um seinen Hals, dabei sog sie die Luft durch die Nase ein: „Kein fremder Geruch", dachte sie und sah dabei auf den anderen Monitor. Es lief ITUNES Musikprogramm.

Er deutete auf 2 CDs neben dem Monitor „Für deinen Ipod." sagte er ausatmend.

Sie richtete sich wieder auf.

Irgendwas war anders.

Irgendwas.

RAUSCHEN

Seit dem Morgengrauen kontrollierte ich die Lebendfallen für die Geparde, aber außer einem Honigdachs, einem wilden, bissigen Vieh, das ich sofort freiließ, hatte ich nichts gefangen. Vor mir lag die Dornbusch-Savanne Namibias. Am Horizont schimmerte das von Jahrmillionen geschleifte Gebirge wie ein riesiges, kauerndes Tier. Wenige Pfade schlängelten sich durch das undurchdringliche Gestrüpp, und mit fingerlangen Dornen griffen die dürren Zweige nach jeder Kreatur. Aus der Steppe schauten die erodierten Reste eines Gebirges heraus. Bunte Flechten wuchsen auf Felsbrocken, und tote Baumstämme lagen herum. Armdicke, scharfkantige Kristalle wuchsen aus dem Boden. Alles wirkte, als wäre es seit Ewigkeiten hier.

Die Mittagshitze war gewaltig. Die Sonne blendete mich, und ihr Feuer trocknete den Schweiß sofort. Der rote Staub brannte in meinen Augen und hinterließ einen bitteren Geschmack auf der Zunge. Stundenlang war ich von einer Falle zur nächsten gefahren. In jede kam ein frischer Köder. Nachdem ich alle Fang-Plätze besucht und keinen Gepard vorgefunden hatte, dem ich einen Funksender umlegen konnte, stellte ich den Range Rover in den spärlichen Schatten einiger kleiner Tamariskenbäume. Inmitten von Staub und Hitze leuchteten ihre Blätter hellgrün. Winzige strahlendgelbe Blüten hockten auf den Zweigen. Ein Termitenhügel stand am Rand der Tamariskengruppe. Er überragte mich ein ganzes Stück. Sie wachsen jede Nacht ein bisschen, diese tonnenschweren Gebilde aus rotem Sand und Termitenspeichel. Ich setzte mich auf den Boden, trank das warme Wasser aus meiner Feldflasche, lehnte mich an den Termitenturm, schloss die Augen und träumte mich in sein Inneres.

Es rauscht und wispert in jedem dieser Türme. Kleine, bleiche Kreaturen eilen unter der steinharten Hülle umher. Auf der Schattenseite ist es kühler unter der roten Haut der Hügel und das Rauschen ist stärker. Ich fühlte mich allein mit den unsichtbaren Wesen, die auf Millionen Beinchen im Dunkeln umherliefen. Ich war glücklich hier und so herrlich weit von meinem Leben in Deutschland entfernt.

Ein Geräusch schreckte mich aus meinen Gedanken und Träumen. Ich hatte es häufig gehört, wenn ich nach stundenlangem Warten am Wasserloch schon beinah eingeschlafen war. Es verhieß unfehlbar, dass gleich ein großes Tier erscheinen würde. Dornenspitzen erzeugen dieses feine Sirren, wenn sie über das staubige Fell einer sich durch die Büsche drängenden Antilope oder eines Zebras kratzen. Ohne mich zu bewegen, öffnete ich die

Augen einen Spaltbreit. Nur wenige Meter entfernt stand sie vor mir. Sie war allein, bewegte keinen Muskel und war schmerzhaft schön; die Silhouette voll Anmut und Kraft, das Fell grau, schwarz und weiß. Eine riesige Oryx-Antilope kam auf die Lichtung und wartete. Ihre Nüstern sogen witternd die Luft ein. Der Wind stand günstig, und sie bemerkte mich nicht. Reglos blieb ich sitzen und sah sie an. Die Antilope war perfekt. Die Beine in den Staub gestemmt, den Blick nach vorn gerichtet und die Muskeln angespannt, stand sie da. Wie Lanzen stachen die langen Hörner in den blauen Himmel.

Ein mannshoher Viehzaun grenzte hier die ungeheuer weitläufige Farm, auf der wir unser Lager hatten, von der Umgebung ab. Für Rinder unüberwindbar, sind diese Zäune für Zebras, Kudus und Buschböcke kein Hindernis. Oft hatte ich sie wie schwerelos über die Zäune hinwegsetzen sehen. Mit Kraft und Eleganz sprangen auch die gewaltigen Oryx über diese Hindernisse und setzten ihren Weg unbeeindruckt fort. Der Oryxbulle fixierte den Zaun. Er wollte springen. Langsam kam er in Bewegung.

Er machte ein paar Schritte vorwärts, wurde schneller, konzentriert wie ein Springpferd vor einem Hindernis. Sein Schwanz peitschte die Luft - er spannte den Körper, die Hinterbeine beugten sich, um sich sofort wieder zu strecken, die Vorderhufe verließen dabei den Staub, und gerade als er absprang, störte ihn etwas. Sein Kopf ruckte in meine Richtung. Während er vom Boden aufstieg, suchten seine Augen die Quelle der Störung. Der Sprung wurde halbherzig und fahrig. Das Tier sprang über den Zaun und senkte sich dem Boden zu. Dabei schlug sein linkes Hinterbein gegen den obersten Draht. Der Bulle verlor die Balance, geriet aus dem Gleichgewicht und fiel. Mit dumpfem Ton krachte er auf die Seite. Die Rippen schrammten über die aus dem Erdboden ragenden Kristallnadeln. Der schwere Aufprall hämmerte die Luft aus den Lungen, Fell riss, Knochen brachen. Prasselnd rutschte der Oryx, den Kopf voran, in einen Dornenbusch hinein. Ein Schrei. Nein, nicht das Tier schrie, ich war es, und es riss mich nach vorn, als könne ich damit irgendetwas retten. Der Bulle starrte herüber und versuchte auf die Beine zu kommen, einmal, zweimal, dreimal! Wütend zerfetzten seine Hörner den Busch. Abermals versuchte er stöhnend aufzustehen. Es ging nicht. Nun wurde es still, und der Staub des Unglücks legte sich langsam. Das Tier kauerte am Boden. Wir zitterten. Vielleicht würde es jede Sekunde aufspringen und fortlaufen. - Nein, viel zu brutal war der Sturz gewesen. – Und dann diese Stille. Dieses teilnahmslose Schweigen des glühend heißen Mittags.

Nach einer Weile stand ich auf. Alles war verändert. Meine Zufriedenheit, die Ruhe des Augenblicks, die Schönheit des Tieres, das vielbeschworene Gleichgewicht der Natur, alles war zerstört. War ich schuld? Oder war das nur der Zufall der Wildnis? War der Bulle zu sehr verletzt, konnte er wieder auf die Beine kommen? Nicht näher herangehen. Das Tier nicht zusätzlich aufregen. Ich trat hinter den Termitenhügel und hielt mich an ihm fest. Zeit, gib ihm Zeit, um diesen Sturz wegzustecken und aufzustehen!

Erneute, vergebliche Versuche auf die Beine zu kommen, zeigten, dass das Tier verloren war. Blutiger Schaum troff von seinen Nüstern. Rippen mochten gebrochen und in die Lunge gedrungen sein. Der Bulle atmete flach und hechelnd. Jetzt konnte ich erkennen, dass ein Knochen das Fell seines rechten Vorderlaufs durchbohrt hatte. Das ist das Aus für ein Huftier in der Wildnis. Das schöne Tiergesicht mit seinen schwarzen Augen blickte mich unverwandt an. Die Streifen, die den Tieren ihr unverwechselbares Aussehen geben, wirkten jetzt wie Tränen. Ich hörte nur das Diri_Diri_Diri der Steppenhühner und ein schweres Keuchen.

Ich bin Wissenschaftler und habe normalerweise im Feld kein Gewehr bei mir. Nur ein Jagdmesser hing an meinem Gürtel. Natürlich hätten unsere Fährtensucher, die beiden Buschmänner, das Tier damit töten können. Aber ich könnte niemals in die Nähe dieses Bullen kommen, ohne von seinen spitzen Waffen zerrissen zu werden. Was konnte ich tun? Sterben kann lange dauern in der Wildnis, es sei denn, dass Löwen ...? Ach was, seit mehr als hundert Jahren gibt es im Süden Namibias keine freilebenden Löwen mehr, und unsere telemetrischen Messungen zeigten, dass die Leoparden seit ein paar Tagen in den Bergen jagten. Und Geparde sind keine Gefahr für Oryx-Antilopen, nicht einmal für so schwer verletzte Tiere wie dieses hier. Ich beschloss, im Camp Hilfe zu holen.

Nach mehr als drei Stunden waren wir zurück. Assa, einer der Buschmänner, die uns bei den Feldforschungen halfen, und Keith, der Farmbesitzer und Jäger, begleiteten mich. Ich hatte nicht gleich hergefunden, und wir mussten umständlich dem Zaun folgen, um an die richtige Stelle zu kommen. Endlich fand ich mich zurecht. Ich erkannte die Berge, das Tamariskengebüsch und den Termitenhügel. Wir hielten in einiger Entfernung.

Der Buschmann ging voraus wie immer, wenn wir uns wilden Tieren näherten. Büsche versperrten die Sicht. Assa stieg durch ein Loch im Zaun und schlich gebückt auf die angegebene Stelle zu. Als er freien Blick hatte, blieb er stehen und sah gespannt nach vorn. Langsam richtete er sich auf, hob die Hand und winkte uns heran. Krachend lud Keith sein Gewehr durch und schob mich hinter sich, bevor auch wir durch den Zaun kletterten.

Der Bulle lag bewegungslos in seinem Blut. Seine Schnauze war zerrissen, die Lenden aufgebrochen, der Anus zerfetzt und der Darm herausgezerrt. Nur wenig Blut sickerte aus dem Kadaver. Das Vorderbein war an der Bruchstelle abgebissen und verschwunden. Der Hals zeigte oberflächliche Verletzungen, aber an der Kehle fehlte der Todesbiss.

„Aber es gibt doch gar keine Löwen mehr hier; und ein Leopard hätte das nicht tun können. Wer ...?"

„Wolf", sagte Assa, „Wolf." Und noch etwas in der absonderlichen Sprache der San-Buschmänner. Wolf heißt auf Afrikaans Hyäne. Ich hatte die Hyänen vergessen. Assa nahm sein Messer aus dem Gürtel und bückte sich zu dem Kadaver hinunter. Frisches Fleisch für den Abend.

Mein Blick blieb an dem Termitenhügel hängen, wo ich vor Kurzem noch gesessen und den gewaltigen Oryxbullen beobachtet hatte. Im Hügel ging das Hasten der im Dunkeln hausenden Kreaturen unbeeindruckt weiter. Dieses lebendige Rauschen – es geht weiter – und weiter und weiter und ...

16. NACHTGESCHICHTE

Laila im U-Bahn-Gang

Knien konnte sie, das hatte sie von Kindheit an gelernt. Es tat schon lange nicht mehr weh. Nur das Aufstehen schmerzte, vor allem wenn es kalt war. Anfangs litt sie furchtbar. Ihre Kinderknie auf den kalten Boden und sich mit dem Hintern auf ihre Fersen zu setzen gehörte, wie in anderen Familien das Ritual des „Kinderzimmer Aufräumens" oder das „bei Tisch ruhig Sitzen" und „bleib sitzen, bis alle gegessen haben" zu ihrem Leben, seit sie denken konnte.

Jetzt war Juni, und sie hockte in dieser Demutshaltung mit einem Zettel in der Hand im U-Bahn-Gang. Zwischen Rappstraße und Kantplatz. Vor sich eine Schale, in die Vorbeieilende, die ihrem saugenden Blick nicht mehr standhalten konnten, manchmal ein Geldstück warfen. Es scheppert laut und wurde vom Hall in diesem Gang unsinnig verstärkt. Ach, würde sich doch auch das Geld so vermehren, dann wäre vieles leichter.

Seit sie vierzehn war, hatte sie ihr Kind dabei. Da waren die Geschäfte besser als jetzt. Ach, wäre sie doch letztes Jahr beim Betteln nicht eingeschlafen. Als sie aufwachte, war ihre Kleine weg und blieb verschwunden. Wie wahnsinnig wollte sie alles in Bewegung setzen, um es zu finden. „Nicht auffallen", hatte ihr Vater gesagt, oder besser der Mann, der sich dafür ausgab und ihr das Kind gemacht hatte.

Die Knie schmerzten nun doch. Seit sie ihr Kind nicht mehr liebkosen konnte, ihre Küsse ins Leere gingen, ihre Hände nach nichts griffen und sie unhörbar seinen Namen sagte, schmerzten ihre Knie wahnsinnig. Jeden Tag, jede Stunde und jede Minute. Ihre Blicke verbrannten die Passanten.

Ihr Schmerz wuchs und wuchs, während ihr Blick immer mehr verschwand

Nur weil du paranoid bist, heißt das nicht, dass sie nicht hinter dir her sind.

Kurt Cobain

MÖRDER

SZENE 1

ERZÄHLER: Die Toten sollten hier bleiben bis sie verteilt wurden. Es waren auch Leichen aus der Gelbfieberabteilung dabei. Alle warteten auf die Obduktion oder Verbrennung.

Bauer: „Sie warten ist gut. – Die warten auf gar nichts mehr."

Grindel: „Kannst du es wissen? Vielleicht ...?"

ERZÄHLER: Bauer schob seinen Mundschutz zur Seite, steckte eine Zigarette zwischen die Lippen und sog daran, als wolle er sie in einem Zug inhalieren. Den Rauch stieß er zur Decke und sah dabei den Gang hinunter. Wie gewöhnlich zählte er die Toten, um zu sehen, wie oft sie heute noch in die Medizinische Pathologie oder quer über den Hof gehen mussten. Bei ungeraden Zahlen ging er als zweiter, so sparte er einen Weg.

Es stank furchtbar, aber sie hatten sich längst daran gewöhnt. Kalter Schweiß war noch das Angenehmste. Etliche Tote hatten unmittelbar vor ihrem Ende ihre Blase oder den Darm entleert, und von manchen Bahren tropfte es auf die weißen Bodenfliesen und bildete bräunliche Schlieren. Diese Gerüche lagen schwer und aufdringlich in der Luft, wie ein Ekelparfum. Gleichgültig ging Bauers Blick über die Szene hinweg.

Etwas irritierte ihn. Sein Blick sprang erneut von Körper zu Körper, fünf Frauen, zwei Kinder, sechs, acht, zehn, zwölf, vierzehn, fünfzehn Männer... Grindels Augen folgten Bauers Blick und er erkannte gleichzeitig mit ihm, <u>was</u> nicht stimmte. Er ging hinüber zur letzten Leiche. Sie war, wie alle anderen, mit dem üblichen, hinten offenen Patientenhemd bekleidet, nur dass dieses blütenweiß war. Am Ringfinger der blassen rechten Hand steckte vorschriftswidrig ein breiter Ehering. Grindel beugte sich vor, zog den Gummihandschuh aus, um der Leiche den Ring abzustreifen. Bauer hustete seine Raucherbronchitis heraus und schnauzte mühsam

Bauer: „Zieh den Handschuh wieder an, willst du dich mit irgendwas anstecken?"

ERZÄHLER: Grindel sandte Bauer nur einen mitleidigen Blick zu und schüttelte den Kopf.

Grindel: „Vergiss es. Und übrigens, wieso hat der Kerl seinen Ehering noch?"

Bauer: „Was weiß ich?"

ERZÄHLER: Grindel griff dem Toten ans Kinn, drehte seinen Kopf und sah ihm ins Gesicht.

Grindel: „Scheiße"

ERZÄHLER: Er zuckte zurück, als hätte der tote Mund versucht ihn zu beißen. Er warf dem Kollegen einen fragenden Blick zu. Der erkannte den Toten ebenfalls, wurde blass und deutete mit dem Kopf zur Tür. Grindel schob hastig eine im Weg stehende Bahre zur Seite, so dass die darauf liegende Leiche mit einem hässlichen Geräusch auf die Fliesen klatschte. Er sah sich kurz um und stürmte ohne ein weiteres Wort durch Bauers blaue Rauchwolke hindurch zum Ausgang, riss die Tür auf und war verschwunden. Die blauen Augen des Toten starrten Bauer gebrochen an. Ihm wurde schlecht vor Angst, und er übergab sich.

174

SZENE 2

ERZÄHLER: Es gab ungeheuren Ärger. Der Tote hatte garantiert weder Gelbfieber noch sonst eine ansteckende Krankheit, ja er gehörte überhaupt nicht zu den üblichen Leichen. Es war Dr. Otto Buntler, einer der führenden Ärzte der Station.

Prof.: „Wer hat ihn gefunden?"

ERZÄHLER: Stationsarzt Dr. Gruber antwortete:

Gruber: „Bauer und Grindl"

ERZÄHLER: Prof. Dr. Anders, Chef der Einrichtung, hatte die Herren eine Stunde nach dem Auffinden der Leiche zusammengerufen, um den Tod des Arztes möglichst schnell aufzuklären. Sie saßen in einem überheizten, von schwerem Zigarrenqualm und nach Weinbrand stinkenden Raum und warteten auf Dr. Grubers Bericht. Außer diesem und Prof. Anders waren noch Leutnant von Trank und Leutnant Mirtler anwesend. Es ging darum herauszufinden, wie der Arzt zu Tode gekommen war, wer die Verantwortung trug, und wie weiter verfahren werden sollte.

Prof.: heiter)
„Na und Gruber, was hat die Obduktion ergeben?"

Gruber: (murmelnd)
„Genau so fragt jemand, der alle Antworten schon kennt."

Gruber: (wieder laut)
„Es war nicht sehr schwierig zu ermitteln, woran Buntler gestorben ist. Die Rektaltemperatur ergab immerhin noch 20 Grad, als ich ihn auf dem Tisch hatte. Also war der Tod noch nicht so lange her.

Mirtler: (unwirsch)
„Das ist ja klar, schließlich hat er erst ein paar Stunden vorher seinen Dienst angetreten."

ERZÄHLER: Leutnant Mirtler hatte, während er sprach, nervös an seinem Schnauzbart gezogen, als könnte er dadurch dessen Länge verdoppeln. Gruber fuhr fort:

Gruber: (eifrig)

> „Ich bemerkte die pink-fahle Verfärbung der Haut und unter
> der Epidermis zeigten sich schon kleine Blutungen. Die Binde-
> haut beider Augen war blutunterlaufen. Sofort hatte ich einen
> konkreten Verdacht und wandte mich direkt seiner Brust zu."

ERZÄHLER: Er machte eine kleine Kunstpause und sah die beiden Mili-
tärs einen Augenblick herausfordernd an. Dann fuhr er pro-
fessionell fort?

Gruber:

> „Ich entdeckte einen kleinen roten Punkt im fünften Zwi-
> schenrippenraum, sinister natürlich".

ERZÄHLER: Von Trank sah ihn zornig an.

v. Trank:

> „Links also, über dem Herzen, das haben wir erstanden.
> Und weiter?"

Gruber: (zischt böse)

> „Ja, damit war eigentlich alles schon klar. Dennoch habe ich
> den Wundkanal mit einer Sonde verfolgt. Er führte ins Herz,
> genauer gesagt in die linke Herzkammer. Um meinen Befund
> zu vervollständigen, öffnete ich den Thorax und roch was
> ich schon vermutet hatte. Phenol. Am Ende des Stichkanals
> roch es stark nach Phenol."

ERZÄHLER: Prof. Anders nickte, legte den Zeigefinger der rechten
Hand an seine Nase, schob die schwarz gerandete Brille
etwas höher und sah sinnend aus dem Fenster. Gruber fuhr
fort:

Gruber:

> „Ich gehe also von folgendem Sachverhalt aus. Der Täter hat
> eine Spritze mit extra langer Kanüle benutzt. Er hat sie mit
> Entschlossenheit in den Brustkorb gestoßen, den Inhalt,
> wahrscheinlich um die zehn, fünfzehn Milliliter der Phenol-
> lösung ins Herz entleert, worauf Buntler innerhalb von fünf-
> zehn bis zwanzig Sekunden gestorben sein dürfte."

ERZÄHLER: Prof. Anders wandte sich herum.

Prof.: (lacht gepresst)

> „Es ist schon fast ein Witz, dass Buntler ausgerechnet an der
> Methode gestorben ist, die er selbst entwickelt hat."

ERZÄHLER: Er verbarg dabei mühsam sein Grinsen. Von Trank und Mirtler blickten ihn verständnislos an.

Prof.: (gut gelaunt)

„Na, dann kommen Sie meine Herren, ich zeige es Ihnen"

ERZÄHLER: Sie verließen dass Zimmer und gingen zur neu eingerichteten Stube 2 hinüber, wo er ihnen in Praxi zeigte, was er meinte.

SZENE 3

ERZÄHLER: Die Häftlinge Mikulas und Szymon befanden sich allein und fast tot vor Angst in der Seitenkammer von Stube 1.

Mikulas: (flüsternd)

„Szymon, mir ist egal was mit mir wird, Hauptsache, das Schwein ist tot."

Szymon: (sehr eindringlich und beschwörend)

„Verdammt, warum mussten sie unsere Freunde auch ausgerechnet heute aus der Pathologie-Vorbereitung abziehen. Die beiden hätten den Kerl auf den Entsorgungshaufen gebracht, und dann wäre alles gut gewesen. Ehe man ihn vermisst hätte, wäre er schon verbrannt, und niemand wäre auf uns gekommen",

ERZÄHLER: Szymon zitterte und sprach dabei so beschwörend, als könnten seine Worte diese Verabredung noch nachträglich wahr werden lassen. Die Kammer war immer abgeschlossen, so dass vorläufig nicht auffiel, dass diesmal sie die Tür hinter sich verriegelt hatten. Durch das winzige Fenster, direkt unter dem Flachdach fiel das letzte dämmrige Licht dieses grauen Herbsttages herein, so dass sie ihre angstverzerrten Gesichter kaum noch sehen konnten. Auch ihre Tränen wurden langsam unsichtbar, obwohl sie unaufhörlich die Wangen hinabliefen.

Mikulas: „Oh Gott, hilf uns. Hilf uns."

Szymon: „Wie will er uns helfen? Hat er uns *je* geholfen? *Er* wird uns nicht helfen. Wir haben einen Menschen umgebracht. Du hast ihn festgehalten und ich habe zugestoßen. Wir haben die Angst in seinen Augen gesehen. Niemand hier und auf dieser Welt wird uns helfen."

SZENE 4

ERZÄHLER: Ein paar Räume entfernt standen Bauer und Grindel zusammengekrümmt vor der Untersuchungskommission. Sie hatten alles gesagt, was sie wussten. Aber sie ahnten, dass es nicht reichen würde, um sie zu retten.

Grindel: (flehend)
„Wirklich, wir haben nichts damit zu tun! Wir haben nicht darauf geachtet, wer den letzten Toten brachte."

ERZÄHLER: Tränen und Rotz liefen über sein Gesicht. Leutnant Mirtler baute sich vor ihm auf.

Mirtler: (schreit)
„Verdammte Schweine, ihr steckt doch alle unter einer Decke. Wenn ihr Buntler nicht selbst umgebracht habt, dann wisst ihr, wer ihn in die Pathologie gebracht hat. Ich seid doch alle der gleiche Dreck."

ERZÄHLER: Bauer gingen die Nerven durch, er fiel auf die Knie und weinte schreiend wie ein geschlagenes Kind. Der Leutnant brüllte weiter und umkreiste ihn so dicht, dass die Stiefelschäfte dem Kauernden ins Gesicht schlugen. Als auch Grindel zusammenbrach und auf Knien auf dem Boden hockte, stoppte Prof. Anders den Leutnant mit einer leisen Handbewegung und wandte sich den Befragten zu. Mirtler kehrte grinsend zum Tisch zurück, nahm einen Schluck Weinbrand und setzte sich.

Prof.: (väterlich beruhigend)
„So, nun mal ganz ruhig, Kinder. Ganz ruhig, ich glaube euch ja, aber jemand muss ihn umgebracht haben. Habt ihr wirklich keine Ahnung, wer das war oder wer den Toten gebracht hat. Und, was wisst ihr über Stube 1?"

ERZÄHLER: Bauer versuchte sich zu fassen, richtete sich ein wenig auf und hob sein von Angst verschmutztes Gesicht.

Bauer:
„Wir wurden nur eingesetzt, weil irgendwer die ursprüngliche Besatzung brauchte. Wir waren vorher für die TB-Station eingeteilt. Ich weiß nur, dass heute zwei Polen in der Stube1 arbeiten."

v. Trank: (hastig)
„Welche Polen?"

Bauer: „Ich weiß ihre Namen nicht, aber sie arbeiten oft dort."

v. Trank: (leise aber gefährlich)
„Ihr wisst ganz genau wie sie heißen, ihr Halunken."

Gruber: „Warten sie, ich sehe in der Liste der Helfer nach"

ERZÄHLER: Gruber blätterte hastig in einem dicken Journal.

Gruber: „Hier sind sie. Szymon Pajak und Mikulas Rybinski. Sie unterstützen Buntler seit einiger Zeit beim Abspritzen. Hier steht, dass Kollege Schnabel die ursprünglich beim Leichentransport eingeteilten Helfer für dringende histologische Arbeiten an Gewebeschnitten geholt hat. Bauer und Grindel sagen die Wahrheit, und sie selbst arbeiten nie in Stube 1; sie sind viel zu unqualifiziert."

v. Trank: Ich denke, wir können die beiden ausschließen, sie wären wohl auch nicht so dämlich, den Toten zu melden, wenn sie es selbst getan hätten. Buntler wäre verbrannt worden, und keiner hätte es gemerkt",

ERZÄHLER: von Trank stand ärgerlich auf, um selbst einen Blick in die Liste zu werfen.

v. Trank: „Wo sind die beiden, dieser Pajak und Rybinsky?",

ERZÄHLER: Er sprach die Namen sehr flüssig aus. Hastig wiederholte er sie einschließlich der Vornamen noch einmal.

v. Trank: (bewusst schlecht aussprechend)
„Szy_mon Pa_jak und Mi_ku_las Ryb_insky?",

ERZÄHLER: Mirtler zog die Augenbraun hoch und murmelte leise.

Mirtler: (in Gedanken raunend)
„Er hat wohl gemerkt, dass er vorher zu polnisch geklungen hat, unser guter Freiherr von Trank",

ERZÄHLER: Der Professor setzte ein leutseliges Gesicht auf und sah Bauer mild lächelnd an.

Prof.: „Ihr könnt verschwinden."

ERZÄHLER: Sie wollten aufspringen und so schnell wie möglich raus aus dem Zimmer. Doch die Angst hatte an ihnen gefressen, wie eine Ratte an einem sterbenden Hund, und so halfen sie sich mühsam aufzustehen, und verließen taumelnd den Raum.

Mirtler: „Was wird mit Ihnen?"

ERZÄHLER: Prof. Anders ging zum Telefon, wählte, wartete und sagte dann ruhig, deutlich und bestimmt.

Prof.: „Bauer und Grindel kommen auf die Krankenstation 24b. Gewiss, es besteht der Verdacht auf Gelbfieber. Morgen entscheide ich über ihre Arbeitsfähigkeit.

(Er lauscht einen Augenblick)

Ja, sie müssen gleich aus der Schleuse kommen. Ihr könnt sie übernehmen."

SZENE 5

ERZÄHLER: In der Seitenkammer von Stube 1 war es dunkel. Jemand hatte ihre Namen gerufen und mehrfach die Türklinke gedrückt. Nun war es wieder still.

Szymon: „Sie suchen uns. Sicher wissen sie schon alles."

ERZÄHLER: Mikulas konnte nicht antworten. Seine Zähne klapperten, und er schmeckte das Blut seiner zerbissenen Zunge.
Wenn es hell gewesen wäre, hätte Szymon sein erstorbenes Gesicht, seine Schnappatmung und grauen Flecke sehen können. Zeichen beginnender Agonie.

Szymon: (ringt um Ruhe)
„Wir müssen es beenden, Miku. Jetzt, ehe es zu spät ist. Du weißt, was sie mit uns machen werden!"

182

ERZÄHLER: Miku schwieg, und auch Szymon überrannte die Angst jetzt völlig. Die Zeit stand still, und seine Gedanken rasten zurück zu seinem ersten Einsatz in Stube 1. Erst vor wenigen Wochen führte er zum ersten Mal, zusammen mit Miku, eine Zigeunerin, Mitte dreißig, in die Stube. Sie setzten sie auf einen der beiden Hocker. Die Fenster des kleinen Raumes waren mit weißer Farbe blind gestrichen, so dass er nur matt von der Sonne erleuchtet wurde. Gleich neben der Tür stand ein kleiner Metalltisch, auf dem sich medizinische Utensilien befanden; ein Satz Spritzen und ca. 15 cm lange Kanülen, alles unsteril gelagert. Direkt daneben stand eine Flasche mit gelblicher Flüssigkeit. Auf dem Schild stand *Phenol* und eine Prozentangabe. An der Wand hing eine Gummischürze. Am Waschbecken stand Dr. Buntler in weißem Kittel und wusch sich die Hände. Dann trat er heran und zeigte ihnen, was zu tun war. Die Patientin musste ihr Hemd herunterziehen, so dass sie halbnackt vor ihnen saß. Sie sollte sich aufrecht gegen die Wand lehnen und ihren rechten Unterarm vor die Augen legen. Die linke Hand sollte sie unter ihrem Schulterblatt zwischen Wand und Rücken einklemmen. Jetzt saß sie sehr <u>aufrecht</u> und reckte den Oberkörper nach vorn.

Buntler: (gönnerhaft wie Onkel Doktor)
„So, jetzt wollen wir dem kranken Herzchen mal was Gutes tun. Bitte Brust raus und entspannen."

ERZÄHLER: Buntler sprach freundlich lächelnd mit der Frau. Sie tat, was ihr gesagt wurde, und die Helfer fixierten ihre Hände wie angeordnet. Er füllte etwas Phenol in eine Nierenschale und zog es in die Spritze. Nun nahm er den zweiten Hocker und setzte sich direkt vor die Patientin. Ein anerkennender Blick auf ihre schweren braunen Brüste, dann sah er Szymon an und machte eine anzügliche Bewegung. Der hob ihre linke Brust und zog sie zu Seite. Buntlers linker Daumen suchte die richtige Stelle zwischen den Rippen, setzte die Spritze an, holte Luft und stieß die Kanüle in einer raschen Bewegung

183

in den Oberkörper, in das Herz der aufrecht dasitzenden Frau, schnell drückte er den Kolben und entleerte die Spritze. in einem Zug.

Buntler: „Festhalten, es ist gleich vorbei",

ERZÄHLER: hatte er gut gelaunt gerufen, war aufgesprungen und hatte seine blank geputzten Schuhe vor dem vom Hocker tropfenden Urin in Sicherheit gebracht. Die Zigeunerin stieß einen halblauten Schmerzschrei aus und zitterte. Szymon und Mikulas hielten sie fest, weil sie um sich schlug, aber wenige Sekunden später fiel sie in ihren Händen in sich zusammen.

Buntler: (anerkennend)
„Na, ging doch gut – für euer erstes Mal ... Bringt sie raus in die Pathologie. Totenschein: Unheilbar TB, im Endstadium."

ERZÄHLER: An diesem Tage mussten sie helfen, noch mehr als zwanzig Menschen zu töten. Aber das Schlimmste war, und bei dem Gedanken schoss Schamesröte in Szymons Gesicht, dass er immer wieder an die dunklen, erigierten Brustwarzen der sterbenden Zigeunerin hatte denken müssen, und abends ... Nebenan in Stube 1 waren schon wieder Stimmen zu hören. Szymon riss sich zusammen:

Szymon: „Miku, wir müssen es zu Ende bringen. Schnell!"

Miku: „Es war doch richtig, dass wir das getan haben?"

Szymon: „Ja Miku, es war richtig. Wir haben nur Pech gehabt, dass die Leiche nicht verbrannt wurde."

Miku:(verzweifelt)
„Wir haben Kinder getötet. Ab morgen sollen wir ihren ganzen Block abspritzen, alle Kinder, deren Eltern schon erschossen sind."

Szymon: „Ja, aber er war das Schwein, und jetzt hat er dasselbe abgekriegt wie seine Opfer. Wir hatten das Recht ihn zu töten. Und jetzt sterben wir, und alles hat ein Ende."

ERZÄHLER: Blitzartig sah Miku alles noch einmal vor sich. Er sah, wie sie Buntler niedergeschlagen und mit Verbandszeug gefesselt, ihm dieses Gazetuch in den Mund gesteckt und gewartet hatten, bis er aufwachte.

Miku: (hastig flüsternd)
„Machen wir es lieber gleich."

Szymon: „Nein, das Schwein soll wissen, warum und wie er stirbt",

ERZÄHLER: Aber es dauerte zu lange, deshalb rüttelten sie ihn. Seine Augen klappten auf, und er verstand sofort. Er erkannte Miku und Szymon, sah die Spritze und den entschlossenen Ausdruck in ihren Augen. Er versuchte zu schreien, mit den Füßen zu stoßen, zu treten, sich wegzurollen. Aber diesmal lag er hilflos da.

Szymon: „Du weißt, warum Du sterben musst?"

ERZÄHLER: Ein scharfes Winseln kam aus Buntlers Nase. Das Gesicht des Arztes schwoll vor Luftnot und Angst an. Die Panik ließ schon vor der Spritze seine Pisse rinnen, färbte die kakifarbene Hose dunkel, und seine Augen quollen hervor. Vielleicht war es Szymon selbst nicht klar, warum er jetzt zögerte. Sollte Buntler nun leiden oder noch mal davon kommen? Doch Aufhören ging nicht mehr.

Miku: voller Angst bebend)
„Schnell, jetzt! Schnell doch, schnell,   ehe wer kommt."

ERZÄHLER: Szymon zählte ungeschickt die fünfte Rippe ab. Wie eine wütende Schlange wand sich Buntler unter der tastenden Hand. Szymon hatte Miku nur angesehen, worauf der Buntlers Oberkörper fest auf den Boden gedrückt hatte und Szymon die Kanüle langsam in den Körper des Arztes hinein schob. Sie war schon halb verschwunden, da kotzte Buntler durch die Nase und drohte zu ersticken. Schnell stieß Szymon die Kanüle ganz hinein und schoss das Phenol ins Herz. Der Abgespritzte zuckte und krampfte auf dem Boden, wie ein Epileptiker im *Grand Mal*, wurde bewusstlos und starb.

SZENE 8

ERZÄHLER: Miku erwachte aus seiner Erstarrung und flehte Szymon an:

Miku: „Bitte, tu du es. Ich kann mich nicht selbst umbringen."

ERZÄHLER: Die Spritzen lagen bereit und Miku riss sein Hemd auf. Ihre Hände suchten sich in der völligen Dunkelheit. Sie nahmen sich in die Arme, so fest, als könnte sie das retten. Miku lehnte sich mit dem Rücken an die Wand, führte die Hände seines Freundes an den richtigen Punkt, streckte die Brust nach vorn.

Miku: „Danke mein Freund, mach schnell."

ERZÄHLER: Draußen wurde es lauter. Sie hielten den Atem an.

Szymon: „Leb wohl Miku"

ERZÄHLER: Dann spritzte er den Freund ab. - Dieser immer gleiche, halblaute Schmerzseufzer erklang, und Miku sank zu Boden. Szymon suchte nach der anderen Spritze. Donnernd rüttelte jemand an der Klinke.

v. Trank: (unmäßig brüllend)
„Hat endlich jemand diesen verfluchten Schlüssel gefunden?"

Szymon: (verzweifelt, wütend)
„Verdammt, wo ist die andere Spritze, verdammt ..."

ERZÄHLER: Er tastete herum, und fast fiel sie ihm herunter. Hastig nahm er sie, fühlte den Punkt auf seiner Brust, setzt die Kanüle an, suchte in seinem Gedächtnis nach dem verblassten Gesicht seiner Frau und ...

Die Tür flog auf und gleißend stürmte Licht in die Kammer. Der Leutnant sprang vor und schlug Szymon die Spritze aus der Hand.

v. Trank: „Das könnte dir so passen, du Sau ..."

17. NACHTGESCHICHTE

Verloren?

Da ist schon wieder eine. Ich hänge ihr nach, ein Lächeln führt mich näher heran, und ich genieße sie ausgiebig. So wie sie kamen schon viele, und nachdem ich sie erkannt hatte, fühlte ich mich in ihr hinein, roch, schmeckte, hörte und fühlte, was zu ihr gehört, und war eine Weile glücklich. Zumindest dann, wenn sie nicht völlig gleichgütig sind, was auch vorkommt und um die wäre es ja nicht schade. Aber bei den schönen, wertvollen kommt kurz nach dem Erkennen sofort diese grausame Sorge. Es ist furchtbar wie sie mich quält. Sie ist so absolut, zeigt mir eine unlebbare Zukunft, in der es immer einsamer werden wird in mir.

Nein, sagen die, die ich danach frage, ob sie das auch kennen. Nein, so was kommt nicht vor, und nein, ich solle mir keine Sorgen machen.

Doch dann ist schon wieder eine da, und ich folge ihr, fühle ihr nach, halte sie, so gut es nur geht, fest, und dann kommt wieder die Angst, und dann ist sie verschwunden, weg. Und ich weiß wieder nicht, ob die Erinnerung nicht vielleicht das allerletzte Mal in mir aufgetaucht ist, und ob sie nicht vielleicht einfach in meinem Hirn verschwindet wie das Blut aus einer offenen Wunde.

Denn wo der Glaube tausend Jahre gesessen hat, eben da sitzt jetzt der Zweifel.

__Bertolt Brecht__

DER HERR AUF DEM ESEL

Zuerst eine Frage: Kennt jemand Peter W. Leach-Lewis? Wenn ja, wisst ihr ja, was jetzt auf euch zukommt. Wenn nicht, lauscht und glaubt. Stellt euch vor, ihr steht auf dem Ölberg rum, nur so als Tourist, und seht in Richtung Goldene Kuppel (Jerusalem – is klar, oder?). Ihr sinniert darüber, wie Jesus dort, das glauben zumindest die Moslems, auf einem tollen Pferd genau an dieser Stelle wieder in die Welt jumpen wird, also genau da hin, wo er vor etwas mehr als 2000 Jahren gestartet ist. Ich jedenfalls stelle mir so was immer illustriert vor und schüttele unauffällig den Kopf (Bem.: unauffällig ist hier immer besser, sonst fällt man womöglich der Sanftmut zufällig anwesender, kreuz- oder hassschleppender Gläubiger zum Opfer) [Bem. 2. Ebene: komischer Zufall, das mit der Doppelbedeutung von Gläubiger und Gläubiger, nicht wahr ??] Dazu möchte ich verlautbaren, dass Religion für mich eher so was wie ein Spezialfall der Esoterik ist und daher nicht in Frage kommt, aber das hat man wohl schon geahnt. Also, ich steh da so rum und habe diesen verträumten Blick auf zumindest geschichtlich sehr interessante Gegenden im Gesicht, da höre ich es hinter mir murmeln und singen. Wir hatten Sonntag vor Palmsonntag, was daran festzumachen war, dass so viele Christen in Jerusalem sind wie sonst normalerweise nicht. Ich war eher zufällig hier. Nun denn, das Murmeln kam näher, und da sah ich die kleine Gruppe Menschen den Ölberg herunterziehen. Ja ist denn schon Ostern, dachte ich so für mich hin. Da hatte die Truppe mich auch schon erreicht. Verklärten Blickes und gemessenen Schrittes wanderten, in beigebraune Kutten gekleidete Menschen, die auf Anhieb wie Glaubensbrüder aussahen, bergab. Sie sangen merkwürdige Lieder, die irgendwie selbstgebastelt wirkten. In ihrer Mitte befand sich ein Esel. Nein, so plump beschimpfe ich den Oberdruiden der Truppe nicht, sondern es war wirklich ein Esel (Equus asinus spec.). Sehr dunkelbraun, harmonierte er gut mit den Kutten seiner BegleiterInnen. Aber er durfte nicht allein bergab schreiten, sondern er beherbergte jemanden. Auf ihm saß ein Mensch, zumindest glaubte ich das zu diesem Augenblick noch. In ähnlicher Kutte wie die anderen, nur prächtiger und mit einem gestickten Doppelkreuz, auf dem ein übergroßer Jesus zu sehen war, gekleidet, hockte jemand im Damensattel auf dem Grautier, sah dümmlich und wie unter diversen Drogen in die Welt und wurde immer wieder von seinen JüngerInnen, BegleiterInnen, Fans oder Brüdern und Schwestern auf den Esel zurückgeschoben, weil er dauernd herabzurutschen drohte. Das waren absolut keine normalen Christen, wobei man sich fragt, wie man bei Christen „normal" definieren muss, bei den -zig Splittergruppen. However, sie wedelten mit ihren großen Palmblättern, und ich dachte schon, sie hätten sich im Datum geirrt, schließlich war Ostern ja erst in zwei Wochen. Neugierig ging ich erstmal ein Stückchen mit. Kaum witterte eine ältere Frau mein Interesse, deutete sie es auch schon falsch und drückte mir ein Bekehrungsblättchen in die Hand. Hey, da kam's raus. Ich schritt mit ihrem Patriarchen, das war der Knabe auf dem Esel, zu Tal, sprich, den staubigen Weg vom Ölberg hinab, wie gemunkelt weiland Jesus beim Einzug nach Jerusalem. Und ebenso wie er (Bem.: nachträglich gesehen weiß ja jeder, dass er lieber hätte umkehren sollen, weil ihm und der Welt allerhand erspart geblieben wäre) wollte er mit seinem Einzug ein Zeichen setzen. Na, jedenfalls beide waren nicht zu bremsen und ritten weiter, jener damals und dieser heute. Nun zurück zum Patriarchen. Die alte Dame in der beigefarbenen Kutte war froh, nicht mehr mitsingen und den Palmzweig schwenken zu müssen. Stattdessen bequatschte sie lieber den netten jungen Mann in den knackigen Jeans. Also mich. Nun kam's aber dicke: Sie (übrigens hieß sie Chela-Prunode) hub an zu erklären: Sie seien eine neoplatonisch-polytheistische universale Kirche. (Bem.: Ahhhja?!) Auf dem Esel sitze Peter W. Leach-Lewis, der Chef der aufgestiegenen Meister, ihr Vater-Mutter-Gott. Sie seien hier in Israel mit führenden Mitgliedern ihrer Universalen Kirche am Rumreisen. Am 9. September 1991, dem 1999. Geburtstag von Jesus, woraus sich unschwer errechnen ließe, dass er 7 B.C. geboren wurde (Bem.: was schon eine schöne Leistung an sich darstellen würde), erhielt er, der übrigens gemeinhin Weltenerlöser oder auch ICH-BIN genannt wird, den Auftrag. auf einem Esel vom Ölberg zum Goldenen Tor in Jerusalem zu reiten und somit einen zweiten Palmsonntag darzustellen. (Bem.: ich frage mich oft, was den Leuten einfiele, hätten sie nicht die Bibel, den Koran oder die Bhagavad Gita zum Abschreiben.) Die Jüngerin versicherte mir, dass dieses Ereignis, der Eselsritt also, ein absolut heilsgeschichtliches Event wäre, und ich mich glücklich schätzen müsse, daran teilzunehmen, und ich solle sie bis zum Ende begleiten. (Bem.: Ich hoffte dringend, nicht bis zu ihrem leiblichen Ende, aber na ja.) Nun weiß ich ja nicht, wie die Irrenanstalten in Jerusalem aussehen und wie der Service dort ist, aber ich hatte auch keine Lust es herauszufinden. Also nickte ich, ging noch ein bisschen mit, sang unauffällig ein paar Strophen von „Bolle reiste jüngst zu Pfingsten, nach Pankow war sein Ziel ...", unterdrückte einen Lachanfall, als ICH-BIN stumpf vom Gaul, Pardon, vom Esel fiel und nur mit der geballten Kraft seiner irregeleiteten Truppe wieder zurechtgesetzt werden konnte, machte noch ein paar Fotos von diesem weltbewegenden Ereignis und ließ mich langsam an das Ende der Prozession fallen. Nun wäre ja alles zu Ende gewesen, und ich hätte mich in die Büsche schlagen können, da sah ich am Ende der Schlange einen kleinen Jungen marschieren. Er hatte einen kurzen Stock dabei, kaute auf einem Kaugummi herum und grinste wie einer, der alles doppelt bezahlt bekommt.

„Hey, was machst du denn hier?"

„Wieso?"

„Na, was läufst du der Prozession nach?"

„Die ist mir egal."

„Na und wieso läufst du hinterher?"

Er machte ein wichtiges Gesicht und antwortete:

„Meinem Vater gehört der Esel und ich pass immer auf Michael auf, wenn er vermietet ist."

Bei Michael dachte ich sofort an Erzengel Michael und musste grinsen. Das passte ja gut zu diesem Hobby-Papst.

„Dein Esel heiß also Michael, wohl nach dem Erzengel?"

Er sah mich verständnislos an (Bem.: Kunststück als Palästinenserjunge).

„Nee, den kenn ich nicht. Ich durfte dem Esel, als er geboren wurde, einen Namen geben."

„…und wer ist also dieser Michael?"

Wieder sah er sehr wichtig aus seinem braunen, schmutzig verschmitzten Gesicht hervor.

„Na, Michael Jackson, wer sonst?", fragte er entrüstet!!

Muss ich noch mehr sagen über die ungewollten Zusammenhänge in dieser Welt? Später hörte ich, dass das Flugzeug, mit dem die Truppe in die USA zurückkehrte, sicher gelandet ist. Auf nix ist mehr Verlass

Entspanne dich. Lass das Steuer los. Trudle durch die Welt.
Sie ist so schön.

Kurt Tucholsky

18. NACHTGESCHICHTE

Ein Loch in der Wand

Das Loch nervte. Er wusste weder wieso es dort an der Wand hing, noch wie lange es dort schon ausharrte, oder gar, was sich dahinter verbarg. Er wusste nur, dass es ihn verunsicherte. Ein Loch in der Wand, so groß wie eine 2- Euro-Münze, machte ihn unruhig.

Als er in die Wohnung zog, hatte er nicht renovieren müssen. Alle Räume waren weiß gestrichen, alles war in Ordnung. Insbesondere das Schlafzimmer war tipptopp. Nur das exakt runde Loch in der Wand, dessen Ende er nicht erkennen konnte, war seltsam. Er stocherte mit einem extra langen Schraubenzieher darin herum, ohne sein Ende zu erreichen. Dann nahm er eine Taschenlampe und leuchtete hinein. Es blieb schwarz. Er steckte den Finger hinein. Er wurde sofort furchtbar kalt, so dass er ihn zurückziehen musste. „Na gut!", dachte er, „was soll's?" und stellte das Bett so davor, dass die Matratze den schwarzen Fleck verdeckte.

Die erste Nacht kam. Inzwischen hatte er das Loch fast vergessen und schlief, vom Umzugsstress geschafft, kaum dass er sich hingelegt hatte, ein. Als er gegen Mitternacht aufwachte, dachte er kurz an das Loch, schüttelte innerlich den Kopf über seine Beunruhigung und schlief wieder ein. Sofort begann er zu träumen. Es waren interessante Träume. Er sah unbekannte Wesen, die alle aufmerksam in seine Richtung sahen. Er bemerkte Gebäude, die er so noch nie gesehen hatte, hörte Sprachen und Gedanken und er erkannte, dass es eine ganz andere Welt sein musste, die ihn da in seinem Traum besuchen kam. Er nahm sich vor, darüber zu schreiben, und wollte sich Notizen machen. Jemand reichte ihm einen Block.

„Danke", sagte er freundlich.

„Keine Ursache", antwortete der inzwischen gar nicht mehr so fremde, würfelförmige Schwamm in der gar nicht mehr so ungewohnten Sprache.

Alles, alles, was ihm im Traum begegnete, schrieb er auf und ging dabei immer weiter in das fremde Land hinein. Rote Wolken sogen Wasser vom Boden und ließen es in langen Rinnen zurückfließen. Berge hoben und senkten sich in Wellen, Bäume schoben sich in Minuten aus dem Boden und gingen auf ihren Wurzeln davon. Vogelähnliche Wesen flogen rückwärts und die Sonne wanderte vom Abend zum Morgen.

Langsam wurde er der Eindrücke müde, setzte sich auf eine am Weg stehende Bank, die ihn mit herzlichen Worten willkommen hieß, einen

Trinkhalm ausstülpte, ihm zu trinken gab und ein fremdartig vertrautes Getöne anstimmte. Alles begann zu schaukeln. Er wurde immer müder. Ein Stück fette Luft flog heran, schwebte kurz vor seinem Gesicht, fragte:

„Ist alles gut ? "

„Ja."

Dann schlief er ein. Kurz vor dem Einschlafen dachte er noch: „Was für ein Unsinn, im Traum zu träumen, dass ich einschlafe." Und schon war er im Dunkel hinter den Lidern verschwunden.

Der neue Mieter wunderte sich über das Loch in der Wand, stocherte mit einem herumliegenden Schraubenzieher darin, steckte den Finger hinein, merkte, dass er kalt wurde, brummte so was wie „Es zieht", nahm Schnellgips und schmierte das Loch zu.

Für uns Menschen dauerte es sehr lange, ehe der Gips zerfiel und das Loch im Universum wieder ...

ENGEL 2-14

Engel 2-14, Engel 2-14 klingt es in seinem Kopf. Es erinnert ihn an einen Abzählreim aus seiner Kindheit und er weiß, dass er dieses Passwort nicht vergessen darf, bis er zuhause in Nürnberg ist. Dort muss er die riesige, geschützte Datei mit Filmen und fast zehntausend Fotos aus der Cloud* auf seine geheime Festplatte herunterladen, bevor der Operator seines „Vermittlungsbüros" sie, spätestens drei Tage nach seiner Abreise aus Marakesh, zum Vernichten aller Spuren irreversibel löschen wird. Noch beim letzten Trip war das Transportieren der Filme viel gefährlicher. Wenn sie ihn auf dem Rückweg aus Russland, oder noch früher aus Thailand, an der Grenze mit all den illegalen Fotos erwischt hätten, wäre er dran gewesen. „Das Internet ist wunderbar, um nicht erwischt zu werden", denkt er, streckt die Arme über den Kopf und blickt aus dem geöffneten Fenster auf den im Innenhof liegenden Pool. Die durchsichtig blaue Wasseroberfläche liegt ruhig im gleißenden Mittagslicht. Es lässt sich wirklich gut aushalten, hier, im Hotel in Perpignan, um einen Tag auszuruhen bevor es wieder nach Hause geht.

Eine junge Kellnerin stellt den Wein auf den mediterran gedeckten Tisch, nickt ihm lächelnd zu und kündigt das Erscheinen der Suppe für den nächsten Moment an.

Wieder sieht er wohlig gelangweilt aus dem Fenster, und sofort elektrisiert sie ihn. Wie könnte sie auch nicht? Sie steht am Pool und sieht halb in seine Richtung, halb in den für ihn nicht einsehbaren Teil der Terrasse und sie ist nackt, rundlich und blond.

In der Sonne wirkt sie wie weißer Marmor mit einem leisen rosa Stich. Marmor, ja, wenn da nicht das unbeholfene Wippen ihrer Füße wäre, das sie in diesen süßen, nach Gleichgewicht suchenden Rhythmus versetzte. Sie erinnert ihn sofort an das, was er gerade in Tanger mit solchen Engeln getan hat, und das Blut schießt ihm in den Schoß. Er liebt es, wenn ihre Körper rundlich sind, die Arme und Beine eher ein wenig zu kurz.

Im Augenblick stört ihn ihr fast aufdringlich fröhliches Lächeln. Es hemmt seinen Blick. Ach, das ist immer so, am Anfang, solange sie noch lächeln. Jetzt dreht sie sich um und hüpft am Pool entlang, so dass er ihren niedlichen Hintern sehen kann.

Perfekt!

Die Suppe kommt. Das frische Brot, die sanft nach Fisch und Safran duftende Brühe lassen ihn für einen Moment die Nackte vergessen, fast vergessen.

Er greift zum Brot. Doch sein Blick wird wieder hinaus gezerrt. Gedanken-verloren bricht er ein Stück Baguette, führt es zum Mund, probiert mit der Zungenspitze die scharfen Kanten und den leicht brandigen Geschmack der Kruste und murmelt:

„Vier, sie ist allerhöchstens vier."

Mit einem feinen Lächeln auf den Lippen führt er den Löffel zum Mund, will vorsichtig von der Fischbrühe kosten. Doch die Kleine zieht seinen Blick wieder zum Pool hinüber. Er kann jetzt nicht wirklich essen. Wie sie dasteht und versucht mit dem Fuß das Wasser zu erreichen, während sie sich mit ihren kleinen Patschhändchen an der Einstiegsleiter festhält, muss er sie anstarren.

Seine Lippen umschließen den Löffel und die Fischsuppe rinnt durch die Kehle. „Verdammt, ist das heiß!" Hastig trinkt er einen Schluck Wein und beginnt mit dem Löffel die Suppe umzurühren.

„Plopp!"

Das leise Geräusch zieht seinen Blick wieder hinaus in den Hof. Aber da ist nichts weiter. Nur die Kleine ist verschwunden.

Er bewegt den Löffel, der mit seiner unteren Wölbung ein unangenehm schabendes Geräusch auf dem rauen Boden des Tellers verursacht, langsam im Kreis. Wie gebannt starrt er auf die dampfende Suppe. Erneut sieht er hinaus, greift ohne hinzusehen zum Glas, hält inne ... Etwas ist falsch. Der Pool liegt verwaist im grellen Licht. Kleine Wellen überziehen die Wasser-oberfläche. Die Patschhändchen halten die Leiter nicht mehr, sind fort.

Gefesselt schaut er auf die Wasseroberfläche. Von den Beckenrändern ge-brochen, sind die Wellen auf dem Weg zur Leiter zurück. Zur Leiter? Mit einem Mal versteht er das „Plopp", das er vor Augenblicken gehört hat.

Er beugt sich vor, sieht in den bisher verborgenen Teil der Terrasse. Da ist niemand. Kein Mensch ist draußen. Ist die Kleine etwa ...??

Der Löffel platscht auf den Teller. Beim Aufspringen stößt er mit den Hüf-ten gegen den Tisch, die Suppe schwappt, das Weinglas schießt den blutro-ten Inhalt über den Tisch. Der schwere Stuhl, den er mit den Kniekehlen nach hinten katapultiert, fällt krachend auf die Fliesen.

„Da ist ein Kind in den Pool gefallen", schreit er.

Die Anwesenden begreifen nicht. Erschrocken sehen sie ihn an.

Er stürmt los. Trotz der Badelatschen fliegt er vorwärts, schlingert zwischen den Tischen hindurch, rutscht aus, kracht gegen die Eistheke, hält sich ei-nen Augenblick fest und stolpert vorwärts. Er rempelt ein telefonierendes Mädchen an, beide straucheln, er fängt sich und läuft weiter. Der Hof ist hinter der nächsten Biegung. Nun sieht er den Pool. Die Wasseroberfläche ist schon wieder spiegelglatt. Er sucht nach dem Kind. Es muss im Wasser liegen. Er rast auf den Pool zu, macht einen hastigen Schritt in den Wasserüberlauf, springt ...

Alle sehen dem Deutschen nach, der wie ein Wahnsinniger aus dem Speisesaal flieht. - Langsam erst begreifen sie. Pool war zu verstehen und Kind. Es dämmert ihnen, und zwei Frauen springen auf und rennen schreiend hinter ihm her.

„Jeannine, Jeannine, mon Dieu Jeannine!"

Männer fluchen und hasten aus dem Saal.

Die beiden Frauen kommen in den Hof, stürzen zum Pool, sehen den kleinen fleischfarbenen, unbeweglichen Fleck unter der Wasseroberfläche und zerreißen den Wasserspiegel.

Trotz der vielen Menschen ist es still am Becken. Der Deutsche liegt mit verrenkten Gliedern tot zwischen Überlauf und Poolrand. Die Wasseroberfläche glänzt wieder unzerrissen und die Sonne knallt in den Hof.

Jeannine hustet noch und schluchzt. Ihre Eltern schreien sich an und weinen und brüllen und toben und sind glücklich. Eine Frau tröstet ein junges, am Boden hockendes Mädchen, auf dessen Wange ein Handabdruck brennt, wie Feuer brennt. Die Trümmer ihres Handys liegen umher, und jemand versucht noch immer dem Fremden zu helfen.

Ein Greis schlurft kopfschüttelnd durch den leeren Speisesaal zur Rezeption und fragt nach einem Krankenwagen. Der Hotelier ruft die Polizei und seinen Anwalt an.

„Un homme brave. Er ist wie ein Held gestorben", flüstern die Umstehenden, „Wenn der nicht losgerannt wäre. Nicht auszudenken."

Ihre mitleidigen Blicke ignorieren den verdrehten Hals des Fremden.

Drei Tage später verschwindet unauffällig und ohne Spuren zu hinterlassen ein Ordner aus der Cloud.

Das Passwort Engel 2-14 wurde nicht benutzt, und nun hat es nie existiert. Das Passwort Engel 2-14 hat es nie gegeben.

*Es ist von der Cloud die Rede. Das ist ein Internetspeicher, der es erlaubt, jederzeit und überall über das Internet auf irgendwo auf der Welt vorhandene Computerspeicher zuzugreifen. Länderübergreifend können anonym und unerkannt Daten gelagert und verschoben werden.

Achte einfach auf den jetzigen Moment, ohne zu versuchen, ihn auf irgendeine Weise zu verändern. Was passiert? Was fühlst du? Was siehst du? Was hörst du?

Jon Kabat-Zinn

LEOPARD

Als ich die Möglichkeit bekam, an einem Forschungsaufenthalt in Sri Lanka, dem früheren Ceylon, im Yala Nationalpark teilzunehmen, sagte ich sofort zu. Im Nationalpark wollten wir herausfinden, wie viele Leoparden noch dort lebten. Viele Zoologen dachten, die Sri Lanka Leoparden würden aussterben. Deshalb sollten sie gezählt werden. Denn ohne zu wissen, wie viele es gibt und wo genau sie leben, kann man wild lebenden Tieren nicht wirksam helfen. Das ist überall auf der Welt gleich.

Eines Tages landeten Lisa und ich in Colombo. Das ist die Hauptstadt von Sri Lanka. Wir waren an einem wirklich kalten Tag im März, es lag sogar noch ein wenig Schnee, in Deutschland losgeflogen und kamen nach fünfzehn Stunden Flug in Colombo an. Wir stiegen aus dem Flugzeug und dachten, uns trifft ein Hitzschlag. Es war so heiß, feucht und schwül, wie wir es uns nicht vorgestellt hatten. Es fühlte sich völlig anders an als die trockene Hitze in Afrika.

Nach ungefähr einer Stunde hatten wir unser Gepäck beisammen und holten unseren Wagen. Es war ein Geländewagen der Wissenschaftlichen Gesellschaft, die uns für das Forschungsunternehmen angestellt hatte. Es war ein tolles Auto, elektronische Fahrkontrolle und eine Plattform, auf der man sitzen und unterwegs beim Fahren Tiere beobachten konnte. Wir wollten später noch andere Forscher einsammeln, die ebenfalls mit uns in den Nationalpark kamen. Wir legten unsere Koffer in den Wagen, dann fuhren Lisa und ich los.

Pieter, er ist Niederländer, war schon eine Weile in Sri Lanka. Bei glühender Hitze fuhren wir los, um ihn abzuholen. Er wohnte in einem kleinen Dorf nahe der Stadt Radnapura. Er hatte dort eine sehr einfache Hütte gemietet. Es gab keinen Strom, also auch kein Fernsehen, keine richtige Toilette und kein fließendes Wasser. Es war wirklich eine sehr einfache Unterkunft.

Wir mussten oft nach dem Weg fragen, um zu Pieter zu kommen. Endlich waren wir da. Pieter war reisefertig und wir wollten schnell weiter, aber seine Vermieter, eine sehr nette Bauernfamilie, boten uns einen Tee an. So saßen wir gemütlich in der Hütte, erzählten von unseren Erlebnissen mit Tieren, als die Vermieter uns zuflüsterten, in der Nähe wohne ein Drachen und sie würden sich sehr vor ihm fürchten. Wenn man in exotischen Ländern unterwegs ist, begegnet man öfter solchen Ängsten und Vorstellungen, wie sie uns in Europa und Deutschland sehr fremd erscheinen. Andererseits, wer hat nicht schon mal in der Dämmerung oder nachts Angst gehabt und geglaubt, einen unheimlichen, gefährlichen Schatten gesehen zu haben, der aussah wie ein Ungeheuer oder Monster oder Vampir? Dennoch erklärten wir beruhigend:

„Drachen gibt es nicht. Es werden irgendwelche Tiere sein." Na, mit diesen Worten kamen wir aber nicht gut an. „Ich habe ihn gesehen, so deutlich wie ich euch sehe", schimpfte der Bauer und war ganz aus dem Häuschen. Wir wollten ihn nicht beleidigen und fragten, wie der Drache denn aussähe.

„Er ist viel größer als unsere Hunde, hat schwarze und goldene Haut, ein furchtbar großes Maul und scharfe Krallen. Wenn er läuft, schlägt er mit dem Schwanz wild um sich. Außerdem faucht er und macht Jagd auf kleine Kinder."

„Das hört sich alles nach einem Reptil an", sagte Lisa.

„Ja, vielleicht ein Leguan?", meinte ich.

Obwohl es schon ziemlich spät am Tag war, überredeten wir den Bauern, uns zu dem Tier zu führen. Nach anfänglichem Zögern sagte er ja. Ihr hättet uns sehen mögen, wie wir in einer Reihe hinter Luan, so hieß der Bauer, hermarschierten. Wir mussten nicht sehr lange gehen. Der Wald wurde immer dichter und es war schon dämmrig geworden, da wurde Luan langsamer und benahm sich immer ängstlicher.

Luan bückte sich, setzte ein Knie auf den Boden und deutete voraus.

„Da hinten ist er."

Wir sahen aber gar nichts.

„Er sitzt in den Ästen", sagte er ungeduldig und deutete nach vorn. Vor uns lagen umgestürzte Bäume, deren Zweige senkrecht in die Luft ragten oder schräg übereinander lagen. Noch immer sahen wir den Drachen nicht.

Wir gingen vorsichtig näher. Luan versuchte uns zurückzuhalten. Drei Vollblutbiologen wie Pieter, Lisa und mich auf Tierbeobachtung zu stoppen, ist wie einen Schnellzug in voller Fahrt anzuhalten - unmöglich.

Wir gingen vorsichtig weiter. Wie hatte Luan gesagt? Größer als ein Hund, schwarz mit goldenen Tupfen, langer Schwanz und großes Maul, so ein Tier musste doch zu finden sein.

Plötzlich hob sich ein Kopf und sah uns mit großen Augen an. Für eine Echse war es ein riesiges Tier, sicher zwei Meter lang, und es wirkte bedrohlich. Seine gespaltene Zunge schnellte dauernd aus seinem Maul in unsere Richtung, und es hätte sich keiner von uns gewundert, wenn er Feuer gespien hätte. Aber Quatsch! „Von wegen Drache", sagte Lisa, „Das ist ein Waran." Warane werden auch die letzten Drachen genannt. „So falsch liegt Luan also gar nicht", sagte Pieter, der sich gut mit Waranen auskannte, weil er vor einiger Zeit bei den gruseligen, riesigen Komodo-Waranen gewesen war.

Wir standen ganz still und sahen uns das Tier an. Völlig unerwartet schien es zu explodieren. Mit einem wahnsinnig schnellen und weiten Satz sprang es von dem dicken Ast, auf dem es gelegen hatte, in unsere Richtung. Wir wichen höllisch erschrocken zurück und fielen über unsere eigenen Beine auf den Rücken und kugelten übereinander. Im Fallen sahen wir, wie der Waran fauchend auf uns zukam und im letzten Augenblick zur Seite abbog. Dabei rannte er Luan, der sich vor Schreck laut aufschreiend ins Gebüsch warf, fast noch über den Haufen. Dann verschwand das Tier geräuschvoll im Unterholz. „Na, glaubt ihr es jetzt?", fragte er aufgeregt und mit vor Schreck aufgerissenen Augen.

„Es war nur ein Waran, Luan. Ein Tier, eine Echse. Sie tut Menschen normalerweise nichts und war nur erschrocken und wollte abhauen", sagte ich so ruhig wie möglich, obwohl mein Herz vor Schreck heftig schlug. Wir redeten noch eine Weile beruhigend auf Luan ein, dann traten wir den Heimweg an. Inzwischen war es schon beinah dunkel und der Weg war noch weit. Gut, dass Luan sich auskannte.

Etwas später erreichten wir dann die Papayaplantage, die Luans Familie gehörte.

Mit einem Mal fing die Luft an zu brausen. Es war, als würde sich ein Sturm aufmachen, um an den Bäumen zu rütteln und die Früchte herabzuwerfen.

„Vorsicht, wir sind zu spät, sie kommen. Ach, du meine Güte. Jetzt wird's schlimm", rief Luan und stellte sich mit dem Gesicht ganz dicht an einen der Bäume.

„Seht nicht nach oben und passt auf eure Augen auf."

Wir zuckten zusammen. Was war los? Wieso brauste es wie verrückt? Warum sollten wir auf unsere Augen aufpassen?

Einen Augenblick später verstanden wir alles. Der Himmel über uns war mit einem Mal voller Riesenflughunde. Hunderte Tiere segelten auf die Plantage zu und landeten über uns in den Bäumen.

Dummerweise haben diese fliegenden Säugetiere eine unangenehme Eigenschaft. Bevor sie auf den Bäumen landen, lassen sie ihren Kot fallen. Der fällt nach unten, und unten standen wir. Ihr kennt das vielleicht von Vögeln, die im Fliegen schon mal müssen. Aber das ist ja nichts gegen diese fliegenden Hunde. Sie sind riesengroß, haben über einen Meter Flügelbreite, und wenn die mal müssen, klatscht es ordentlich auf den Boden. Wie riesige Fledermäuse flatterten sie über unseren Köpfen herum und suchten gute

Landeplätze. Dabei ließen sie die verdauten Früchte der letzten Mahlzeit auf uns herabregnen.

„Das ist ja eklig, die scheißen uns völlig zu", rief Lisa entsetzt und dabei krachten auch schon etliche Kotpäckchen auf sie herab. Jetzt verstanden wir, was Luan gemeint hatte, als er sagte, wir sollten unsere Augen in Acht nehmen. Da kam so ein Kotregen auf uns herab, der uns in die Augen gekommen wäre, wenn wir nach oben gesehen hätten. Schnell rannten wir unter dichtes Laub oder schmiegten uns eng an einen Baumstamm heran, um nicht zu oft getroffen zu werden. Erst als die vielen Tiere in den Bäumen saßen, konnten wir ohne Gefahr verschwinden.

Als wir in der Hütte ankamen, merkten wir, dass wir von oben bis unten mit Kot bedeckt waren. Glücklicherweise fressen die Tiere nur Früchte, und so war unsere Sorge vor Krankheiten, die durch Kot übertragen werden, nicht groß. Wir zogen schnell die schmutzigen Sachen aus und wuschen uns mit Pieters Wasservorrat.

Nach diesem Abenteuer verabschiedeten wir uns von Luan und seiner Familie, versicherten ihm, er müsse vor dem Drachen keine Angst haben und gingen zum Wagen. Die ganze Familie winkte uns zum Abschied nach.

Am nächsten Tag wollten wir Gloria aufsammeln. Das war ein kleines Abenteuer.

Aber ich erzähle am besten von vorn. Mögt ihr Schlangen? Ich meine richtig große, dicke und womöglich gefährliche Schlangen? Wenn nicht, solltet ihr lieber nicht dahin gehen, wo Gloria ihre Freizeit verbringt. Sie liebt Schlangen und ist eine Expertin für Kriechtiere.

Gloria sollte die Letzte sein, die wir auf dem Weg zum Nationalpark abholen wollten. Sie machte seit zwei Wochen Ferien, mitten im Dschungel von Sri Lanka. Das kleine Camp, in dem sie wohnte, lag nahe am Fluss, und eins war mal sicher, hier gab's jede Menge Schlangen, sonst wäre Gloria nicht hier.

„Ihr könnt gern warten, bis Gloria zurückkommt", sagte der Chef des Camps und zeigte uns ihre Hütte. Hier stand alles voller Kisten mit Schlangen. Große, kleine, giftige oder Würgeschlangen. Sie hatte die Tiere in der Umgebung gefangen, ihre Art bestimmt, sie untersucht und gekennzeichnet. Gloria hatte gleich zwei Aufgaben auf einmal übernommen. Sie untersuchte, welche Schlangen und in welcher Häufigkeit sie hier vorkamen. Außerdem fing sie Schlangen für den Zoo und die Schlangenfarm in Colombo. Sie verbrachte ihre Ferien in diesem Camp und machte alles freiwillig, nur gegen Kost und Wohnung.

In der Nachbarschaft so vieler Schlangen war es selbst uns Zoologen zu ungemütlich. Wenn man bedenkt, dass Gloria in ihrer Hängematte zwischen all diesen giftigen Tieren schlief, musste sie großes Vertrauen zu den Kisten und Säcken haben, in denen die Schlangen waren. Jedenfalls verließen wir die Hütte schnell wieder. Wir fragten, wohin sie gegangen sei und ob wir sie nicht suchen könnten. Ein kleines Mädchen war bereit, uns hinzuführen. „Gloria ist meine Freundin, ich weiß genau, wohin sie heute früh gegangen ist."

Wir begrüßten Gloria. Die Amerikanerin war schon ein bisschen verrückt, selbst unter uns tierverrückten Zoologen. Deshalb hatte sie ihren Spitznamen. Alle nannten sie „Verrückte Brillenschlange."

Allerdings kannten wir niemanden, der besser mit Schlangen umgehen konnte als sie. Wir fragten, ob sie bereit sei, mit uns zum Yala Nationalpark zu fahren.

„Klar, ich warte ja nur auf euch. Aber bevor wir fahren können, muss ich noch schnell eine Kobra fangen."

Wir kamen zu einem großen Baum. Seine glatte gelbliche Rinde wirkte wie in große Falten gelegt. Aus einem Loch am Fuß des Baumes sah der hintere Teil einer großen Schlange hervor. Wir legten die Säcke weg und Gloria stellte uns in einiger Entfernung auf.

„Bleibt da, sonst macht ihr nur Dummheiten. Ich kriege das schon hin."

Sie suchte sich einen stabilen Stock, schnitt ihn ab, so dass er am Ende ein V bildete, und ging zu der Schlange hinüber. Sie bückte sich vorsichtig, schnappte sich mit der rechten Hand den Schwanz und zog mit einem kräftigen Ruck daran. In weitem Schwung zog sie die Kobra aus dem Loch und warf sie zur Seite. Zielte genau mit dem Stock, stieß ihn der Schlange direkt hinter den Kopf und drückte ihn auf den Boden. Der hintere Teil der Schlange schlug wild hin und her, aber sich aufrichten und zubeißen konnte sie nicht mehr. Sie hatte gerade etwas ziemlich Großes gefressen. Das sah man an der dicken Beule hinter ihrem Kopf. Vielleicht war es eine Ratte? So sah jedenfalls der Schwanz aus, der noch aus ihrem Maul herausguckte.

Gloria rief uns, wir sollten mit dem Sack kommen. Sie bückte sich, schnappte sich die Kobra beim Genick und wir halfen ihr, das große, starke Tier in den Sack zu stecken. Geschafft. Dann fuhren wir zum Yala Nationalpark.

Erst spät Abends kamen wir dort an und gingen gleich ins Bett.

Frühstück, das war das Zauberwort. Seit wir Gloria abgeholt hatten, gab es nichts zu essen. Das sollte nun unbedingt anders werden. Ich riss die Tür des Bungalows auf und der helle Tag fiel herein. Und noch jemand fiel herein. Ein dickes Schwein stürmte, wie vom Affen gebissen, herein und warf mich dabei fast über den Haufen. Und was das für ein Schwein war! Ein riesiges hellbraunes Sri Lanka Wildschwein meinte, mich in meinem eigenen Bungalow herumjagen zu müssen. Und nicht nur das. Mit ihm kam die ganze Familie. Vier kleine, ebenfalls hellbraune Schweinchen und ein völlig mit Schlamm besudeltes Schwein, wahrscheinlich die Mutter, tobten inzwischen in meiner Hütte herum. Einen Augenblick später hatte die Schweinefamilie meine Hütte besetzt und ich hatte gar nichts mehr zu sagen. Das dreckige Schwein wälzte sich auf meinem Bastteppich und schubberte sich den Schlamm ab.

Der helle Teppich war sofort völlig versaut, als hätte eine Horde Kinder mit schlammbespritzten Gummistiefeln darauf herumgetrampelt. Na, ihr kennt das ja, wenn eure Mama dann schimpft. Genau so schimpfte ich jetzt. „Raus aus meiner Bude, elende Schweinebande!", schrie ich, ging aber vorsichtshalber schnell hinter einer Kommode in Deckung. Schweine können heftig beißen, wenn sie ärgerlich sind. Mein Besuch schnüffelte neugierig herum, stieß die Rüssel unters Bett und warf Tisch und Stühle um. Sie rannten in der kleinen Hütte herum wie aufgescheuchte Hühner, rissen dabei wirklich alles um, was im Raum herumstand. Sie zerrten an den Gardinen, schnappten sich meinen glücklicherweise geschlossenen Koffer und schleiften ihn durch die Bude. Mit Leichtigkeit schoben sie mein Bett quer durch das Zimmer. Als sie rochen, dass in meiner Hosentasche etwas zu fressen war, stritten sie miteinander und der Eber biss seiner Frau kräftig ins Ohr, um zuerst an mein Kaugummi zu kommen. Sofort schnappte er sich die Hose und versuchte wild drohend und grunzend an das Kaugummi zu kommen. Seine Frau wollte auch was bekommen, also biss sie in das andere Hosenbein und zog wild daran. Es machte laut RATSCH und meine Hose war in der Mitte durchgerissen. Zwischen den Zähnen zweier asiatischer Wildschweine hatte die Jeans einfach keine Chance.

Eines der kleinen Schweinchen versuchte jetzt, aufs Bett zu hüpfen und es sich in meinen Kissen gemütlich zu machen. Die drei anderen nahmen ebenfalls Anlauf, um sich in mein Bett zu werfen. Jetzt reichte es mir aber. Bevor sie das Bett auch noch verwüsteten oder die Hose völlig zerfetzt war, schnappte ich mir einen Stuhl und nahm ihn so in beide Hände, dass die Stuhlbeine in Richtung Schweine zeigten. Dann scheuchte ich die quiekende Brut unter wildem Geschrei in Richtung Tür. Nach einigem Zögern und ärgerlichem Grunzen war es ihnen zuviel, zumal sie nicht an das Kaugummi herankamen, und sie machten sich davon. Als letztes verließ Papa-Schwein die Hütte und ich stand mit dem Stuhl in der Hand laut schreiend und fluchend vor meiner Tür.

Und wer stand draußen und lachte sich kaputt? Pieter, Lisa, und Gloria. Sie hatten mit ungläubigen Gesichtern meine Schweineschlacht durch die offene Tür beobachtet. Als sie mich hinter den Schweinen mit dem Stuhl fuchteln sahen und ihnen mein dummes Gesicht auffiel, schütteten sie sich fast aus vor Lachen. Es muss auch zu doof ausgesehen haben, wie ich da schreiend aus meiner Hütte stürmte und die Wildschweine des Camps in die Flucht schlug.

Aber was soll's? Ich hatte riesigen Hunger und dabei konnte ich keine Schweine in meiner Bude gebrauchen, die alles durcheinanderbrachten und mich vom Frühstück abhalten wollten. Da kannte ich keine Gnade. Der erste Sieg des Morgens war eine gewonnene Schweineschlacht.

Am nächsten Morgen ging es an die Arbeit. Wir bezogen Posten an den Stellen im Nationalpark, wo in letzter Zeit einer der seltenen Sri Lanka Leoparden gesichtet worden war. Wir schrieben auf, ob, welche und wie viele ihrer Beutetiere wir sahen und natürlich, wenn wir einen Leoparden oder seine Spuren fanden.

Eine andere Gruppe Wissenschaftler suchte in dem riesigen Gebiet die wenigen schon mit einem Sendehalsband versehenen Tiere. Da ich in den ersten Tagen keinen einzigen Leoparden gesehen hatte, wäre meine Aufgabe langweilig gewesen, wenn nicht die Begegnungen mit den vielen anderen Tieren gewesen wären. So sah ich Antilopen, Reptilien, Büffel, wunderbar bunte Vögel, Spinnen, Käfer, Schmetterlinge, einmal sogar von weitem wilde Elefanten und natürlich Mungos.

Eines Tages befand ich mich wieder einmal ganz allein mitten in der Savanne des Yala Nationalparks auf Posten. Ich hatte mein Beobachtungslager in der Nähe eines riesigen Felsens aufgeschlagen. Ach, was heißt Lager? Ich hatte Wasser, Proviant, meine Fotokamera, ein Funkgerät für den Notfall, den Feldstecher und einen Feldstuhl dabei. Das war alles. Ich saß völlig allein im Schatten eines riesigen Baumes und hielt Ausschau nach einem Leoparden, der hier gesehen worden war. Meine Freunde hatten mich kurz nach Anbruch des Tages hier abgesetzt und wollten mich am späten Nachmittag abholen. Es war sehr heiß und ich hatte Mühe, meine Augen offen zu halten, um nicht einzuschlafen.

Da war ich froh für die Ablenkung, die gerade daherkam. Ein paar Mungos auf ihrer Patrouille durch die Savanne streiften direkt an mir vorbei.

Ich regte mich nicht und sie kamen immer näher. Es war toll ihnen zuzusehen, wie sie sich gegenseitig spielerisch die gefundenen Insekten abjagten oder auch große Käfer mit ihrem Nachwuchs teilten. Schon die kleinen Mungos versuchten Skorpione zu fangen, was ihre Mütter aber vor lauter Aufregung und Ärger um sie herumhopsen ließ. Die Großfamilie war fast am Baum angekommen, als sie mich bemerkten und laut schreiend das Weite suchten. Sie rannten, als wäre ein Leopard hinter ihnen her und ich wunderte mich, warum sie sich so vor einem einzelnen Menschen erschraken.

Nach dieser Unterbrechung sah ich mich erneut in der Umgebung um. Verdammt, das war leider ein bisschen zu spät. Von hinten hatte sich eine große Herde wilder Wasserbüffel genähert.

Es waren wirklich verdammt viele. Sie grasten und umstanden den Baum im Halbkreis in ungefähr 100 Metern Entfernung und sie kamen langsam auf meinen Baum zu. Wilde Wasserbüffel sind sehr gefährlich, wenn sie sich bedroht fühlen. Ich war noch hinter dem Baum verborgen, aber wenn sie näherkamen, stand ich so nah bei ihnen, dass ich ganz eindeutig eine Bedrohung für sie war.

Büffel treten oft in großen Herden auf, können nicht gut sehen, und wenn man ihnen zu nah kommt, greifen sie einfach an, egal, was da vor ihnen steht. Ich war also in einer wirklich brenzligen Situation. Was sollte ich machen? Weglaufen war das Dümmste, was ich tun konnte. Vielleicht konnte ich auf den Baum klettern. Das war aber leichter gesagt als getan. Der nackte Stamm war viel zu dick, um mich an ihm hochzuziehen, und es gab in meiner Reichweite keinen einzigen Ast. Die dicht belaubten Zweige fingen erst weiter oben an. Auf den Feldstuhl konnte ich nicht steigen, der war viel zu wackelig und nicht hoch genug.

Die Büffel kamen näher. Ich war jetzt wirklich in Gefahr. Ich konnte nur warten und ganz still stehen bleiben. Ich stellte vorsichtig den Stuhl so vor mich hin, dass er jedem links um den Baum herumkommenden Büffel ein kleines Hindernis bot, und schmiegte mich ganz dicht an den Baum. Dort blieb ich unbeweglich stehen, wo seine Rinde eine flache senkrechte Mulde bildete. Ich wagte kaum zu atmen.

Die Wasserbüffel kamen näher und näher. Ich hörte ihre Hufe auf der trockenen Erde stampfen. Ihr Schnaufen und das tiefe Brummen, wenn sie miteinander sprachen, kamen immer näher. Jetzt roch ich die Tiere schon ganz deutlich. Dieser strenge, nach Wildnis, Schlamm und Mist riechende Dunst, den die Tiere mit sich brachten, nahm mir fast den Atem. Mir brach der Schweiß aus. Ich war jetzt wirklich in Lebensgefahr. Wenn sie mich witterten, sich erschraken oder Angst bekämen und angriffen, hätte mein letztes Stündlein geschlagen. Ruhig, ganz ruhig bleiben. Nicht bewegen. Ich durfte keine Angst haben. Nicht vor Furcht mit den Zähnen klappern. „Das ist die Wildnis. Du wolltest doch immer Abenteuer erleben. Hier hast du eines", ging es mir durch den Kopf.

Mittlerweile waren einige Tiere, ohne mich zu bemerken, am Baum vorübergegangen.

Plötzlich wurden sie unruhig. „Verflucht, jetzt haben sie mich bemerkt", dachte ich. Ich schloss die Augen. Ich wollte sie nicht durch Anstarren provozieren. Bei manchen Tieren ist das so. Um sie nicht zu reizen, sollte man ihnen nicht direkt in die Augen sehen. Meine Augen waren also geschlossen und ich hörte, wie die Wasserbüffel immer unruhiger wurden. Ich öffnete nun doch meine Augen einen winzigen Schlitz und sah, dass einige Büffel in einigen Metern Entfernung vor mir standen und gespannt in meine Richtung sahen. Sie hoben den Kopf, um besser sehen und riechen zu können, was da am Baum stand.

Dann, als gäbe er ein Signal, schnaufte ein riesiger Bulle ganz tief durch. Er warf unwillig den Kopf in meine Richtung, brummte drohend in ganz tiefem Ton, machte ein paar kurze, schnelle Schritte auf mich zu, blieb plötzlich stehen, riss den Kopf hoch, brüllte drohend auf, drehte sich zur Seite und begann wegzulaufen. Er wurde schneller und schneller. Nun setzten sich andere Tiere mit ihrer ganzen Masse und Kraft mit großer Geschwindigkeit in Gang und sie liefen - vor mir weg. Sie rannten, mich und den Baum hinter sich lassend, unter dem unbändigen Lärm ihrer stampfenden Hufe in die Savanne. Mit einem Brüllen, das aus hundert Kehlen kam, galoppierten die Büffel, sich immer wieder umsehend, davon. Weg von mir, Hauptsache weg von mir. Sie ließen nur eine riesige Staubwolke zurück, die, langsam hinter ihnen herziehend, zu Boden sank. Meine Knie bebten und meine Kehle war trocken vor Angst und Aufregung.

Mit zittrigen Händen öffnete ich meine Feldflasche und trank einen großen Schluck Wasser. Ich schüttete auch etwas davon in meine Hand und wischte mir über das Gesicht. Glück gehabt! Ich war noch einmal davon gekommen.

Meine Aufmerksamkeit für weitere Tierbeobachtungen war nach der Aufregung erstmal verschwunden. Ich hoffte, dass der Wagen meiner Freunde heute früher kam als sonst, und ich hatte Glück. Es mochte vier Uhr nachmittags sein, die Büffel waren schon zwei Stunden weg, da hörte ich schon von weitem den Motor des Wagens. Sie kamen aus der gleichen Richtung, aus der auch die Wasserbüffel gekommen waren. Ich schnappte mir den Stuhl und meine sonstigen Sachen und ging ihnen entgegen.

Sie waren fast da, da sprangen Gloria und Lisa von ihren Plätzen auf der Beobachtungsplattform des Autos auf und deuteten erregt in meine Richtung. Sie winkten und schrien etwas, das ich aber nicht verstehen konnte. Ich winkte zurück und ging gemütlich weiter auf sie zu.

Jetzt sah ich es, sie zeigten gar nicht zu mir, sondern zu dem Baum, unter dem ich die ganze Zeit gesessen hatte. Ich war erst wenige Meter entfernt, da wandte ich mich um und erkannte erschrocken, was sie meinten. Auf dem unteren, dicken Ast saß er und wollte gerade herunterspringen.

Ich erschrak höllisch. Es war ein riesiger Leopard. Er sprang herab, sah zu mir herüber, seine Augen leuchteten, als wollte er sagen: „Na, alter Freund, das hättest du nicht gedacht?" Dann wandte er sich von mir ab und ging gemächlich in die Richtung, in der die Wasserbüffel verschwunden waren. Mir wurde ganz schwach in den Knien. Der Leopard hatte schon auf dem Baum gesessen, als mich die Freunde am Morgen dort abgesetzt hatten. Weil ich keine Anzeichen machte, wegzugehen, hatte er die ganze Zeit dort oben ausgehalten. Jetzt begriff ich plötzlich, warum die Mungos panikartig abgehauen waren, sie hatten den Leoparden gewittert oder vielleicht sogar gesehen, während ich in aller Gemütsruhe ihr Treiben beobachtete.

Na klar, der Leopard über mir im Baum war auch der Grund, warum die Büffel, kaum konnten sie ihn wittern, sofort machten, dass sie wegkamen. Alles aus Furcht vor dem Leoparden. Nur ich saß gemütlich und ohne etwas zu ahnen direkt unter ihm und er hätte einfach auf mich herunter springen können, um mich anzugreifen.

Was hatte ich doch für ein Glück gehabt, dass das Raubtier keine Lust hatte, sich mit mir zu beschäftigen. Vielleicht war er satt und schlief den ganzen Tag? Vielleicht war ihm einfach egal, wer da unten herumsaß, und es war einfach schöner dort oben? Möglicherweise hatte ich aber auch einfach nur ganz viel Glück gehabt. Aber ganz besonders wichtig war, und ich hätte es nie für möglich gehalten, dass mich ein Leopard aus der Bedrohung einer Herde wilder Büffel, nur durch seine bloße Anwesenheit, retten würde.

19. NACHTGESCHICHTE

Castor spec.

Eben noch schminkte sich der Himmel im Silberspiegel des kleinen, aufgestauten Gewässers, nicht ahnend, was jemand mit ein Kilo Sprengstoff plante, und ...

... dann barst eine Fontaine aus Schlamm, Wasser, Ästen und kleinen Leibern in den Himmel, als wollte sie das Blau über sich grau färben. Eine Druckwelle der Gewalt fegte die Köpfe der zweijährigen Birken auf die nackte Erde, schlug zwei fliegende Buchfinken tot, fetzte einige große fahlgelbe Baumpilze von der blitzgefällten Buche, trennte zwei Graugänse für immer, klatschte, prasselte, regnete zu Boden und hinterließ eine widerlich blutende Wunde im Damm.

Der Wald schwieg, alles schwieg, wagte nicht zu atmen, und das Leben rann davon.

Die Dunkelheit hängt ihr Trauertuch über den schwindenden Wasserspiegel. Ein schwarzes hundekopfgroßes Etwas zieht seine Runden im verfließenden Rest des Gewässers. Heulen wie von jenseitigen Wesen klingt über die Fläche. Wieder und wieder erklingen die Suchrufe des Männchens. Schaurig zittert das Restlicht unter diesem Schmerz der Kreatur. Das Tier hält inne, der Kopf steckt unbeweglich im schwarzen von seinen Linien gezeichneten Spiegel, dann hebt es blitzschnell die Kelle, und schlägt mit aller Kraft auf das Wasser. Einmal, zweimal, dreimal.

Eben wie sie es tun, wenn sie Angst haben oder drohen. Nur, wem soll er drohen, der jetzt allein ohne Familie im versumpfenden Rest seines Lebens liegt? Aber der Biber droht weiter – doch wem?

Alles, was das Glück dir gegeben hat, besitze wie etwas, das keinen berechtigten Eigentümer hat.

Seneca

AUF HÄNDEN TRAGEN

Voller Dunst ist die riesige Halle. Kreischender Lärm, Stimmen und die Bremsgeräusche der Züge irren umher. Der Geruch des eisernen Bauches changiert zwischen Gummi und Eisen, Menschen und Toiletten, Kaffee und Frittenfett.

Menschen furchen die Fläche. Nicht chaotisch, in schmalen, zielenden Reihen vernetzen sie Eingänge und Bahnsteige. Fremdheit liegt über allem. Kleine Grüppchen verklumpen dennoch. Viele stehen unruhig wartend an den Bahnsteigkanten, oder sie verkriechen sich in innere, private Räume. Züge schlucken und werfen Menschen. Das Bahnhofslicht kämpft gegen die Nacht.

Koffer, Säcke, Pakete, Taschen, Laptops und schwere Mäntel werden verschleppt.

Ein Stuhl wird in den Gepäckwagen gehoben.

Drei Menschen kommen den Bahnsteig herauf. München–Hamburg in dieser Nacht. Mühsam nur kommen sie vorwärts, als ginge es bergauf. Eilige Reisende blicken sie scharf an, drehen sich weg. Beim Ausweichen schlagen Aktenkoffer gegen Knie.

Die Lautsprecher scheppern etliche Ziele aus, durchdringen die Luft, durchziehen den Dunst der Halle.

Ein Gepäckträger zerrt einen blinden Mann vorwärts, der weiße Taststock wedelt kontaktlos herum. Matte Augen blicken auf ein schemenhaftes Ziel. Hamburg. Sie besteigen den Zug. „Vorsicht, drei Stufen", flüstert der Träger. Der Blinde wechselt die Dämmerungen. Stumm tastet er nach dem Sitz.

Noch ein Gepäckträger. Er bringt die Koffer eines jungen Paares. Es sind schöne, bunte Koffer, gute Qualität, mit Geschmack ausgesucht. Die beiden folgen dem Träger. Der Bahnsteig ist lang und der Weg zum Wagen 23 weit. Ihr Gesicht klebt an seinem. Beide sehen sich an, lächeln. Sprechen leise, lachen, tauschen kleine Küsse. Man sieht, was sie verbindet. Flüsternd küsst er ihr Ohr. Eine Liebeserklärung? Vielleicht ein Wunsch oder ein Dankeschön? Ihr Lächeln strahlt in die dunkle Nacht. Sein Atem dampft. Eine alte Dame erinnert sich an ihre Hochzeitsreise. Lange her.

Trotz der Kälte bedecken Schweißperlen sein Gesicht. Seine Muskeln zittern, sein Gang ist schwankend, als sie im Zug sind. Die Kräfte lassen nach. Länger kann er sie nicht mehr tragen. Er setzt sie in die Ecke ihres Abteils, gibt dem Träger ein Trinkgeld, beugt sich zu ihr, küsst liebevoll atemlos ihren schönen Mund.

„Bitte zurücktreten, Türen schließen automatisch."
Er bückt sich, fasst ihre gefühllosen Füße und stellt sie auf ein mitgebrachtes Kissen.

Bemerkung:

Vor nicht allzu langer Zeit mussten Rollstühle von Bahnreisenden im Gepäckwagen untergebracht werden. Das erschwerte das Reisen für Rollstuhlfahrer außerordentlich.

DAMMI LA MANO

Seine Auftraggeber vertrauten darauf, dass kein Mensch in diesem Nest eine Zentrale zur globalen Verteilung gewaschener Mafia-Gelder erwarten würde. Überall hätte so etwas sein können, nur nicht hier, hundert Kilometer nördlich von Rom in diesem kleinen Ort, wo die Toskana und das Latium zusammenstoßen, und wo ein paar Hundert Menschen ungestört in ihren auf den Tuffsteinhügel geklebten Hausburgen und den verschwiegenen, feuchten Felsenkellern lebten. Und wer interessierte sich schon für den als Literaturagenten getarnten, etwas verrückten Deutschen, der jeden Wochentag mit Zigarette im Mundwinkel auf dem Fahrrad von seiner Wohnung nahe dem Kloster zur Via San Magno Numero Uno hinunterfuhr? Stefan Gross, der sich mittlerweile Stefano nannte, fühlte sich sehr wohl, und was noch wichtiger war, sehr sicher in diesem Dorf, in dem fast jeder jeden zu kennen glaubte. Gewiss wäre es eine Beleidigung für die Dorfbewohner gewesen, wenn Stefano seine Bicicletta vor der Tür des Hauses, in dem er während der Woche den Tag verbrachte, abgeschlossen hätte. Morgens ging er vorsichtig die steilen Treppen zu seinem Büro im zweiten Stock hinauf, an dem höchstens auffiel, dass es mit einem stabilen Sicherheitsschloss und zusätzlich einem Absperrriegel versehen war. Vor gut zwei Jahren, als er noch neu in Farnese war, hatte er Signora Sophia Platini, das war seine Hauswirtin, mit der kleinen, im Rollstuhl sitzenden Lucia, an deren Wohnungstür er auf dem Weg zu seinem Tagwerk jeden Morgen vorüber musste, erklärt, dass in seiner Wohnung wertvolle unfertige Romane lägen, die nicht in fremde Hände kommen dürften. Sophia hatte nur genickt und wissend gelächelt:

„Si, si, Signore, Romanzi preziosi, si, si!"

Im Büro angekommen, öffnete er gewöhnlich die Balkontür, trat auf den wackeligen Balkon, sah die Straße hinunter, in den kleinen Park, in den Himmel Italiens und hinüber auf den Wandelgang im alten Viadukt. Dem Balkon schräg gegenüber stand der hoch aufgebaute Palazzo di Rocca, der durch das Viadukt mit der Spitze des ehemaligen Jagdhügels der Herzöge von Farnese verbunden war. Am Fuß des Hügels stand das Haus, in dem er sein Büro eingerichtet hatte. Er riss sich aus seiner Betrachtung, warf noch einen Blick zu den spielenden Kindern auf der Piazzetta, dachte wehmütig an manches Fehlgeschlagene in seiner Vergangenheit und ging dann hinein, „arbeiten". Als Erstes entsicherte er mit seiner ID-Karte den PCSchrank. Anschließend identifizierte er sich. Er legte seine linke Hand auf den Scanner und gab eine lange Ziffernreihe ein. Jetzt erst sprang der Computer an.

Das Geldverschieben hatte begonnen. Stefano grinste und roch förmlich die vielen Euros und Dollars und Schweizer Franken, die nach vielen Stationen nun sauber wie gebadete Babys ankamen, und die er auf ihre endgültigen Bestimmungskonten verschieben würde. Es waren riesige Summen, so dass selbst der winzige Teil, den er davon in seine Taschen fließen lassen durfte, ihn in den vergangenen zwei Jahren zu einem wohlhabenden Mann gemacht hatte. Das Beste war: Dieses Geld aus Drogengeschäften, Prostitution und Glücksspiel, Erpressung, Raub und Mord floss jeden Tag und jeden Tag und wurde blütenweiß dabei und verwandelte sich zum Rohstoff für unverdächtige Bürohochhäuser, Grundstücke oder wohltätige Stiftungen. Stefano hatte alle Gründe zufrieden zu sein und seinem gescheiterten Versuch als Literaturagent nicht nachzutrauern.

Wie meistens hockte Antonio Spinazzo nahe der Piazzetta in dem dunklen Winkel zwischen der alten Dorfbäckerei und der Kirche. Er beobachtete die Fußball spielenden Kinder, die auf dem Brunnenrand sitzenden alten, dem Schatten nachwandernden Frauen und die palavernden Ragazzi, die am Nachmittag unter den Sonnenschirmen auf den Stühlen vor der Rocca Bar saßen und ihren Vino tranken. Früher hatten die Spinazzos einmal dazugehört. Antonio, seine Frau Marietta und ihr Sohn Lucio waren geachtete Bewohner Farneses gewesen. Bis vor zwei Jahren der Unfall auf der Straße nach Iscia di Castro alles zerstörte. Er kostete Antonio um ein Haar das Leben. Er überlebte. Aber sein linkes Bein und ein Lungenflügel waren fort, als er aus der Bewusstlosigkeit erwachte. Ein dunkler Wagen hatte ihn in der Dämmerung vom Fahrrad geholt, war über sein Bein gerollt, hatte einige seiner Rippen in seine Lunge getrieben und war weitergefahren. Danach war sein bisheriges Leben immer mehr versickert. Nach vielen Monaten im Krankenhaus und im „Istituto de Reintegrazione" war sein Job als Waldarbeiter im Naturpark „Selva de Lamone" von jemand anders besetzt. Das gesparte Geld und das kleine Erbe seiner Eltern wurden aufgebraucht, und er verlor sein Haus, dann seine übrige Habe, und zuletzt gingen Marietta und sein kleiner Lucio fort, nach Milano zu Mariettas Bruder.

Nun lebte Antonio schon seit Monaten in dem stallartigen Gemäuer auf der Nordseite des Tuffsteinhügels. Schwielen an den Händen zeigten, dass er gelernt hatte, sich mit seinen Krücken durch die holprigen Straßen zu schleppen. Der Versuch mit dem Kunstbein hatte nicht funktioniert, dazu war sein Beinstumpf zu kurz. Also musste es so gehen. Versuche mit einem

Rollstuhl waren am groben Pflaster des Ortes gescheitert. Manchmal verdiente er sich im Buchladen an der Piazzetta oder anderen Orten und Gelegenheiten ein bisschen Geld zu seiner winzigen Rente hinzu.

Dann sah er den Wagen wieder, der seinen Körper und sein Leben zerstört hatte. Er erkannte ihn sofort. Er wusste nicht genau, woran er ihn erkannte, aber er war sicher. Es gab keinen Zweifel. Der große Lancia stand vor dem Haus Numero Uno in der Via San Magno, und ein kleiner, breiter Terrone, wie sie die Süditaliener nannten, stieg aus. Er sah aus wie die Mafia-Leute im Fernsehen, irgendwie wie dieser Super Mario in der Werbung für das Computerspiel. Antonios Herz hämmerte, und seine Wut wollte ihn auf diesen Kerl werfen, auf diesen Typen, der sein Leben mitten durchgerissen hatte. Aber was sollte ein Krüppel schon ausrichten? Seine Hände umklammerten hilflos die Krücken, und Tränen rollten über seine Wangen. Der verfluchte Terrone klingelte im ersten Stock. Stefano sah vom Balkon, winkte ihm zu, kam herunter, und sie gingen zusammen zur Rocca Bar hinauf auf die Piazzetta. Antonio kämpfte mit tiefen Atemzügen gegen die unbändige Wut und das zerreißende Gefühl seiner Ohnmacht. Er hoffte, sein Zittern würde vergehen, wischte sich mit dem Ärmel seiner Jacke den Rotz vom Gesicht, stemmte seine beiden Krücken so weit wie möglich vor sich in den Straßenstaub und warf sein Bein mit Schwung hinter ihnen her. So stelzte er, gravitätisch wie ein Marabut und verzweifelt wie ein geschlagenes Kind, hinter ihnen her.

Sie saßen schon eine Weile vor der Bar, als Antonio atemlos auf der Piazzetta ankam. Er setzte sich, um nichts zu verpassen, hinter einen der riesigen Blumenkübel unauffällig in ihre Nähe.

„Grazie a Dio", der Deutsche sprach in seinem ungewaschenen Italienisch mit dem Terrone. Antonio hörte vieles, was er nicht verstand, und über Geld, schmutziges Geld, gewaschenes Geld, unehrliches Geld. Die Mafia! Es war die Mafia, die mit Hilfe des Deutschen gewaschenes Geld weltweit verteilte. Die Beträge, über die sie sprachen, machten Antonio schwindelig. Sie mussten sich sehr sicher und unbeobachtet glauben, dass sie so ungeniert redeten. Im Aufstehen sprachen sie plötzlich auch über ihn.

„Ich glaube, ich habe vorhin diesen Idioten gesehen, der mir damals ins Auto gelaufen ist."

„Antonio, wo denn?"

„Am Ortseingang, unweit der Stelle, wo ..."

„Still, sonst kriegt das noch wer mit. Der kriecht hier immer noch rum, ist so was wie der Dorfarme geworden, nachdem ihm Frau und Kinder weggelaufen sind."

„Geschieht ihm recht, was fährt der mir mit seinem Rad vors Auto! So besoffen wie ich war, bin ich bloß froh, dass die Pula trotz aller Vernehmungen und Fahndungen nicht rausgefunden haben, dass ich ihn umgemäht habe."

Lachend gingen sie die kleine Straße zum Büro des Deutschen hinunter.

„Also war er es wirklich", murmelte Antonio, und seine Verzweiflung schlug in wilden Hass um.

Von nun an beobachtete er Stefano und den oft wiederkehrenden Lancia-Fahrer. Antonio wollte herausfinden, was der Deutsche jeden Tag in seinem Büro machte. Er hatte ja viel Zeit, und so kannte er nach einer Weile wenigstens den Tagesablauf des Mafioso und den Rhythmus der regelmäßigen Treffen mit dem anderen Mafia-Typen. Aber mehr war lange nicht drin. Dann hatte er Glück. Signora Sotto flog zu ihrer Tochter nach Amerika. Antonio hatte solange gebettelt, bis sie ihn für ein winziges Gehalt für sechs Monate als Aufsicht über ihr Möbelgeschäft einstellte. Die Ausstellungsräume lagen oben im Wandelgang des Viadukts. Das ergab einen idealen Beobachtungsplatz für Antonio. Von hier aus konnte er jeden Tag leicht und unauffällig in die Fenster des Deutschen sehen. Er saß hinter dem dritten Fenster, das Fernglas mit Stativ, das er sich von seinem vorigen Arbeitgeber geborgt hatte, stand vor ihm, sodass er hindurch sehen und gleichzeitig aufschreiben konnte, was er sah. Er beobachtete den Deutschen und versuchte zu verstehen, was vorging. Er kannte ja schon Stefanos Tagesplan und seine wöchentlichen Ausflüge zu einer Puttana in Iscia di Castro am Freitagabend. Er wusste, wann ihn der Fahrer des Unglückswagens besuchte, was sie in der Rocca Bar besprachen, und dass beide eine Vorliebe für den schweren Monte Fiascone hatten. Er wusste, wie man ins Büro kam, den Computer entsicherte, das Hauptkonto öffnete, und wie er eine Überweisung vornehmen musste. Irgendwann hatte er verstanden, welche PINs und TANs er brauchte und vor allem, wo sie im Computer hinterlegt waren. Mehr brauchte er nicht. Er war ganz sicher, dass er es schaffen könnte, das Geld, das ihn für alles entschädigen sollte, auf sein Konto zu überweisen. Ehe irgendwer was merkte, konnte er es abheben und mit dem Geld verschwinden. Sicher, es war gefährlich sich mit der Mafia anzulegen, aber er würde es schaffen.

Nach vier weiteren Wochen war er soweit, seinen Plan wirklich auszuführen, den großen Schlag zu machen und seine Familie aus dem Elend zu ziehen. Aber er ließ sich noch etwas mehr Zeit, um ganz sicher zu sein. Nun drängte es. In zwei Wochen würde Signora Sotto aus den USA zurückkommen. Es wurde also höchste Zeit. Nun hatte er wirklich alles beisammen. Stefano Gross würde, wie üblich, am Freitagabend zu seiner Puttana ins Nachbardorf fahren, und dann war genug Zeit, um die Überweisung zu machen, die ihn reich werden ließ. Danach würde er das Leben mit seiner Familie zurückbekommen. Marietta und der kleine Lucio würden wieder bei ihm sein. Marietta musste die Scheidung stoppen und diesen anderen Kerl verlassen. Dann würden sie zusammen weggehen, irgendwohin, wo sie keiner kannte und keiner sie fand. Mit genügend Geld war in Italien schließlich alles möglich. Er richtete ein Konto auf einen anderen Namen bei einer römischen Bank ein, wohin er das Geld überweisen wollte. Seine Krücken und diese elende Kurzatmigkeit machten die Fahrt nach Rom zur Qual. Aber mit der Hilfe eines alten Freundes, der ihm einen Gefallen schuldete, hatte dann doch alles irgendwie geklappt. Heute war Donnerstag und damit der letzte Tag, an dem er den Deutschen beobachten wollte. Er sah noch einmal ganz genau hin, um sicher zu sein, dass sich ja nichts geändert hatte.

Die kleine Lucia Platini langweilte sich an jedem einzelnen Tag ihres Lebens. Sie war vor drei Jahren beim Spielen von der brüchigen Kirchenmauer gefallen und konnte ihre Beine nicht mehr gebrauchen. Jeden Nachmittag nach der Schule saß sie in ihrem Rollstuhl am Fenster und sah zum Mittelpunkt des Dorflebens, dem kleinen Platz vor der Kirche, hinüber. Sie blieb hinter der Gardine verborgen. Sie wollte nicht, dass die Leute von der höher gelegenen Piazzetta sahen, dass sie alles durch ihr Fernglas sah. Schon seit etlichen Wochen beobachtete sie Antonio, der seinerseits hinter dem dritten Fenster des Viaduktes hockend, den Deutschen in der Wohnung über Lucia ausspionierte. Immer wieder grübelte sie, was es dort wohl so Interessantes zu sehen gab.

„Lucia, Cara mia, komm', ich bürste Deine Haare bevor wir zur Oma gehen."
Die Zwölfjährige legte das Fernglas weg, warf noch einen Blick durch die Gardine auf den Lauschenden im Viadukt, wendete gekonnt mit einer Hand ihren Rollstuhl und kehrte dem Fenster den Rücken.

„Mama Antonio sitzt schon wieder im Viadukt und guckt bei Stefano ins Fenster."
Ihre Mutter griff nach der weichen Bürste, nahm Lucias langes, leuchtend schwarzes Haar, ließ es nachdenklich über die Handfläche gleiten und fing langsam an zu bürsten.

„Lass doch den Poverino. Seit seinem Unfall spinnt er, der arme Kerl."
Der Freitagabend kam heran. Antonios Angstfantasien und sein Gewissen waren inzwischen in den Bildern des früheren und zukünftigen Glückes

untergegangen. Die Wut gegen den Lancia-Fahrer, den deutschen Geldver-
schieber, ja, gegen die ganze Welt und der unbedingte Wille, in sein richti-
ges Leben zurückzukehren, hatten den Kampf gewonnen. Er grinste böse.
Inzwischen genoss er die Idee seiner Rache. Er fand seinen Plan genial. Alles war einfach, aber effizient geplant. Die Mafia würde das Fehlen des Gel-
des rasch bemerken und wie üblich alle, die hier für das Waschen des Gel-
des und damit auch für sein Fehlen verantwortlich waren, unauffällig beseitigen. Also auch den Lancia-Fahrer, der irgendeine Art Vorgesetzter von
Stefano zu sein schien, würde es treffen. Ohne es zu wissen, würde die Mafia sein Bluträcher sein, und er, der hinkende Storpio, würde reich sein.
Reich und gerächt.

Es war noch hell, als sich Antonio im Gebüsch am Straßenrand, ein paar
hundert Meter hinter dem Ortsausgang, versteckte. Wie erwartet fuhr der
deutsche Mafioso mit dem Rad nach Iscia di Castro zu seiner Puttana. Antonio nickte zufrieden, dann humpelte er zurück zur Piazzetta. Es war noch
viel Zeit. Weit nach Mitternacht, der Mond stand tief im Westen, die strah-
lende Venus verschwand gerade hinter den Bäumen, die Zikaden brumm-
ten eintönig aber laut wie ein vorbeirauschender Eilzug und übertönten
Antonios Herzschlag. Selten kam ein Fahrzeug die Straße herauf und riss
ihn für einen Moment aus den Strudeln seiner Gedanken. Gleich nach seiner Rückkehr an den Straßenrand war eine Rotte Wildschweine wenige Meter von seinem Versteck über die Straße gewechselt, ohne ihn zu bemerken.
Die Tiere erinnerten ihn an seinen alten Job im Naturschutzgebiet. Auch
solche Porcini spielten eine Rolle in seinem Plan. Er kannte ihr Leben und
konnte sich auf sie verlassen. Sie mussten nur tun, was sie immer taten.
Wieder und wieder ging er in Gedanken die tausendfach geübten Bewegungen durch. Noch mal und noch mal. In die Geräusche der Nacht mischte
sich ein schwaches Keuchen. Zuerst kaum erkennbar. Vielleicht ein schnau-
fender Igel auf Nahrungssuche oder hinter einem Weibchen her. Oder doch
... nein, das Geräusch wurde lauter. Stefano kam, ganz sicher! Angetrunken
und nur langsam fuhr er auf seinem Rad die sanfte Steigung herauf. Das
Licht der Fahrradlampe schwankte im Takt seines unrhythmischen Tretens
und beleuchtete den Weg nur schwach. Antonio kroch näher an die Straße
heran, nahm die lange dünne Bambusstange in beide Hände; und als Stefano an ihm vorbeifuhr, stieß er sie zwischen die Speichen des Vorderrades.
Es krachte, das Vorderrad blieb mit einem Ruck stehen, und Stefano fiel
wie ein Sack Kohlen vom Rad. Er schlug schwer auf die Straße, war einen
Augenblick benommen, stöhnte und jammerte wegen des stechenden

Schmerzes im rechten Knie. Antonio stand mühsam auf und humpelte von hinten auf ihn zu. Stefano, der sich inzwischen etwas aufgerichtet hatte, erkannte das verschlossene Gesicht des Dorfarmen im Licht des Mondes sofort. „Ah, du bist es, Antonio", sagte er spontan auf Deutsch, mehr erfreut über die unverhoffte Hilfe als erschrocken über die nächtliche Begegnung. Antonio klemmte rasch eine Krücke unter den Beinstumpf und streckte dem Sitzenden seine freie, linke Hand hin.

„Dammi la mano", und er wiederholte es in holperigem Deutsch: „Gib mir dein Hand, Stefano."

Stefano ergriff sie dankbar ebenfalls mit links, und Antonio zog den Betrunkenen hoch und zu sich heran. Dann ließ er die andere Krücke auf das Fahrrad fallen und zog mit der rechten Hand blitzschnell etwas Langes, Glänzendes aus seinem Hosenbund hervor, und schon raste die Machete durch die warme Abendluft. Wie er früher das wuchernde Unterholz in der Selva niedergemäht und sich Bahn gebrochen hatte, so schlug er nun Stefanos linken Unterarm knapp unterhalb des Ellenbogens mit einem einzigen kräftigen Schwung ab. Noch bevor Stefano schrie oder begriff, was geschah, und bevor Antonio sein Gleichgewicht verlor, raste die scharfe Klinge noch einmal, jetzt von links nach rechts durch die Luft und zerschnitt Stefanos Kehle bis zur Wirbelsäule. Der Schwung, mit dem er den Schlag führte, warf Antonio um, und er fiel zusammen mit Stefano zu Boden. Er stürzte mit seinem Gesicht auf den offenen Hals mit der Blutfontäne. Angeekelt wälzte er sich zur Seite und spuckte das Blut des Sterbenden aus. Er würgte und hätte sich fast übergeben. Sein Blut hämmerte durch die Adern, und der rote Schleier vor seinen Augen nahm ihm fast die Sicht. Doch schnell war der Moment der Panik vorüber.

„Der Plan. Ich muss den Plan durchführen", wiederholte er wieder und wieder und unterdrückte nur mit Mühe den Drang, es heraus zu schreien. Keuchend kniete er auf seinem Bein vor Antonio, dessen linken Arm in der Hand, und starrte auf den klaffenden Hals seines Opfers, aus dem das noch pumpende Herz das Blut auswarf. Vom Mond beschienen sah das Blut aus wie fließender Teer, unter dem ein menschlicher Körper zuckte. Überrascht fiel Antonio auf, dass Stefanos Blut genau so nach Eisen roch und schmeckte wie das Rindsblut der Schlachtfeste aus glücklichen Zeiten. Stefanos Augen standen offen und schienen sich noch zu bewegen, während sein Blut auf den staubigen Straßenrand floss, wo es sich mit dem Dreck verband und langsam versickerte. Dann wurde es still am Straßenrand.

Jetzt musste alles schnell gehen. Antonio suchte nach seinen Krücken und kam wieder auf die Beine. Jeder Schritt war geplant. Sorgfältig legte er die abgeschlagene Hand zur Seite. Dann zerrte er mühsam zuerst das Fahrrad und anschließend den Geköpften von der Straße. Im Gebüsch griff er in alle Taschen, fand etwas Geld, die ID-Karte, die Büro- und Wohnungsschlüssel. Jetzt zog er die Leiche aus. Antonios Atem ging pfeifend, und sein Blut wollte seinen Schädel sprengen. Wieder hatte er rote Nebel vor Augen. Er musste einen Augenblick ausruhen. Nur langsam ging es ihm wieder besser. Er befestigte eine vorbereitete Schlinge an den Füßen des Toten, zog sie zu, legte sich das andere Ende des Seils um die Hüfte und zerrte den nackten Toten bis zu einem kleinen aber steilen Abhang. Nun löste er das Seil wieder und kniete sich hin und stieß den Kadaver, an Schulter und Hüfte zupackend, den Hang hinunter. Stefano rollte die Böschung hinunter, wobei sein Kopf, der immer noch an der Wirbelsäule hing, heftig nickend hin und her schlug. Antonio wurde schlecht, und er musste kotzen. Dann kam die Leiche zum Liegen, und der nackte weiße Körper war bereit. Die Schweine, Füchse und Ratten konnten kommen. Die Büsche zerkratzten ihm das Gesicht, als Antonio vor Anstrengung und Aufregung zitternd zur Straße zurückhumpelte. Er wischte mit einem Zweig Erde und Staub über den Blutfleck auf der Straße. Den Bambusstab, der Stefano zu Fall gebracht hatte, zerhackte er mit der Machete in kleine Stücke und warf sie ins Gebüsch. Nun zog er sich Stefanos helle, mit Blut verschmierte Jacke an. Sorgfältig steckte er Stefanos Hand in eine Plastiktüte und hängte sie an den Lenker.

Das Fahrrad mühevoll aus den Büschen zerrend, stützte er sich erschöpft darauf, schob es die wenigen Meter bis zur Straßenkuppe, setzte sich vorsichtig auf den Sattel, um nicht umzufallen, klemmte sich die Krücken unter den Arm, stieß sich mit seinem Bein ab und rollte die Straße zum Kloster hinunter. Irgendwie kam er heil bei Stefanos Wohnung an. Es war inzwischen fast vier Uhr früh. Alles hatte viel länger gedauert, als er berechnet hatte. Das verdammte Bein. Immerhin war niemand auf der Straße oder hing schlaflos am Fenster.

Antonio stellte das Rad vor Stefanos Wohnung ab und humpelte weiter ins Dorf zu Stefanos Büro. Im ersten Stock öffnete er mit Stefanos Schlüssel die Tür und mit der ID den Computerschrank. Zitternd legte er die abgehackte bleiche Hand auf den Scanner, schob die Finger in ihre natürliche Lage und achtete darauf, dass kein Blut auf die Glasplatte kam. Tief holte er Atem und drückte den entsprechenden Knopf, tippte die lange Codezahl

Ziffer für Ziffer ein und setzte sich dann in Stefanos Sessel vor den erwachenden PC. Er fand die Liste mit den PINs und TANs und begann damit, das Online-Überweisungsformular auszufüllen. Gegen fünf Uhr früh verließ er vorsichtig und ungesehen das Haus und verschwand in einer Seitenstraße. Er nahm den Frühzug nach Rom.

Am Dienstagabend erst vermissten die Nachbarn den Deutschen. In seiner Wohnung war er nicht, obwohl sein Fahrrad vor der Tür stand. Es gab auch keine Hinweise für eine plötzliche Abreise oder eine Gewalttat. Sie erkundigten sich in der Rocca Bar, ob irgendwer etwas wisse. Jemand wusste das mit der Puttana in Iscia di Castro. Ja, er war bei ihr gewesen und, wie üblich, schon kurz nach Mitternacht aufgebrochen. Er war auch zuhause angekommen, schließlich stand sein Fahrrad da. Rätselhaft! Erst bei genauerem Hinsehen hatte die Policia etwas angetrocknetes Blut entdeckt. Ein Überfall? Eine Schlägerei? Die Pula hatte daraufhin sein Büro aufgebrochen und in den Zimmern außer den üblichen Büromöbeln nichts gefunden. Sie klingelten schließlich auch in der Wohnung unter Stefanos Büro bei den Platinis. Es dauerte eine Weile, bis die hübsche Lucia in ihrem Rollstuhl die Tür öffnete. Nicht lange, und Lucia erzählte von Antonio und seinem Beobachtungsposten im Viadukt hoch oben über der Straße. Wenig später stürmten die Carabinieri aus der Wohnung und ihre schweren Stiefel donnerten die Treppe hinunter. Die Beamten warfen sich in ihren Wagen und rasten zum nördlichen Hügel zu Antonios Stall. Auf der anderen Straßenseite tankte der Süditaliener seinen frisch gewaschenen und gewachsten Lancia mit dem sauberen römischen Nummernschild und beobachtete, während er mit dem Tankwart plauderte, die davonrasenden Carabinieri.

Nun ja, Stefano Gross war verschwunden, und wahrscheinlich war er tot, denn man hatte seine Hand in seinem Büro gefunden. Es fehlten zwei Millionen Euro auf dem Transferkonto. Sie hatten es in Rom gleich Freitagnacht gemerkt, weil der Täter außerhalb eines zulässigen Timeslots überwiesen hatte. Eine zusätzliche Sicherheit, die der Täter nicht gekannt hatte. Von diesem Alarm bis zur Identifizierung des Empfängerkontos und dem Abfangen Antonios, als er das Geld abholen wollte, war es ein Kinderspiel. Die Freunde befragten Antonio nach Mittätern, und er war sehr gesprächig. In Rom waren sie nicht glücklich über den Vorfall, vor allem nicht über das Motiv des Krüppels, denn auch Adrianos Rolle als Fahrer des Unglücksautos kam zur Sprache. Das war nur ein Unfall gewesen, und er war schließlich nur der Attendente des Deutschen. Sie würden das gewaschene Geld schon wieder zurückbekommen. Und selbst wenn das nicht ging?'

Adriano wusste, wie er an Stefanos Geld kommen konnte, und zur Not würde er es eben davon zurückzahlen. Es bliebe immer noch genug für ihn. Er hatte schon alles vorbereitet. Es war nur schade um den Standort. Farnese war so schön unauffällig, und es war nicht so weit von Rom gewesen. Che peccato! – Wirklich Schade!

In einer leeren Wohnung in Rom steht ein Mann am Telefon, den Hörer in der Hand:

„Si, Padrone?"

„Tutto a posto? Habt ihr das Geld zurückgeholt?"

„Ja, dieser Krüppel hat nicht lange standgehalten. Inzwischen ist das Geld wieder auf dem Transferkonto. Das haben wir aufgelöst."

„Bene, was ist mit dem Krüppel?"

„Der ist da, wo er den Deutschen geschlachtet hat, oder besser, bei dem, was die Wildschweine von ihm übriggelassen haben."

„Genau da?"

„Ganz genau da! Sie liegen friedlich nebeneinander."

„Was ist mit dem Attendente?"

„Mit Adriano?"

„Si, naturalmente!", kam es genervt durch den Hörer.

„Er trifft sich heute Abend mit den beiden und den Schweinen im Wald", und der Padrone hörte förmlich das Grinsen des Mannes.

„Va bene! Che peccato, es ist wirklich schade um Adriano! Aber so etwas darf einem guten Attendente nicht passieren."

„Si Padrone."

20. NACHTGESCHICHTE

1000 Augen

Langsam gehst du die letzten Schritte bis zum Rand. Seit Stunden bist du unterwegs und hast dir vorgestellt wie es sein würde. Nur noch zwei Schritte und du bleibst stehen. Es liegt vor dir, genau wie auf dem ausgeblichenen Schwarz-weiß Foto in deiner Hand. Doch es ist nicht schwarz-weiß. Noch näher an den Rand. Hoffentlich hält der Boden. Noch ein wenig näher. Jetzt liegt es ganz vor dir. Genau siebzehn Meter im Durchmesser und rund, wie mit dem Zirkel gezogen. Seine Ränder sind mit seltsam niedrigen grasartigen Pflanzen besetzt, wie um besser hintreten zu können. Senkrecht, mit einem riesigen Messer geschnitten, fällt die Wand siebzehn Meter in die Tiefe. Rundum, soweit du es mit den Augen verfolgen kann, existiert keine Lücke in der gemauerten, gesetzten, geschmierten Wand im Inneren dieses riesigen Loches im Boden. Mitten im mexikanischen Dschungel, umgeben von unbändigem, blühenden, fruchttreibenden Dschungel blickt es starr aus der Erde. Es sieht nur den Himmel, in Jenseits? Es zieht es an deinen Eingeweiden, an deinem Hirn und Wesen. Hinunter lockt es dich. Leise schwankst an diesem Jahrhunderte alten Loch. Wie war das wohl damals?

Dann siehst du sie. Mit erdbraunen und roten Farben bemalt, nackt bis auf einen Schurz klein, jung aufrecht stehen sie da. Ihre Zehen umklammern den Rand des Dschungelauges. Tausend Augen sehen sie an. Es ist still auf der Stätte. Ein fast sanfter Laut hinter euch. Sie fallen langsam nach vorn. Fall aus dem Leben ins Leben. Erst als das Klatschen ihrer Körper auf den gestampften Boden des Loches heraufklingt, seufzt die Menge und geht fort.

Wir handeln in aufgeklärtem Selbstinteresse.

Barack Obama

SELF TRACKER

„Manchmal ist es ja schon lästig, jeden Tag dasselbe zu tun. Vor allem anfangs fiel es mir schwer. Immerhin musste ich gleich vierzig verschiedene Daten wahrnehmen, aufnehmen, manchmal messen und aufzeichnen. Eine Masse an Information, wie ich sie noch nie zuvor zusammengetragen hatte. Aber jetzt weiß ich endlich Bescheid über mich."

So begann das Gespräch, dass ich mit meiner Sitznachbarin im Flug von Halifax nach Washington DC führte. Ich kann Euch sagen, ich habe selten etwas Spannenderes und gleichzeitig Irritierenderes gehört.

Sie hieß Anne und kam aus Detroit, lebte schon seit 4 Jahren in DC, war 34 Jahre alt, hatte einmal abgetrieben, mit 16 allerdings schon (das kam verlegen dahergeschämt), lebte jetzt mit einem älteren Mann zusammen, 52, hatte aber hinreichend Sex, keine Kinder, stand gern früh auf, was ihr aber wegen ihres schwachen Kreislaufs schwer fiel, litt unter ihren ungleich großen Brüsten, hatte eine Ohrenoperation gut überstanden, Plattfüße und keinen Blinddarm mehr. Den Rest, ihre Zahnformel beispielsweise und die Medikamente, die sie nahm, habe ich nicht mehr behalten.

Das alles reichte sie mir herüber, bevor wir überhaupt gestartet waren. Nein, ich schwöre, ich kannte sie vorher nicht und bin auch nicht mit ihr zur Schule gegangen oder gar mit ihr aufgewachsen.

Wieso erzählte sie mir das alles eigentlich?

Es lag an mir, ich hatte interessiert auf ihren iPad, geguckt, um zu sehen, welche App sie gerade benutzte. Da ging die Persönlichkeitsschleuse auf.

„Sie wundern sich sicher, was ich so eifrig schreibe und in Tabellen eintrage?", fragte sie mich, und bevor ich noch abwehrend den Kopf schütteln konnte, fuhr sie fort: „seitdem ich das mache, bin ich mir nicht mehr fremd, und jetzt weiß ich endlich über mich Bescheid."

Nun lauschte und lernte ich mit Aufmerksamkeit. Sie war ein Self-Tracker. Ihr Leitspruch war: „Quantify myself". Sie erfasste sich selbst, jeden Tag, jede Minute und jeden Augenblick. Sie beobachtete ihren Körper, prüfte ihre Gedanken und dokumentierte ihre Aktivitäten. Sprich, sie notierte alles, was sie tat, minutiös (im eigentlichen Wortsinn) in diese App hinein.

Sie zeigte mir wie das aussah.

o   Schlaf (einschlafen, Wachliegen, Schlummern, Schlafqualität)
o   Gewicht (Morgens, Abends, zwischendurch)
o   Kalorienaufnahme (jedes Essen, total natürlich)

- Verdauung (Anzahl, Menge, Substanz, Farbe, Geruch …)
- Wasserlassen (…)
- Puls, Temperatur, Speichelfluss etc.
- Gute Gedanken: Freundschaft, Liebe, Zuneigung, Wärme, Sex, Geilheit, Hilfe, Verantwortung, Gott …
- Schlechte Gedanken: Wut, Ärger, Ablehnung, Vorurteil, Hass, Gleichgültigkeit, Sex (auf Nachfrage gestand sie, es sei der Wunsch fremdzugehen oder fremden Männern auf den Ar… zu sehen) usw.
- Aktivitäten: Arbeiten, Telefonieren, einkaufen, Tratschen, Reden, Treppensteigen, Nachdenken, Dösen, Kino, Theater, Park, essen gehen, Sex (mit Partner, ohne Partner, Intensität des Erlebnisses)

usw. – Ach ja, und Gott.

Da wäre noch etliches aufzuzählen, aber ich habe dann irgendwann den Überblick verloren.

Ich erlitt die Erklärung ihrer Balken, Linien- und Spinnennetzdiagramme, ihre animierten Grafiken und Zahlenkolonnen, kurz ihr Leben in abstrakter Form.

Irgendwie konnte ich nicht mehr verstehen, was daran so toll ist, den Durchfall in der letzten Woche genau protokolliert zu sehen, oder wie oft sie einkaufen war und Zwieback gegessen hatte. Auch erzählte sie stolz, sie hätte ihr Schlafmuster einer Künstlerin zur Verfügung gestellt und diese hätte eine Aktionskunst daraus gemacht.

Sie fühle sich nur dann sicher, wenn sie all ihre Daten auch den Freunden in Facebook zur Verfügung stellen konnte.

„I am an obsessive self-quantifier", sagte sie ein bisschen traurig, aber ich glaube, sie bedauerte im Grunde nur die Zeit, die sie für die Aufzeichnungen verbrauchte. Sie zeigte auf eine Spitze in ihrem Mood-Diagramm „There I felt very, very sad". Wer also sagt, Zahlen und Grafiken könnten nicht emotional sein? Sie erzählte mir von Freunden, die an Diabetes litten oder an Herzerkrankungen und Durchblutungsstörungen. Deren Vitaldaten würden permanent aufgezeichnet und stünden im Netz immer online zur Verfügung, so könnten alle Freunde sehen, wie es demjenigen gerade gehe, und sich mit anderen vergleichen, um ihren Zustand einzuordnen.

Mir wurde langsam schwindelig, und ich dachte, dass das bei mir bisher positiv besetzte Wort Biometrie für die Kontrolle kranker Menschen hier in sein gruseliges Gegenteil verkehrt wurde.

Beim Self-Tracking verdreht sich das Gefühl für den Körper, den Geist und das Leben in sein völliges Gegenteil. Es geht um intensivste Nabelschau und abstrakten Exhibitionismus. Die Endeckung der Individualität wird zum Exzess getrieben, um gleichzeitig in Form von gemeinsamen Tabellen wieder aufgegeben, ja gleichsam zerstreut zu werden. Ich stelle mir für die Zukunft schon Tabellen in der Tagesschau vor, in dem das durchschnittliche Verdauungsverhalten von Hessen mit dem von Niedersachsen verglichen wird, vor allem während der EHEC-Epidemie wäre so etwas auf allergrößtes öffentliches Interesse gestoßen. Auch das Schlafmuster von Schwaben, mit dem von Berlin verglichen, würde aufschlussreich sein. Die mittlere Ejakulationshäufigkeit Münchens während des Oktoberfestes wird gegen seine Dauer beim Nürnberger Christkindlesmarkt gestellt (ich weiß jetzt schon wer vorne liegen wird).

Ganz interessant wird es, wenn es zu den Aufzeichnungen für Stimmungen kommen wird. Wer war der optimistischste Bayer 2012? oder der suizidal gefährdetste Bürger Castrop-Rauxels? und was ihr sonst noch so wissen wollt.

Doch zurück zu Anne.

Sie zeigte mir während des Fluges ihr gesamtes Leben der letzten Jahre. Ich kannte all ihre Gewohnheiten, Schwächen, Ängste, sexuellen Vorlieben, Facebook- und Twitter-Adressen sowie einige hundert Bilder von sich und diversen Freunden und Lovern.

Während des Landeanflugs fragte ich sie, völlig gegen meine innere Stimme, die mir zuraunte, sie schnell zu vergessen, nach ihrer Handy-Nummer.

„Wir könnten in DC ja mal essen gehen?"

Sie antwortete ehrlich empört über meine Zudringlichkeit:

„Nein, mein Lieber, das geht nicht, ich kann ja nicht jedem meine persönlichen Daten anvertrauen."

Meinen erstaunten Blick sah sie nicht mehr, sie notierte noch schnell ihre Angst bei der Landung (Puls, Körpertemperatur, schweißbedingten Körperwiderstand; sie hatte ein kleines Messgerät dabei) sowie ein langes Gespräch mit einem aufdringlichen Fremden (bei 2 G&T ohne Eis, aber mit Limone, für den Vitamin-C-Bedarf).

Morgen, morgen sehe ich in Facebook nach, ob ich in ihrer Stimmungskurve einen nennenswerten Zacken finde, den ich mir zuschreiben kann.

Und einen Augenblick Geduld noch, bevor sie applaudieren, ich muss schnell noch notieren, wie ich mich bei dieser Lesung gefühlt habe. ☺

Gut ist die Herrschaft der Liebe; denn sie zieht den Sinn ihres Getreuen von allem ab, was bös ist.

Dante Alighieri

DISZIPLIN

Wenn jemand wissen will, wie ein leerer Tag aussieht und sich anfühlt, der frage mich. Wir hatten uns etwas vorgenommen und das auch gnadenlos durchgezogen. Wovon ich spreche? Ihr werdet es schon sehen.

Nachdem ich gehen musste, wurde der Rest der Nacht eine Qual. Voller Unruhe, voll von Gefühlen, die in mir arbeiteten, wie ein riesiger Rühr-Stab in zähem Brotteig. Es zog mich hin und her, aber es war ein seltsam schöner, gewaltiger Zug, der an mir, meinem Wesen, Herzen und Verstand zog, das Innerste nach außen kehrte und wieder zurückmischte. Die Geräusche hörten sich an wie Liebesgedichte, Schwüre der Verbundenheit und des Leibes. Schreie der Lust waren es, die aus diesem Rohteig hervordrangen und in der Nacht widerhallten und doch übertroffen wurden von der Frau, die Ursache für das unbarmherzige Rumoren in mir war.

Stunden voller Schreibwahn wechselten mit Ruhephasen, Momenten der Starre, des höchsten Glückes, der Lethargie und der Schreiblosigkeit ab. Sie changierten zwischen Schlaf, Traum und Wirklichkeit, zwischen Hoffen, Wissen und Besitzen. Immer wieder schrak ich hoch, im Gefühl, sie noch in meinen Armen zu halten, sie zu spüren, ihren Atem zu hören und ihren Leib zu besitzen. Doch einsam war ich in meinem Zimmer und meiner Gegenwart. Und doch war sie da, saß an meinem Bett, streichelte mein Gesicht, hielt meine Hände, meinen Kopf, mein Geschlecht. Und ich war bei ihr. Nur körperlos, doch stark und fest wie Efeu, das sich um einem knorrigen Baum windet, dort blüht, duftet und dessen Früchte den Bienen Lust bereiten.

Dann war die Nacht vorbei. Jetzt! Doch halt, da war noch das Versprechen, die Aufgabe, die wir uns gestellt hatten. Abstinenz für den ganzen Tag bis zum späten Abend. Na und, Kleinigkeit! Nach einem Abend voller Liebesschwüre, Eide der Verbundenheit, des Begehrens und der geistigen Berührung war dieses Versprechen leicht zu geben.

Der Morgen wurde hell. Mein Hirn küsste automatisch den Morgengruß auf die Tastatur und verwarf ihn. Es folgte der zweite, und auch der verließ mich wieder. Ich hörte uns sagen: „Hey, was soll's, das war gestern Nacht und ein kleines Guten Morgen kann doch nicht schaden, ist kein Verstoß gegen die Regeln."

Doch Disziplin. Die Zeit schlich. 9:00 Uhr, Blicke in die Mails. Sie hält durch, ist stärker als ich. Wie kann sie das durchhalten? Ist sie vielleicht noch im Bett und schläft? Nach dieser Nacht! 10:00 Uhr Immer noch keine

Nachricht. Ich habe schon hundert geschrieben in meinem Hirn, mit meinen Lippen gesprochen und doch nicht geschrieben. 11:00 Uhr. Meine Kundin sitzt schon seit einer Stunde hier. Ich muss mich zwingen, nicht dauernd neue Briefe zu schreiben. Nicht versehentlich ihren Namen auszusprechen, nur um so etwas wie Nähe zu zaubern. Ich schnauze sie an. Die Kundin, nicht Hannah, aber ich möchte. Sie schreibt nicht, meldet sich nicht, ist großartig fest geblieben. Wie kann sie nur? 12:00 Uhr. Wieder allein. Ich werfe mich in die Arbeit. Schreiben? Geht nicht wirklich und wenn, dann kommt immer wieder die gleiche Frau in den Geschichten vor. Wieder Mails an sie. Weg damit, ich habe es zugesagt.

Wie ist es 15:00 Uhr geworden? Vielleicht habe ich geschlafen. Es muss so sein, denn ich kann mich an keine Formulierungen erinnern, die ich dann doch nicht abgeschickt habe. Es geht mir schlecht. Ich könnte alles zerschlagen. Wieso ist da dieses Loch in meinem Herzen, aus dem die Energie fließt wie Pisse aus einem Elefanten? Ich formatiere mein Buch. Habe Techno auf den Ohren, um meine Gedanken zu betäuben. 19:00 Uhr Deep Space Nine. Ausgerechnet eine Liebesgeschichte heute. Wie soll ich da vergessen an dich zu denken?

Geschichten korrigiert. Schlecht. Ich stottere schriftlich. Dann die Idee. Ich schreibe eine Geschichte über den Tag. Da kann ich mit dir sprechen, ohne mit dir zu sprechen. Das ist der Ausweg, und wenn du dich meldest, bekommst du diese Geschichte eines leeren Tages. Leer, weil du nicht hier bist. Leer, weil ich keine Zeile, kein Wort von dir sah. Leer, weil meine Worte ins Leere gingen, weil ...

Verloren. Ich habe die Abmachung gebrochen. Die SMS an die Geliebte rief sie zu mir. Ich bin glücklich und beschämt. Nun kann ich sie fühlen. Gleich, in wenigen Sekunden. Das Handy brummt. Die SMS ist da. .... Hallo Liebes...... wie war dein Tag?

21. NACHTGESCHICHTE

Aus dem Fenster

Es ist tiefe Nacht, doch es ist hell. Klar Polarkreis! Falsch.

Ich bin in Tokyo, und nur in meinem Inneren ist es Nacht. Es ist ein trüber Nachmittag. Vorhin hat die Erde gebebt. Es war nicht schlimm. Niemand ist aufgeregt. Ich auch nicht.

Die glänzenden Hochhäuser stellen sich meinem Blick in den Weg. Zwischen ihnen wandern andere Hochhäuser vor wieder andere Hochhäuser. Der Tag war lang. Nicht wirklich, aber die fremde Zeit schlägt mir ins Gesicht, so dass ich wach bleibe. Aber wie lange noch. Ich sehe aus dem Fenster, diesem verdammten Fenster, das nichts zeigt als Türme. Solche, in denen ich den ganzen Tag war, schon japanisches Frühstück hatte. Gut gemeint von Toshiba, aber wer verträgt so was mitten in der Nacht.

Flüsterasphalt, überall. Aber die Stadt flüstert nicht, sie brüllt aus der Schlucht hoch zu mir; aber was dröhnt, ist der Höhenwind.

Abend. Die 41ste Etage sieht mich vor dem Fenster in die Dunkelheit starren. Wann soll ich schlafen? Jetzt kann ich nicht.

Ich warte auf gar nichts. Das Telefon. Um diese Zeit?

Wir treffen uns im 104ten.

Am Rand der Bar sitzen wir am Abgrund, nippen Gin&Tonic und starren gemeinsam auf die unter uns blinkenden Warnlampen der Riesen.

Wir reden nichts, wir sind zu müde. Wir warten auf den Morgen und den Schlaf.

Wer eben zuerst kommen wird.

Die kürzeste Antwort auf etwas ist es einfach zu tun.

__Ernest Hemingway__

STILLE?

Lärm ist luftbewegende Energie
oder anders:
Die Energie eines Motors oder der Steckdose in einer Maschine dient der
Streckung, Drehung, Saugung, Drückung, Pressung, Ziehung, Rollung.
Verschwindet nicht, lärmt, lärmt und lärmt,
sie kann nicht:
anschleichen wie ein Kätzchen,
schweben wie eine Feder
sie kommt wie ein gewaltiges Krachen, richtet sich auf
wie eine drohende Klapper-Schlange,
öffnet das Maul wie ein geifernder Hund,
zischt wie der fliehende Blizzard,
knirscht wie ein brechender Ast,
heult wie Kühe in Melknot,
brummt wie der volle Darm eines Elefanten (und der ist ja immer voll),
bebt wie Vulcano.
Schwingt, schwimmt, wabert, wellt sich durch die Welt,
steigt an
wie der Meeresspiegel beim Verschwinden der Pole.
Stürzt in die Stadtsenke,
akustisch durchsichtig,
wird fetter, stärker, grau und grauer.
Kakophont irrtönend in einem riesigen Qualburger.
Als Welt-Kopfhörer schreit er die Ohren kaputt.
Du fliehst, musst fliehen
er klebt an dir wie
der Trittschall deiner Stiefel,
das Klatschen deiner Leib-Fleisch-Rollen,
das Zischen der Luft an deiner Gestalt.
Wo sind die Lärmgrenzen?
Welch sinnlose Frage.
Seine Ränder sind sein Anfang.
Zonen der Stille - sind ver-gangen.
Sie springen vor dir her.
Tiere fliegen davor, reißen aus - dich mit.
Hakenschlagen? - Wozu?!

Es tobt unbändig.
Zerfetzt hängen Trommelfelle über dem Zaun des letzten Events.
Aller Welt-Wesen und Bäume beugen sich vor.
Zerstückelte Worte, Gesänge und Kirchenglocken
verschmilzen mit dem Muezzin.
Ein Bagger zerkracht Lärm zu Staub.
Der fließt in die Ohren, Hirn, Seele und Mund.
Hustend schreist du.
Der babylonische Sinnzerschmetterer lacht sich krank.
Die Welt bäumt sich auf, schüttelt die zerschallten Köpfe.
Felsen holen mal schnell eine Eiszeit und 20 Millionen Jahre nach, zerbröseln.
Betonmauern, löchrig wie Spülmittelschaum, zerplatzen bei dem geringsten Wort.
5000 Dezibel sind zu wenig.
Ein Düsenjet überfliegt unhörbar das Schallgebirge.
Songs rutschen den Hang hinunter.
Dann sind die Klippen erreicht.
Der Fall dauert ¼ Terra-Zeit.
Spärenklang fällt wie Ein-Stein.
Dort liegt es.
Weiß, oval, ledrig.
Unter feuchtem Sand reift es.
Gleich,
in einem Terra-Blick
gebiert es wieder
Rauschen – Stille.

SIE FLÜSTERN

Soldat 1: „Ich wollte doch studieren."

Soldat 2: „Jetzt fängt der wieder damit an. Die ganze Nacht geht das schon so. Hör auf zu jammern. Nun sind wir hier und du musst deinen Arsch wenigstens nicht auf einer harten Bank platt sitzen."

Soldat 3: „Zieh ihn doch nicht immer auf. Er ist halt unser Intellektueller."

Soldat 1: „Vater hat darauf bestanden mich freiwillig zu melden."

Soldat 2: „Na also, dann beschwer dich nicht, dein Alter wird schon wissen, was richtig ist."

Soldat 1: „Mutter wollte aber nicht, dass ich gehe."

Soldat 3: „Die Mütter sind weiser als die Väter."

Soldat 4: „Seit acht Wochen kein Brief von ihr. Sie muss doch schon längst entbunden haben. Hoffentlich ist es ein Mädchen. Sie soll auf sich aufpassen, habe ich ihr geschrieben. Aber wer passt auf uns auf?"

Soldat 1: „Mutter sagt immer: „Ach wärst du doch ein Mädchen geworden, Karl. Ich wollte immer nur ein Mädchen."

Soldat 2: „Immerhin jammerst du wie ein Mädchen. Hör bloß endlich auf. Es sind doch eh nur noch zwei Stunden."

Soldat 5: „Verflucht, die ganze Nacht hier rumzustehen. Ich kann nicht mehr.   Meine Füße brennen wie Feuer in diesen engen Stiefeln."

Soldat 3: „Du hättest ihm ruhig seine Stiefel ausziehen sollen."

Soldat 5: „Das fehlt noch. Ich bin doch kein Barbar, und den Kameraden hätten wir nackt verscharren sollen, was?"

Soldat 4 „Und was ist, wenn sie gestorben ist und das Kind lebt? Sie hat doch   keinen Menschen der sich um sie kümmert.

Soldat 3: "Da findet sich immer wer. Gibt's gar keine Verwandten?"

Soldat 4: „Nur einen alten Onkel, aber der ..."

Soldat 5: „Hört doch auf damit. Euer Gerede macht alles nur noch schlimmer."

Soldat 2: „Genau. Ich hab' Hunger. Verdammt, dieser Schweinefraß ist auch   immer   viel zu wenig."

Soldat 5: „Was meint ihr, greifen die Boches [bɔʃ] heute morgen an?"

Soldat 3: „Nicht in unserer Wache. Wirst' sehen!"

Man hört eine Lerche singen.

Soldat 5: „Hört ihr die Lerche?"

Soldat 2: „Kann man Lerchen essen? Her damit."

Soldat 4: „Ignorant, bescheuerter!"

Soldat 5: „Da oben ist sie, direkt über uns, seht ihr?"

Soldat 1: „Wo denn, wo?"

Granaten explodieren

Sie: „Hörst du ihr Flüstern, Jan?"

Er: „Welches, Liebling? Die Pappeln flüstern."

Sie: „*Sie* flüstern."

Er: „Ich höre nur die Pappeln."

Sie: „Ach was, du willst es nur nicht hören."

Die Sonne scheint heiß heute bei Verdun, und die beiden stehen schon lange Hand in Hand vor dem Mahnmal. Sie sehen sich an und ihre Augen wandern immer wieder zurück, zu diesen seit fast hundert Jahren glänzend aus der Erde spießenden Messern. Sie können sich nicht lösen von diesen Bajonettspitzen und von den Stimmen. Sie klingen wie das unendlich feine Sirren gesiebter Erde, wenn sie Gesichter im Rigor Mortis bestaubt.

Sie: „Sie erzählen von ihrem Sterben."

Er: „Unsinn, da ist nichts zu hören, nur die Pappeln."

Sie: „Sie flüstern vom Krieg, weil sie nicht wagen ihn laut zu nennen."

Er: „Da sind nur die verschütteten Soldaten."

Sie: „Nein, die sind schon lange fort, es sind nur die Schatten ihrer Kleider in der schwarzen Erde, die nichts vergisst."

Er: „Hörst du sie denn immer noch?"

Sie: „Ja, sie flüstern!"

Eine Lerche singt

Hintergrund: 100 Jahre Beginn des 1. Weltkrieges, Sommer 1914): Die Schlacht um Verdun dauerte vom Februar bis zum Dezember 1916. Die Stadt Verdun erlitt schwere Zerstörungen, einige Dörfer im Umland wurden ebenfalls zerstört. Von Bar-le-Duc kam der französische Nachschub über die bald als „la Voie Sacrée" bekannte Straße. Sie blieb in französischer Hand. Denn auch die deutsche Offensive auf dem linken Maasufer brachte keinen Erfolg. 170.000 französische und 150.000 deutsche Soldaten kamen während der knapp ein Jahr währenden Schlacht ums Leben. Verdun wurde so zum Sinnbild der Schrecken des modernen Krieges, in dem die Soldaten zu „Menschenmaterial" degradiert werden. Es gibt dort ein großes Mahnmal, ein Stück überdachtes und verglastes Schlachtfeld. Dort ragen Bajonettspitzen aus der Erde, wo durch Granaten verschüttete Soldaten in den Schützengräben liegen. Die Legende sagt, dass sie ihre Gewehre noch in den Händen halten. Auch wenn es nicht wahr sein sollte, halten sie die Waffen immer noch in Händen, denn die ganz Menschheit tut das.

22. NACHTGESCHICHTE

Der Schornstein

Dieses verdammte rote Blinken der Hochhäuser nervt.
Hochziehen!!!
Um ein Haar hätte es ihn an der falschen Stelle erwischt.
Sicher kommen Hunderte und mehr, wie bei jedem Knall dieser Art. Journalisten, Fernsehen, Fachleute und Neugierige, Gierige. Gierig zu sehen, was übrigbleibt.
Ob sie ihn bedauert? Ob sie denkt, er wäre ganz geblieben? Auseinanderdriftende Extremitäten, kein übler Gedanke. Nur Kopf und Torso. Übrig für die üblichen Misshandlungen: Mitleid, Hass, Beatmen mit Bierfahnen und kaltem Lächeln.
Sicher, er hat mosaikfußbodengleiches Wissen gesammelt, aber so viel ungreifbares Verstehen schwebt im Raum. Ungreifbar, wie die aus dem letzten Buch herausgerissenen Seiten.
„Ach, da kommt er ja schon", der lange Fingerzeig aus Backsteinen.
Der Pförtner des größten Schornsteins der Stadt belebt seine Loge mit einem Blick ins Fernsehen. Unendliche Langeweile? Ist auch egal, wie er da sitzt mit nur einem Bein, das andere hat die Diabetes gefressen.
Ein Flugzeug summt.
Heute Nachmittag haben sie noch den Filter gereinigt im Innern des Schornsteins. Nein, da würde er nicht hinaufwollen zum Arbeiten. Aber ihn fragt ja auch keiner.
Ein Flugzeug brummt.
Warum an diesem Schornstein? Protest, Aufsehen oder wenn schon, denn schon? Er wünscht, er hätte Bücher dabei. Immer hat er Bücher dabei, dann ist er nicht allein.
Er dreht ein paar Runden und nimmt Anlauf.
„Sie lacht immer so gezwungen, schwarze Haare, ein bisschen Busen reichen eben nicht aus, und Reden, mein Gott immer Reden"
Er enthebt sie aller der Lust, ihn zu verfolgen. Niemand richtet den Finger auf ihn, denn er ist schon weg. Die Prämien sind bezahlt, alles ist geregelt. Noch aber, noch ....
„Wie gerade er steht, der Schornstein. Warum beißt man eigentlich die Zähne aufeinander, wenn man Angst hat? Irgendwer weiß sicher die Antwort."
Der Anlauf ist fast verflogen. Er gibt noch mal Gas, zieht den Zweisitzer zur Spitze des Turms. Sieht nach unten.
„Wer ist der Kerl auf Krücken da unten."
Wie ein Schnappmesser kippt die kleine Maschine über den rechten Flügel.

„Ist der verrückt? Der knallt ja in den Schornstein! Diese Krücken, diese verfluchten Krücken!"

Sie sterben. Der Eine an zuviel Leben und der Andere an Diabetes und Schornsteintrümmern.

Völlig trivial.

DIE ZEICHNUNG

Es war ein langer Weg bis an diese Küste, nicht wegen der Entfernung, sondern wegen der vielen Jahre, die seitdem vergangen sind.

Natürlich hatte ich keine Ahnung, ob die Bucht noch so aussah wie auf der Zeichnung, die zu Ludwig gehört hatte wie sein Leben. Aber ich habe sie gefunden.

Als ich die Zeichnung wiedersah, habe ich sie gestohlen. Ich konnte nicht anders, sie durfte nicht noch einmal so viele Jahre im Museum bleiben. Zu oft hatte ich gesehen, wie Ludwig lächelnd seine Hand darauf legte und sie zärtlich berührte. Nun steckt sie tief in der Brusttasche meiner alten Cordjacke, und dieser Strand hier ist eindeutig die Stelle, die auf der Zeichnung zu sehen ist. Der Strand ist steil und mit grobem Kies bedeckt. In Wellen senkt er sich zum Meer hinab. Zehn Meter Höhenunterschied, vielleicht fünfzehn. Ich bin angekommen. Alles ist richtig. Es sieht hier genauso aus wie auf der Zeichnung, nur das Mädchen fehlt.

Ob es damals auch so windig war wie heute, und ob Ludwig ebenso im Sturm geschwankt hat wie ich? Sind die grauen Wolken von Westen auf die Küste zugestürmt wie eben, und kam die Gischt genauso zischend die Kiesel heraufgekrochen? Vielleicht. Sicher hat das Meer damals auch nach Tang und Ewigkeit gerochen. Ludwig hat es mir nicht erzählt. Auch weiß ich nicht, warum die Zeichnung das kleine Mädchen an diesem einsamen Küstenstück zeigt. Ich weiß aber, dass es seine kleine Schwester war, die hier in der Bucht stand. Schräg hinter ihr, nach Norden, ins Landesinnere versetzt, blickte der Leuchtturm aufs Meer. Er sichert die Küste - immer noch.

Lange sehe ich aufs Wasser. Ein dumpfer Sog, den ich seit damals nicht loswerden kann und der von Schuld und Scham rührt, zieht mich in die Vergangenheit, die ich heute endlich hier begraben will.

Der Sturm schleudert eine Raubmöwe zu mir herunter. Ihr Schrei gellt in meinen Ohren. Ängstlich ducke ich mich weg. Ein zweiter Vogel rast an mir vorüber, und sich lustvoll jagend fliegen sie hinaus aufs Meer. Einzelne Regentropfen peitschen mir das brennende Gesicht. Ich zittere. Es wird Zeit. Vorsichtig hole ich die Zeichnung aus meiner Tasche. Der Sturm reißt sie mir fast weg. Mit beiden Händen muss ich sie festhalten. Zum tausendsten Male sehe ich sie an, und wieder ist alles ganz nah.

Ich sehe das Lager, und wie wir versuchten, zu überleben. Wir haben lange durchgehalten. Wir waren jung und stark und immer noch mutig. Zu Beginn des Winters bekam Ludwig eine Lungenentzündung.

Jeden Morgen kamen die Häftlingsärzte in die Baracke und fragten, ob es Tote gäbe.

„Keine Toten heute", meldete der Älteste.

„Irgendwer krank?"

„Niemand", kam es zackig hinterher.

Sie schrieben zwei Nullen in ihr Formular, klappten die Mappe zu, wandten sich zur Barackentür und wollten gehen. Erleichtert sah ich in Ludwigs Richtung. Einer der beiden hat es gesehen. Und so fanden sie Ludwig hinter der Schmutzwäsche verborgen. Sie maßen Fieber unter der Zunge, fühlten den Puls, und er musste das Hemd ausziehen, um sich abhorchen zu lassen.

Da war Es. Sie sahen sich an und grinsten: „Der ist was für Dr. Blaha." Sie warfen Ludwigs Hemd auf den Wäscheberg, nahmen seine Arme und schleppten ihn zur Tür. Ludwig sah niemanden an, sondern blickte zu Boden, als sie ihn hinausbrachten. Stumm blieben wir zurück.

Jeden Tag hingen wie beim Wäschetrocknen menschliche Häute auf Leinen vor der Totenkammer, Häute, die den Menschen von der Brust, dem Rücken, den Armen und den Händen abgezogen worden waren. Sie wurden präpariert und zu besonders feinem Leder gemacht. Aus diesem Leder wurden entsprechend den Bestellungen oder Schnittmustern der Lagerverantwortlichen Sättel, Reithosen, Handschuhe oder Bucheinbände gefertigt. Es war selbstverständlich, dass für diese Zwecke ausschließlich unbeschädigte Haut, ohne Verletzungen, Geschwüre und ähnlich schädliche Merkmale verwendet wurde. Darum war es gefährlich, wenn jemand im Lager zeigte, dass er noch eine schöne und gesunde Haut oder, so wie Ludwig, eine seltene, außergewöhnlich schöne Tätowierung hatte.

Eigentlich wollte ich nie wieder in das Lager zurückgehen. Aber dann musste ich es doch tun. Ganz stumpf wollte ich bleiben, auf meinen Stock gestützt einfach hindurchgehen, mich trennen von der Erinnerung, mich verabschieden von den Menschen, die hiergeblieben waren. Weg damit. Tot, fort und verbrannt.

Im KZ Mauthausen-Gusen befand sich auch ein pathologisches Museum. In einer unbeaufsichtigten Ecke entdeckte ich Ludwigs Tätowierung. Sie war in einen Stickrahmen gespannt. Davor stand ein kleines Schild: Brusttätowierung, Mädchen am Strand, Mann, Name und Alter unbekannt, präpariert 2. Dezember 1944. Unbemerkt habe ich die Glastür der kleinen, wackeligen Vitrine eingedrückt, hastig den Stickrahmen geöffnet und Ludwigs Haut in meine Jackentasche gesteckt.

Jetzt kommt die Flut. Meerwasser umspült meine Schuhe, und immer wieder sinke ich ein. Der Wind schiebt mich den Strand hinunter. Noch einmal sehe ich auf die Zeichnung. Gleich will ich seine Haut um einen Stein wickeln, eine feste Schnur darumbinden, viele Knoten machen und sie ins Meer werfen.

Ich will sie so weit werfen, wie ich es noch kann, und ich werde nicht hinsehen, wo er ins Wasser fällt. Ich werde nicht wissen, wo er ist, damit ich ihn nicht noch einmal mit meinem Blick verraten kann.

Die Unschuld hat im Himmel einen Freund.
                              Friedrich Schiller

IDIOTEN

Er war nur noch der Rest seines Lebens, ein Müllsack biologischer Prozesse, schwer und unbeweglich. Nun ist er richtig alt, und das Dasein ist mühsam. Groß war er früher einmal. Nach dem Schlaganfall standen sein Gesicht und sein Mund schief in der Welt. Dunkel klaffte der schräge Spalt, und die bläuliche Zunge hing nach vorn über die Lippen. Ein grauer Hut kauerte auf kahlem Kopf über der wie ein Holzscheit verzogenen Gestalt. Im gestärkten Schlafanzug schlich der Alte, den Sound des Brandalarms summend, guter Dinge treppab. Lange war nicht mehr so viel passiert in seinem bisschen Leben.

„Gestockte Eier", schrie Ute.

„Was soll das denn sein, gestockte Eier?", brüllte Gerd zurück.

„Du hast auch gar keine Ahnung."

„Musst du gerade sagen. Hätte ich nicht gesagt, dass die Rühreier komisch schmecken, hättest du gar nichts gemerkt, mein Schatz."

Sie brüllten gegen die Sirenen an. Feueralarm. Im blassblauen Schlafanzug stürmte Gerd die Treppe runter. Ute war direkt hinter ihm. Sie hielt mit der linken Hand ihre Brüste, die ohne den Halt ihres XXL-BHs kaum zu bändigen waren. Damit nicht genug, bei jedem Schritt verfluchte sie ihren winzigen Slip und ihr Nachthemd, das, obwohl sie es mit der Rechten verzweifelt zwischen die Schenkel presste, ständig ihren blanken Halbmond aufblitzen ließ. So ging es die Treppe hinab. Einige Stockwerke waren schon an ihnen vorbeigeglitten, und nun kam das Erdgeschoss näher. Barfuß, halb nackt, flohen sie eilig und aufgeregt abwärts – auf dem vorgeschriebenen Fluchtweg natürlich. Und nicht nur sie flohen.

Langsam wurde es heiß. Der Kühlturm IV, eines der sechs Kühlelemente des Hotels, war nicht länger zuverlässig. Der Hausmeister hatte ihn schon öfter mit Zureden, dem Austauschen von Sicherungen und kräftigen Tritten in Gang bekommen. Seit dem Jahreswechsel bekniete er den Direktor: „Bitte, ich bitte Sie inständig, bestellen Sie die Wartung, irgendwann geht nichts mehr."

„Ach Unsinn, wenn einer ausfällt, haben wir noch fünf andere."

Dieses erste Gespräch war nun drei Jahre her, und das Intermezzo wiederholte sich ab und an, aber stets mit dem gleichen Ergebnis. Nun hatte Nr. IV endgültig aufgegeben. An dieser speziellen, klitzekleinen Stelle hinter den Sensorkabeln, direkt über dem alten Lappen, den der Hausmeister zum Abwischen des Heizölanzeigestabes benutzte, bis er irgendwann hier liegen

geblieben war, knisterte es. Die winzigen weißen Funken, die jemand, wenn er denn im Raum gewesen wäre und kein Licht gemacht hätte, hätte wahrnehmen müssen. Es waren schon eine ganze Menge Konjunktive, die da zusammenkamen. Ein weiterer, unbedeutender Konjunktiv murmelte:
„Was wäre denn, wenn es jetzt mal ordentlich funkte und den Öllappen entzündete? Da unten liegt ein klasse Brandbeschleuniger, und später kommt dann die Wartungsfirma. Was soll großartig passieren?"
Der erste Teil dieses Konjunktivs funktionierte perfekt, aber dann entgleiste ihm die Geschichte. Der Lappen lag auf einer alten Pappe. Diese wiederum erfüllte ihren Nichtzweck und fing ebenfalls an zu brennen. Nun, da schon einmal ein paar Flämmchen beisammen waren, beschlossen sie, ordentlich einen drauf zu machen.
Niemand, der bei Verstand ist, kommt auf die tollkühne Idee, einen Eimer mit Teer, der vom Ausbessern des Daches übrig ist, in einen brandgefährdeten Raum zu stellen. Daher stand er auch nicht im Heizungskeller, sondern lungerte hier bei den Kühlaggregaten herum - vollgeschmiert und nicht richtig verschlossen. Das Feuerchen sah ihn, runzelte die heiße Stirn, machte sich lang und wurde beim Ablecken des Teers zum Halbstarken.
Die Rauchmelder in diesem Raum warteten schon ebenso lange vergeblich auf ein Wartungsteam wie die Kühlung, und so schliefen sie fest, als die ersten Rauchschwaden aufstiegen. Der fette, schwere Rauch des Teers drang durch die Türritze und ins Mitteltreppenhaus. Nachdem die Holztür aufgegeben hatte, folgten ihm die Flammen in den Flur. Es war kurz vor Mitternacht, als das Feuer Anlauf nahm und sich dämonengleich auf das erste Stockwerk stürzte.
Ma'achan liebte ihn wie verrückt, vor allem, wenn er das mit ihr machte, was er gerade tat.
„Sie ist wunderschön und immer geil. Was will ich mehr? Nicht so wie diese dämliche Jana-Sophie, schön wie die Sonne und Titten wie Venus. Ach egal, ich kam eh nie ran. So was von prüde, glaubt kein Mensch. Und wenn sie schon wegen dieser bekloppten Jungfernschaft nicht mit mir schlafen wollte, hätte sie mir wenigstens einen blasen können. Aber nichts da. Noch nicht mal Petting. Aber Ma'achan ist Klasse. 69 mit ihr ist toll, und 'ne rasierte Pussy gibt's hier auch selten, ewig nur Muslimbärte ..."
Aber lassen wir den guten Alon wieder allein mit Ma'achan, ihren kräftigen Lippen und seiner erfahrenen Zunge und wünschen ihnen, dass sie das Heulen des Feueralarms noch ernst nehmen, bevor die Stockwerke unter ihnen durch den schwarzen, giftigen Rauch verschlossen sind, der nach

ihnen greifen könnte, wie es sonst nur die guten Sitten bei vorehelichem Sex taten; hier im Gelobten Land.

Wo leckten eigentlich die Flammen auf der Suche nach geilem Grillfleisch durch die Flure, und wo hetzten sich Ma'achan und Alon die Orgasmusstufen rauf, wo erklang dieses infernalische Sirenenheulen, und wo eilten die Menschen abwärts?

Das Hotel Eilat Lagune war weiß und sah aus wie eine längs aufgeklappte Pyramide, zwölf Etagen auf der linken und zehn auf der rechten Seite.

Es hatte einen großen Speisesaal, der auch für Feste, meistens Hochzeiten oder, so wie für den nächsten Tag vorgesehen, für eine Modenschau genutzt wurde.

Es war ein gutes Hotel, hier in Eilat, an der Spitze des Roten Meeres, direkt gegenüber der MuHaYam Mall. Es lag an der Lagune und war mit fast dreihundert Rentnern aus England, Amerika und einem Altersheim in Jerusalem belegt. Also typisch Thomas Cook Seniorenfahrten. Ein Hotel, gerade richtig für einen Trip alter Juden nach Israel, 3 Sterne, gemütlich und sicher.

„Die Sicherheitsmaßnahmen sind umfassend und die Fluchtpläne auf dem neuesten Stand, mein lieber Herr Hausmeister, oder?"

„Sicher, aber man könnte mehr tun, Herr Direktor."

„Na, was denn wohl?"

„Es sollten überall Fluchtpläne hängen und nicht nur in Hebräisch."

„Na, bei Gelegenheit erinnern Sie mich dran. Es brennt ja nicht gleich morgen."

Das war im Frühjahr, und mittlerweile war September.

„Die Steigleitungen in jedem Trakt holen ihr Wasser direkt aus der Lagune, falls es mal brennt, und die hat immer Wasser", hatte der Direktor der Zicke von der Stadtverwaltung erklärt, als sie bei einem Überraschungsbesuch nach den üblichen Sicherheitsmaßnahmen forschte. Die Antworten stellten sie zufrieden, sie nickte und ging mit dem Direktor einen Kaffee trinken. Sie war dann doch noch ganz nett und ihr Besuch überraschend lang gewesen. Wofür gibt es so viele Zimmer in einem Hotel?

Uuu, Uuu, Uuu!

Wie winzige Scheinwerferklappen schlugen ihre Augenlider auf. Diszipliniert hatte sie ihr Deckbett beiseitegeschoben, sich auf die Bettkante gesetzt und überlegt.

„Uuu, Uuu, Uuu, ist das Heul, Heul?"

Shirah dachte nach.

„Wie war Aufgabe wenn Heul, Heul kommt? Brennt! Es brennt! Aufstehen! Aufstehen! Aufstehen! Schuhe anziehen. Nicht zumachen!"

Sie legte ihre Decke sorgfältig zusammen, strich das Laken gerade und klopfte das Kopfkissen, wie immer. Shirah war eine Down-Syndrom-Frau, 34 Jahre alt, und F 71 kennzeichnete sie als geistig mittelmäßig eingeschränkt, aber nicht schwer behindert. So begrenzt ihr Urteilsvermögen auch sein mochte, Shirah war die Chefin ihrer Gruppe, im Heim und auf Reisen. Sie schlüpfte in die Schuhe und schüttelte heftig den Kopf, als sie sie zubinden wollte:

„Nicht zumachen! Freunde wecken! Nicht anziehen! Auf Flur sehen. Die anderen wecken!"

Shirah ging auf den Flur und rief:

„Frau Eitan, Herr Azoulay!" Dreimal, keine Antwort.

„Wenn Frau Eitan kommt, alles gut." Niemand kam.

„Wenn nicht kommt, Shirah macht, wie Frau Eitan sagt." Sie rief die Namen der Zimmerführer. Sofort steckten Adi und David die Köpfe aus den Zimmern.

„Müssen gehen. Brennt."

Shirah sah den Gang hinunter. Frau Eitan war nicht da, nur Schiefmaul mit dem grauen Hut schlurfte, mit beiden Händen die rutschende Schlafanzughose festhaltend, in Richtung Treppe.

Shirahs dauerfreundliches Gesicht versuchte, besorgt zu gucken.

„Hände nehmen, aus Zimmer holen." Sie waren jetzt allein.

„Freunde nehmen. Runter gehen", sprach sie vor sich hin.

So standen die neun Menschlein in gelben Schlafanzügen auf dem Flur im dritten Stock, und acht von ihnen sahen ihren Chef – Shirah erwartungsvoll an.

„Schuhe an?", fragte sie. Alle nickten.

„Los. Grüne Treppe gehen. Langsam."

Die Gruppe fasste sich bei den Händen und wanderte, einer an den anderen gehängt, den grünen Schildern nach zur Nottreppe.

„Festhalten und los." Die kleine Karawane war als erste größere Gruppe auf dem Weg nach unten. Sie gingen gleichmäßig und ruhig die Treppe hinunter. Shirah rief:

„Zusammenbleiben, Bus wartet unten, Bus wartet. Bus ist da, Bus wartet unten."

Ganz am Ende der Treppe machte Shirah die Brandschutztür auf, Adi und David halfen. Und richtig: Da stand er in der Tiefgarage. Sie lachte und schlug die Hände zusammen:

„Unser Bus, unser Bus."

Sie zeigte auf den kleinen Reisebus, mit dem sie immer fuhren, wenn sie unterwegs waren. Sie erkannten das tolle Zeichen der Lebenshilfe immer wieder. Die Rollstuhltür stand ein wenig offen, und sie stiegen ein. Jeder hatte seinen zugewiesenen Platz, damit es keinen Streit gab.

„Hinsetzen", war das kurze Gebot von Shirah, die sich schon darauf freute, dass Herr Azoulay sie loben würde, weil sie alles so gut gemacht hatte. Genau wie sie es übten, egal wo sie waren. Alle setzten sich hin. Die beiden vorderen Plätze waren für Herrn Azoulay und für Frau Eitan. Shirah atmete auf: „Alles richtig gemacht." Es waren alle da, genauso wie geübt, und sie würden sagen: „Gut gemacht, Shirah. Gut gemacht!".

Jehonatan war es unheimlich in der dunklen Tiefgarage und sie begann leise zu singen. Die anderen fielen ein. Singen tat gut. So warteten sie auf ihre Betreuer. Die neun hatten alles ganz richtig gemacht. Die Insassen des Busses der Lebenshilfe waren in ihrem Bus in Sicherheit. Drei Menschen mit Down-Syndrom, ein Hydrocephalus, ein Autist, zwei schwere Geburtsschäden und eine Enzephalitisfrau saßen im Dunkeln und sangen:

„Kreis, Kreis, Kreis.

Wir feiern in einem Kreis.

Wir gehen im Kreis den ganzen Tag.

Bis wir bei unsern Plätzen sind.

Sitzen, stehen.

Sitzen, stehen.

Kreis, Kreis, Kreis ...."

Itay sang nicht mit. Er schlug seinen eigenen Rhythmus mit der Stirn ans Fenster. Bumm, bumm, bumm.

„Immer zum Bus gehen", hatten Herr Azouley und Frau Eitan gesagt.

„Immer zum Bus!"

Talya, die rege Hausdame, war nur mit einem Hausanzug bekleidet, dessen zu kurze Jacke sie dauernd über die Hüften zog. Zuvorkommend empfing sie die Treppenflüchtlinge in der Lobby. Sie war nicht im Dienst, hatte aber, wie oft, wenn es spät geworden war, im Dienstmädchentrakt geschlafen.

„Kann nicht schaden. Man weiß nie, was sie nachts treiben", war ihre Devise. Der Feueralarm hatte sie aus dem Bett katapultiert, und in der Eile hatte es nicht mehr für korrekte Kleidung gereicht. Sie nickte den Ankömmlingen beruhigend zu und schickte sie in die Tiefen der Lobby.

„Nein, nein, keine Sorge, sie müssen das Hotel nicht verlassen. Ach Gott, es ist doch mitten in der Nacht. Nein, was denken Sie denn? Wir wissen noch gar nichts. Nachher ist früh genug, wenn die Feuerwehr kommt."

Die Alten wiegten die Köpfe und suchten sich rasch einen bequemen Platz in den schweren mit Samtimitat überzogenen, dunkelbraunen Sesselgruppen, die um kleine Tische herum auf Besuch warteten. Wie aus dem Grab gerissen wanderten bleiche Gestalten, die Finger am Handlauf, Stufe für Stufe von Stockwerk zu Stockwerk abwärts. Durch das Haus zog eine muffig riechende Nachthemd- und Schlafanzugkarawane, barfuß oder in Latschen, nach unten. Die Sirenen heulten und übertönten das Platschen der Füße. Brillen, Zähne, Toupets, sogar zwei Unterarmprothesen waren auf den Zimmern geblieben.

„Es brennt eben, so was kommt vor. Macht kein solches Gewese darum, lasst uns nach unten gehen. Was soll schon werden? Kennen wir nicht Schlimmeres?"

„Vielleicht gibt es unten Tee."

Der Luftzug, der durch das Treppenhaus zog, wehte kaum den Staub des Jahrhunderts aus den Falten dieser ruhigen Gesichter.

Yzach pfiff leise vor sich hin und grinste. „Irgendwie habe ich das Gefühl, ich lebe nur richtig, wenn ich auf der Flucht bin. Was meinst Du, Hannah?"

„Red' keinen Blödsinn, Yzach", schnauzte Hannah und wischte sich das Lächeln aus den faltigen Mundwinkeln. Doch schon kam es bei ihren Augen wieder heraus, und sie sang leise das Kinderlied.

„Maikäfer flieg, dein Vater ist im Krieg, dadidadidadidadam, Maikäfer flieg." Der Zug der unsanft Geweckten war ruhig und gelassen auf dem Weg nach unten.

Sie bogen in die Sderot HaTmarim ein, es waren nur knapp zwei Kilometer von der Feuerwehr bis zum Hotel, und es war Nacht.

„Heute reicht ein kurzer Witz", dachte Mohammed, der Fahrer des Löschzuges. Mohammed war der Schnellste der Fahrer, und er verlor nie die Nerven, egal was passierte. Obwohl er Araber war, hatte er ein Faible für jiddische Witze. Umud schnaufte ergeben, als Mohammed wieder anfing.

„Sagt der Wirt zum Gast: Hören Sie, ihr könnt unsere Zahnstocher von mir aus auf den Boden werfen, ihr könnt euch damit den Kopf kratzen, ihr könnt euch damit auch die Fingernägel saubermachen. Aber müsst ihr sie unbedingt zerbrechen?"

Schon schlidderten sie in die Derech Havarava hinein, und Umud rutschte der Helm ins Gesicht. Ein anderer Löschzug kam ihnen entgegen.

„Verdammt, Mohammed, gib' Gas, die Freiwilligen aus Netafin sind auch schon unterwegs. Verdammtes Pack, elendes. Das ist unser Brand, gib' Gas, los."

Gleichzeitig hielten die beiden Feuerwehren in der Zufahrt, und die Zugführer stürmten aus den Löschzügen, als wollten sie eine Flagge in die Erde eines neuen Erdteils rammen, um ihn für ihr Land in Besitz zu nehmen.

„Ihr könnt gleich wieder abhauen", sagte Umud, „wir machen das hier schon." Der Zugführer der im Süden zuständigen Freiwilligen Feuerwehr plusterte sich auf wie ein Kanarienhahn in Rot und machte dicke Backen.

„Vergiss es, wir waren zuerst hier. Und überhaupt, hier sind wir zuständig."

„Euer Revier geht bis zur Laguna und nicht bis hier."

„Ach was, gehört dieses Ufer etwa nicht zur Laguna?"

„Nein, ach ja, aber es ist das nördliche Ufer, da ..."

„Seid ihr völlig meschugge?", unterbrach der Hausmeister aufgeregt den Streit. „Es brennt womöglich, und da oben sind noch Leute."

Den üblichen Streit ihrer Zugführer hatten die Feuerwehrleute wie immer ignoriert und einfach getan, was zu tun war. Einige waren schon im Hotel und klärten Möglichkeiten zur Personenrettung. Andere stürmten die Treppen hinauf, um zu sehen, was zu machen sei.

„Wenn sie nur nicht so'n geilen Arsch hätte", dachte Raik vom Team Eilat Nord, als er, unter seiner Atemmaske schwer schnaufend, hinter Esther die rauchverhangene Innentreppe hinaufmarschierte.

„Ach, ja", seufzte er, während er fasziniert die Falte zwischen ihren Pobacken beobachtete, deren Form bei jedem Schritt von einem Y zum V wurde. Er stellte sich gerade vor, wie er ihr wunderbares Hinterteil ..., da blieb sie stehen und zeigte zum Kühlraum hinüber. Sie sahen, dass der Versorgungsflur rechts der Treppe brannte. Es schien nicht so schlimm zu sein. Esther gab die Meldung durch. Die beiden schickten die Kollegen durch die seitlichen Treppenhäuser, um nach Menschen zu suchen, und gingen hinauf in den zweiten, dann dritten Flur und sahen, dass weiter oben kein Feuer, sondern nur schwarzer Rauch war. Sie meldeten, dass sich die Löscharbeiten auf den Kernbereich unter ihnen konzentrieren könnten, und dass alle Gäste die Fluchttreppen am Ende der Gebäude nutzen sollten.

„Das kriegen wir hin, Chef, wir müssen nicht evakuieren."

Von den unbenutzten Schächten, die die Wäschekammern der Stockwerke verbanden, stand nichts in den Feuer-Plänen. Vorsichtshalber gaben Raik und Esther jedoch keine komplette Entwarnung. Das Ganze schien aber eine Kleinigkeit zu sein.

„Wenn ihr euch nur nicht irrt", tuschelten die Flammen und leckten an den Holzdecken, versengten die Laken und Handtücher, versetzten die Ersatzdecken in hellen Schrecken, fanden den ersten Wäscheschacht, und im dritten Stock schlugen die goldenen Racker blitzschnell wieder ins Wäschedepot und fanden auch hier reichlich zu fressen. Voller Energie sahen sie sich neugierig im Flur um. Aufwärts ging die Fahrt.

„Wie macht man gestockte Eier überhaupt?"

Gerd war wohl noch nicht fertig mit seiner Frühstücksenttäuschung.

„Ich sage dir doch, dass ich das nicht weiß, vielleicht hängt es mit diesem koscheren Kochen zusammen? Ich weiß doch nicht. Mann, lass mich zufrieden damit", grummelte Ute ärgerlich, weil ihr in dem fadenscheinigen Nachthemd kalt war, und ihr die alten Säcke immer auf die Brüste und unters Nachthemd schielten.

„Sieh dir die Leute an. Alle haben was anzuziehen, und ich stehe halb nackt herum. Nur weil wir gleich losgerannt sind. Die haben sogar ihre Papiere ."

„Ach du Scheiße", schimpfte Gerd, „und wir, wir haben nichts. Ist alles im Safe. Ich renne noch mal hoch. Was denkst du?"

„Kommen Sie bitte durch, meine Herrschaften, zügig weitergehen, bitte nach hinten durchgehen, es besteht keine Gefahr, die Feuerwehr ist da. Wir bringen Sie nur zur Vorsicht alle ins Erdgeschoss, damit Ihnen nichts zustößt. Es werden auch Getränke gereicht. Selbstverständlich, mein Herr, alles auf Kosten des Hauses. Bitte sagen Sie uns Bescheid, wenn Sie jemanden vermissen. Wir werden alles tun, um es Ihnen bequem zu machen. Kommen Sie weiter, ja, ja, Sie auch, bitte ..."

„Nein Gerd, bist du verrückt, nachher kommst du nicht mehr runter."

„Es sind nur vier Stockwerke, Schatz. Ich versuch's, ich bring dir auch was anzuziehen mit." Er wandte sich ab, nicht ohne Ute einen Klaps auf den üppigen Po zu geben, was von vielen Augenpaaren wohlwollend und von einigen auch ein bisschen neidisch verfolgt wurde. Er drängte sich an Talya und den nachkommenden Alten vorbei ins Treppenhaus.

„Der Mantel reicht", rief Ute ihm nach.

„Als ob es nicht genug ist, dass es brennt, muss mir auch noch schlecht werden. Vielleicht habe ich zuviel gegessen?" Sinas Beine waren schwer. Die Hände auf das Herz und den Magen gedrückt, nach Luft ringend, schlich sie die Treppe hinab. Von hinten drängten die Flüchtenden nach. Sina musste stehen bleiben.

„Ist was?", fragt jemand, und bevor sie auch nur den Kopf hob, war er schon vorüber. Sina war schon wieder ein Hindernis, genau wie zuhause in

New York bei ihrer Familie. Das kleinste Zimmerchen durfte sie bewohnen, aber sie hatte ihren Frieden dort und das Essen und all ihre Kleidung (alt, aber ihr Eigentum), und sie hatte ihren eigenen Fernseher. Niemand sprach mit ihr, wenn sie das Haus verlassen hatte. Jeder übersah sie. Aber sie sparte alles, was sie konnte. Alles hatte sie geopfert für die Reise nach Israel, und nun der Alarm und diese Übelkeit und die Schmerzen. Sina schob sich nach links an die Wand, wo kein Geländer war. Dort ging sie allein, trotz der vielen fliehenden Menschen. Ohne Handläufer trauten sich die Alten da nicht lang. Fast niemand ging dort.

„Stehen bleiben und Luft holen, Luft."

Sinas schweißnasses Gesicht spiegelte ihre Qual. Sie rieb sich die Brust, atmete schwer und massierte voller Angst ihren seltsam schmerzenden Unterkiefer. Deshalb hatte sie die Zähne schon auf dem Zimmer rausgenommen und ...

„Ach Gott, die Zähne sind noch oben, ich muss sie holen ...", da überrannte sie die Übelkeit. Wie im Sterntalermärchen riss sie ihr Nachthemd hoch und - kotzte hinein.

„Frau, zieh' Hemd runter", schnauzte eine robuste Endsechzigerin. Da sah sie erst, dass Sina sich übergeben hatte, und nahm sie zur Seite. „Komm, Frau, hab keine Angst, es geht schon, wird nichts passieren heute Nacht, ich weiß genau. Ist soviel passiert in meine Leben, heute ist nicht schlimm. Komm, noch zwei Treppen. Wir schaffen! Ich helfen."

„Ich habe solche Schmerzen in der Brust und mir ist übel. Ich weiß nicht, was ...", und sie taumelte mehr als sie ging. Vorwärtsgeschleppt von der fremden alten Frau, die viel jünger aussieht als ich, schlichen sie abwärts. Aus dem Sterntaler-Nachthemd tropfte es auf die Stufen.

„Gut, dass ich die Mappe dabei habe. Wer weiß, da oben verbrennt alles. Was wäre dann?" Auf der vergeblichen Suche nach Zuhörern redete er stets vor sich hin. Er presste den Stapel handbeschriebener, zerfledderter Papiere mit beiden Händen an die Brust. Manche der Fliehenden kannten ihn schon aus dem Flughafenbus oder dem Flieger von Amsterdam nach Eilat. Andauernd schrieb er mit seinem kleinen, abgekauten Bleistift auf den Blättern herum, hob nachdenkend den Kopf und sofort, wenn es zu einem Blickkontakt kam, erzählte er von seiner Aufgabe, gegen das Vergessen anzuschreiben und an all die geschundenen Menschen zu erinnern. Er fragte jeden, ob der Titel „Millionen Gründe für Verzweiflung" der richtige wäre. An seinen Namen erinnerte sich niemand. Alle versuchten, diesen Memoirenmann schnell zu vergessen. Millionen Gründe ...

Ein uraltes Paar betrat zusammen mit ihm die Lobby. Wie zu einem Körper verwachsen, kamen sie atemlos Arm in Arm aus dem sechsten Stockwerk. Ihrer Sprache nach waren es vor Jahren nach Israel eingewanderte polnische Juden.

„Komm, Mosche, schnell, lass uns weggehen von diesem Kerl. Er liest uns womöglich wieder seine grauslichen Sachen vor."

„Recht hast du, Mirel. Bloß schnell weg."

Talya war nicht untätig in der Zwischenzeit. Wer einen Platz in der Halle ergattert hatte, konnte sehen, wie sie die Nachtschicht und die im Hotel schlafenden Zimmermädchen um sich versammelte. Alle rauchten, und die Müdigkeit ließ ihre Körper beim Gähnen erzittern.

„Wir müssen den Leuten was bieten. Zu Trinken, Tee, Kaffee und kalte Getränke. Keinen Alkohol, nur wenn einer schlapp macht. Ihr drei kümmert euch um das Restaurant. Die Nachtküchenleute schnappen sich zwei Zimmermädchen, und die bringen in zehn Minuten die ersten Schnittchen. Klar?"

Der Nachtkoch nickte und fragte:

„Was ist mit dem Brand, müssen wir nicht raus hier?"

„Nein, die Feuerwehr sagt, es ist nicht so tragisch. Wenn sich's ändert, sagen sie Bescheid. Der Direktor versucht ohnehin schon, Ersatzbetten in den anderen Hotels aufzutreiben."

„Ja doch, ja, es war wirklich ganz sicher eine Frau, man konnte das trotz des Taucheranzuges genau sehen. Außerdem hatte sie lange dunkelblonde Haare. Wir haben sie nur bemerkt, weil sie wild im Wasser strampelte und Korallenstaub aufwirbelte."

„Möchte jemand einen heißen Tee auf den Schreck oder Mineralwasser? Machen Sie sich keine Sorgen, es wird alles gut", rief Talya laut durch die Lobby und schob ein Zimmermädchen, das ein Tablett mit den angebotenen Sachen trug, vor sich her.

„Nein, gnädige Frau, Kamillentee haben wir heute Nacht nicht, nur Roibusch".

„Ach, wie schade!"

„Ja, leider."

Golda hasste es, unterbrochen zu werden, aber von den neugierigen Augen ihrer Zuhörer angefeuert, erzählte sie weiter:

„Vielleicht ein Hai, rief der Fahrer des Mini-U-Boots und steuerte hinüber. Die Frau schnorchelte. Irgendwas hatte sie an der Hand gepackt. Sie konnte nicht auftauchen. Dabei war es nur ein Meter bis zur Oberfläche oder so.

Die Frau neben mir hatte ein Fernglas."

„Was, bitte schön, tut man mit einem Fernglas in einem U-Boot?!", riefen zwei Damen in für ihr Alter zu kurzen und zu rosafarbenen Nachthemden.

„Schwestern vermutlich", dachte Golda und schoss einen tödlichen Blick in ihre Richtung und fauchte: „Weiß ich es? Es war klar, dass die Frau um ihr Leben kämpfte. Aber sie hing fest. Wir tauchten auf, und einer der Besatzung schwamm rüber. Es war nicht weit, aber wir konnten wegen der Korallen nicht näher heran. Die Bullaugen waren halb unter Wasser; und so konnten wir über und unter Wasser gucken. Die Frau bewegte sich nicht mehr. Die Strömung trug sie fort, und langsam stieg sie an die Oberfläche. An ihrem Handgelenk wehte eine länger werdende Blutfahne. Wir sahen, dass der Matrose sie zu uns schleppte. Der U-Boot Fahrer brüllte in sein Funkgerät und hatte Mühe, das Boot von den Korallen fernzuhalten. Mein Gott, um ein Haar wären wir noch draufgetrieben worden. Ein junger Mensch kletterte hinaus und schwamm den beiden entgegen."

„Ja, was war denn überhaupt geschehen?", fragte die Dame, die den Kamillentee bestellen wollte.

„Der sie zum Boot geholt hat, hat eine riesige Muräne gesehen. Und das Handgelenk der Frau war völlig zerfetzt."

„Nein, kaum zu glauben, eine Muräne. Die sind doch so gefährlich, nicht wahr?"

„Na, sonst wäre sie ja nicht ertrunken, oder? Manche Leute können aber auch dämliche Fragen stellen!", grummelte die Erzählerin kopfschüttelnd und fuhr fort:

„Was soll ich noch sagen, es war wirklich schrecklich. Die Frau war elendig ertrunken, alle Versuche waren umsonst. Sie machten Wiederbelebung, Mund zu Mund, bis das Rettungsboot kam, und wechselten sich dabei ab."

„Was, etwa Mund-zu-Mund? Wie alt war die Frau denn?", fragte Yuval, einer aus der tschechischen Truppe.

„Na ungefähr dreißig."

„Ja, dann geht es vielleicht", murmelte er nachdenklich, „aber eine fremde Frau bleibt es dennoch, na, ich weiß nicht."

„Wird Zeit, dass der Tee kommt. Langsam wird's kalt. Schlimm genug, dass wir in der Halle hocken müssen. Sie könnten uns auch ins Restaurant lassen. Da ist es sicher wärmer", maulten die rosa Schwestern.

Die restlichen Zuhörer der Geschichte nickten und schoben sich gegenseitig die Kissen hinter ihren Rücken zurecht.

„Ach, und was ist aus ihr geworden?"

„Wer?"

„Na, die ertrunkene Frau!"

„Na, abgeholt haben sie die. Das hat die Dings doch gerade erzählt", zischte Simon seine Frau an. „Hörst du nicht zu, oder ist was mit deinem Hörgerät?"

„Ach, lass mich doch in Ruhe, Simon."

„Wo stecken eigentlich die ... verdammt, sie werden doch nicht noch oben sein...", flüsterte Talya vor sich hin und Hitze und Kälte überliefen ihren üppigen Körper wie Wellen einen Teich nach einem Steinwurf. Sie schlängelte sich durch die nach Bett, Schweiß und Tabak riechenden Gestalten, stieß hier und da an, und rannte beinahe die ankommenden Schnittchen über den Haufen.

„Hey Talya, was ist? Müssen wir doch evakuieren?", rief ihr Fatme zu und balancierte das Schnittchentablett elegant über dem Kopf.

„Ach was, dumme Gans. Alles in Ordnung, ich muss bloß...", der Rest verschwand im Palavern der Lobbygreise. Trübe Augen folgten ihr, als sie ans Telefon stürzte.

Nichts. Niemand ging ran.

„Verdammt Chaim, wo sind die Behinderten? Hast du sie gesehen? Sie werden doch nicht noch oben sein?", fragte sie hastig den Nachtportier.

„Diese Idioten machen, wer weiß was. Wo sind bloß ihre Betreuer?", fragte sie weiter und ohne eine Antwort abzuwarten, raunzte sie Chaim an:

„Stell ein Musikband an, was stehst du hier rum."

Das Telefonieren brachte nichts. Sie stürmte zu den Feuerwehrleuten und erzählte, man vermisse eine Gruppe von neun geistig Behinderten, alles Erwachsene, plus Betreuer und Fahrer.

„Sie haben Zimmer 332 bis 338 im dritten Flur im rechten Hoteltrakt. Niemand geht ans Telefon." Die Feuerwehrleute nickten und gaben die Infos an Raik und Esther weiter.

„Es riecht hier wie in den Baracken, findest du nicht?"

„Keine Spur. Damals roch es schlimmer, viel schlimmer. Du hast das vergessen. Hier ist es wie alte Leute riechen. Aber damals..."

„Ach, kennst du noch den ..."

„Komm, lass, wir setzen uns da drüben hin."

„Nein, sieh mal wie schön, sie machen den Speisesaal auf, vielleicht gibt es was zu essen."

„Das wäre ja verrückt: Es brennt und sie machen ein Mitternachtsdinner."

„Lass uns hineingehen. Vielleicht doch?" Sie verschränkten zärtlich ihre kleinen Finger ineinander und schlenderten als Erste durch die Doppeltür ins Restaurant.

Alle Tische waren an die Seite des großen Raumes geräumt, die Stühle bildeten eine lange Gasse.

„Bitte, setzen Sie sich. Irgendwohin. Es wird eine Überraschung geben", versprach das freundliche Fräulein.

„Wie wäre es gleich hier vorn? Da können Sie am Besten sehen", sagte sie und verschwand, um die anderen Gäste zu holen.

„Was mag es geben? Musik?"

„Musik?", fragte Thomas.

„Ach ja, die Musik. Weißt du noch, der junge Szighetti aus Budapest?"

„Ja."

„Du weißt doch, der Musiker, der nie über die Schmerzen klagte und auf die Bretter des obersten Bettes die schönsten Sachen von Mozart ganz aus dem Gedächtnis aufschrieb und dabei summte --- solange bis sie ihn geholt haben."

„Ja, Liebling, ist ja gut. Sieh nur, die Leute kommen und setzen sich hin."

„Findest du nicht, dass es hier wirklich riecht, wie ..."

„Sieh mal, da hinten, lauter junge Frauen, und sie sind so schön angezogen." Jacob nickte, lehnte seinen Kopf an Thomas' Schulter, und Thomas zog den Schlafanzugärmel herunter, um seine Narben an den Unterarmen zu verbergen, da wo sie ihm, ebenso wie Jacob und Szighetti, das Petroleum unter die Haut gespritzt hatten. Thomas küsste Jacobs schütteres, graugesträhntes Haar und summte den Anfang der kleinen Nachtmusik. Und gegenüber sah Jacob den Szighetti sitzen und schreiben und summen, bis sich jemand auf den Stuhl setzte und der Ungar verschwand.

„Liebst du mich noch, Thomas?"

„Ja, Jacob, was fragst du?"

„Nur so, mein Lieber, mein Guter, nur so."

Alle kicherten und waren hundemüde. Kaffee half nicht. Ihr Manager hatte sich gesträubt, aber Talya war wie üblich sehr überzeugend.

„Ihr müsst nichts zahlen für die letzten Nächte, Verzehr, Getränke und so, und für die nächsten auch nicht. Aber macht was. Irgendwas. Die alten Leutchen sollen keine Angst bekommen. Sie haben schon zu viel durchgemacht."

„Wieso? Sehen Sie hin. Meine Mädels sind mehr durch den Wind als die Alten. Außerdem, müssen wir nicht doch evakuieren? Nachher brennt es noch mehr als alle meinen."

„Quatsch, die Feuerwehr kennt sich aus und sagt, es ist nicht so schlimm. Wir haben auf allen Zimmern mit Rauchmeldern verbundene Sprinkler. Was soll passieren außer nassen Betten? Wir kriegen das schon hin."

Hätte der Manager genauer hingesehen, wäre ihm das Vibrieren ihrer Oberlippe aufgefallen. Talya war beunruhigt. Nur zeigen, zeigen wollte sie es ums Verrecken nicht.

„Verdammt, wo bleibt Ze'ev? Wenn man diesen Direktor braucht, verschwindet er."

„Also gut", sagte der Manager, „wir machen aber nur das kleine Programm. Vierzehn Mädchen, je drei Sätze, aber keine Hochzeit. O.k.?"

„Warum keine Hochzeit?"

„Na passt doch nicht, mitten beim Brennen, oder?"

„Ohne Hochzeit ist es nichts. Bitte!"

„Nein, nein, das Zeug ist eingepackt, und es dauert ewig, bis wir es in der Kiste haben. Nein!" Damit dampfte er ab und zählte die Häupter seiner Lieben, diesen Hühnerstall ägyptischer Mannequins, samtbraun, schön, müde und hypernervös, genau wie arabische Rennpferde.

„Stellt euch vor, mir sind neulich innerhalb einer Woche vier Stück gestorben."

„Oh, wie grässlich, die Armen."

„Ich habe mir wirklich Sorgen gemacht, das könnt ihr mir glauben." Während Herr Amar das verkündete, suchten er und drei andere Männer aus dem fünften Stockwerk nach einem Platz in der Lobby. Im Gegensatz zu diesen dreien war er adrett gekleidet und hatte einen Handkoffer dabei. „Ich bin geübt, innerhalb einer Minute angezogen zu sein. Alles liegt exakt bereit, und mein Koffer steht fertig da. Ich war genauso schnell auf dem Flur wie ihr, und dabei habe ich sogar mein Nachthemd zusammengelegt", prahlte er. Er hatte schon auf der Treppe von seinen Lieblingen erzählt, sie hießen Hinkebein, Puschel, Sybille, und dann noch Soledad, weil er immer so allein dasaß, der Arme. Noch außer Atem vom Treppenabstieg sprach er weiter: „Ich habe sie vom Tierarzt sezieren lassen. Ist mir schwer gefallen. Normalerweise kommen alle meine Lieblinge, die über die Regenbogenbrücke gehen, in meinen Garten."

Sie setzten sich in die Sesselgruppe, deren Rückenlehnen direkt an das Sofa stieß, auf dem Sina saß. Die robuste Frau machte ihr gerade das Nachthemd sauber und deckte die Zitternde mit einer Tischdecke zu. Sina stöhnte und fragte nach einem Arzt.

„Ich geh und suche jemanden. Da hinten ist die Managerin." Sie streichelte Sinas wirres, schweißnasses Haar und sah nachdenklich auf die zusammengesunkene Gestalt hinab. Dann ging sie los.

„Herz-Lungen-Würmer, stellt euch das vor. Es war furchtbar, der Arzt hat festgestellt, dass sie Massen solcher Würmer hatten. Sie hatten sich alle im rechten Herzen, in der Lungenarterie und der Hohlvene angesiedelt, widerlich."

Sina wurde immer elender, das war ja nicht mit anzuhören. Sie wollte sich umdrehen, um dieses Gerede zu unterbrechen.

„Ist das übertragbar?"

Sina richtete sich mit aller Kraft auf.

„Ja, tierisch ansteckend."

Doch die Kraft reichte nicht. Sie fiel in sich zusammen, schnappte nach Luft. Den Mund weit aufgerissen, versuchte sie zu sprechen, zu schreien, zu atmen, zu rufen, schloss die Augen, zog Arme und Beine an den Körper wie ein sterbendes Insekt, blieb einen Augenblick so, dann streckte sie sich und sackte zusammen.

Jemand ging vorüber und wunderte sich darüber, wie man bei dem Lärm und unter einer Tischdecke schlafen konnte. Erst die robuste Frau, die einen pensionierten Arzt gefunden hatte, bemerkte, dass die Tischdecke aufgehört hatte zu zittern.

„Immerhin haben einige Tierchen überlebt."

„Wen meinst du? Die Meerschweinchen oder die Würmer?" Sie lachten gelöst, während sie nach den doch noch gereichten Schnittchen griffen.

Gerd war noch durchgeschlüpft. Der Feuerwehrmann, der versucht hatte, ihn aufzuhalten, war kein Hindernis. Gerd gab Gas und lief die Rettungstreppe hinauf. Wenige Hotelgäste kamen ihm noch entgegen. Er war guter Dinge und fühlte sich wie Bruce Willis. Endlich ein Abenteuer! Endlich passierte was. Blöd nur, dass er barfuß und im Schlafanzug unterwegs war. Das trübte das Abenteuer ein wenig. Gerd begann zu husten. Er huschte zur Zimmertür.

„Verdammt", kein Schlüssel. Die Tür war hinter ihnen zugefallen und der Schlüssel lag drinnen. „Verdammt, verdammt, verdammt. Na gut, dann nicht. Es wird schon nicht alles verbrennen." Schon lief er zurück zur Brandschutztür. Sie ließ sich nicht öffnen. Er hustete heftiger, die Augen brannten, und seine Nasenschleimhäute brannten. Keuchend nahm er die einzige nicht abgeschlossene Tür in seiner Reichweite. Es war eine Wäschekammer. Hier konnte er nicht bleiben. Aber er konnte Handtücher mitnehmen. Noch einen tiefen Atemzug, dann lief er auf den Flur hinaus und rammte die Schulter voll an die Zimmertür gegenüber. Sie krachte und das Holz um das Schloss herum barst. Noch ein weiterer Anlauf, und er stürzte ins Zimmer. Im Bad schmiss er die Tücher in die Dusche und stellte das Wasser an. Er grinste.

„Kino ist doch zu was gut."

Er stürmte auf den Balkon, um sich zu orientieren. Aus vielen Fenstern drang Rauch. Weit entfernt stand ein Feuerwehrmann in einem Drehleiter-korb und versuchte, durch die Fenster zu löschen. Unten blitzten blaue Lichter über die Straße und erleuchteten die Lagune für Augenblicke fast romantisch. Aus der Südstadt raste ein weiterer Löschzug heran.

Wie rasend fraßen sich die Flammen nach oben, jetzt brannte es über ihm auch schon. Aber drüben, bei den Fluchttreppen, war kaum Rauch. Er musste durch das verqualmte Treppenhaus. Er sah sich im Zimmer um: ein Paar Herrenschuhe, sie sahen klein aus, aber:

„Was soll's, besser als barfuß." Er versuchte, ob das Telefon noch ging. Die Leitung brummte nur. Im Schrank hing ein Mantel.

„Der geht." Er zog ihn an, sprang unter die Dusche. Triefend nass warf er sich tropfende Handtücher über den Kopf. Die nassen Lappen ließen nur die Augen frei. Noch stand Gerd innen vor der Tür. Gleich wollte er sie aufstoßen und wie Bruce Willis nach links stürmen, sich durch den rau-chenden Treppenschlot kämpfen, den anderen Flur erreichen und die Not-treppe hinunterrasen. Gerd duckte sich tief hinunter, als er vorsichtig die Tür öffnete: Keine Feuerwalze kam die Decke entlang gerast. Gut so. Bruce stürmte los.

Ihre Ferse berührte elegant den Boden, und der Fuß rollte langsam bis zu den Zehen ab. Tefnut wartete bewusst, bis der gesamte Fuß auf dem Boden stand. Dann erst kam der nächste Schritt. Dadurch schwang die Hüfte beim Gehen in der Form einer liegenden Acht. Man sagte, so würde der Gang einer Frau der Unendlichkeit gleichen. Sie blickte auf das Ende des Lauf-stegs, auf den Horizont. Alles schien wie immer, wie schon dutzende Male vorher. Routine. Aber es war doch anders. Sie machte hier mit ihren Kolle-ginnen einen auf Modenschau, während es brannte und oben womöglich Menschen starben. Und was war mit den Leuten hier? In Nachthemden sitzende Greise.

Während sie ihren Gedanken nachhing, wurde ihre Drehung am Ende des Catwalks immer langsamer, so dass Susie, ihre Hinterfrau, beinah aufgelau-fen wäre.

„Los, Teffi, steh nicht rum. Du bringst ja alles durcheinander", zischte sie durch die Zähne.

Tefnut war wirklich sehr beunruhigt. Während die erste Runde mit den Frühlingskleidern noch o.k. war, wuchs jetzt ihre Angst. In der Umkleidekabine waren alle hypernervös gewesen.

„Doch noch evakuieren?", hatte sie den Manager fragen hören. Aber Susie drängte sie weiter, und so setzte sie wieder den Fuß mit der Ferse auf.

„Spannung halten, Teffi, es ist bald vorbei ...", hörte sie Susie hinter sich. Abrollen, den Fuß aufsetzen, die Jacke aufknöpfen und lächeln. Lächeln, schließlich war das hier eine ganz normale Show, das Normalste von der Welt. Menschen saßen auf Stühlen und schauten auf schöne Frauen, die Kleider vorführten.

„Wahnsinn", dachte Teffi.

Ma'achan war auf Hochtouren. Sie benutzte Alon, als wäre er eine lebende Puppe. Er war stark, mutig und an allen weiblichen Körperteilen in seinem Element. Und er wusste, wie man sich als Mann Pausen verschafft, um eine weitere Runde starten zu können. Ein bisschen Orgasmusphysiologie aus dem Medizinstudium hatte bisher nicht geschadet. Mit der Erregungsphase kannte er sich sowieso gut aus. Er brauchte nicht lange darüber nachzudenken, wie das Sacralmark die Ausweitung der Vagina steuert und das Transsudat ordentlich ins Fließen kommt.

Ihre Plateauphase zu erreichen, ohne selbst einen Abgang zu bekommen, war schon schwieriger und er zog deshalb die 69er Stellung vor, weil er, ausschließlich durch Fellatio stimuliert, selten ejakulierte. Er schaffte es, dass ihre Klitoris an den Rand der Symphyse gezogen wurde und dort stand wie eine Brustwarze unter Eiswasser.

Alon beobachtete Frauen sehr intensiv beim Sex. So sah er schon an kleinen Anzeichen, wenn der Orgasmus kam. Vegetativ gesteuert, erweiterten sich die Pupillen wie unter Bella Donna pur, die Brustwarzen ragten aus den Höfen wie altmodische Klingelknöpfe, Erröten der seitlichen Halsregion, der Brüste und des Bauches. All das sah er, während seine Hände und vor allem die Fingerspitzen Ma'achans braune Haut behauchten und er mit einem leichten Kratzen seiner Fingernägel über die winzigen goldenen Härchen strich, die Kaskade der Meissnerschen und Pacinischen Körperchen anwarf und später die Tastscheiben in ihrer Haut aufspürte, sie berührte und doch beinah nicht berührte, während die Wärme seiner Finger ausreichte, um die Fortführung seiner Berührung von den Headschen Zonen am Oberbauch zum Rand der Labiae zu ermöglichen, die so zart war, als würden Ameisen auf dem Rückweg von wertvoller Nahrung mit dem Hinterleib tupfend ihre Duftspur legen, um wieder zurückzufinden zu den süßen Plätzen.

Nach wenigen Momenten der Irritation und des anschließenden Zulassens ließ Ma'achan sich spielen wie ein lebendes Klavier. Und genau das tat Aalon. Während sie vor ihm lag und unter seinen Händen zuckte, als hinge sie an heißen Elektrokabeln, erholte sich sein Glied für das nächste Abenteuer in ihren Höhlen. Noch tropfte es vom letzten Mal, aber langsam richtete es sich wieder auf. Wenn er sich nur endlich besser konzentrieren könnte.

„Dieses verdammte Heulen macht einen fertig", fluchte Alon tonlos und hoffte, dass es bald aufhören würde.

„Alon?"

Er sah in ihr glückliches Gesicht, sah den keuchenden Mund, ihre weit geöffneten Augen, sah die Pupillen weiter werden, als sollte die ganze Welt in ihnen verschwinden. Gleich!

Die Brigadeführer kamen in die Lobby und suchten nach Talya. Sie lehnte am Türrahmen des Speisesaals, wo sie, der Modenschau zusehend, sich in das ein oder andere viel zu enge Kleidungsstück hineinträumte. Die Feuerwehrmänner gingen durch die inzwischen halbleere Lobby. Umuds feuerfeste Jacke fegte ein Halmabrett vom Tisch, und die Figuren schlugen wie eine Maschinengewehrsalve auf das Parkett. Die Damen, die dort spielten, fluchten in seltsamen Sprachen.

„Es wird schlimmer mit dem verdammten Brand, wir können ihn nicht mehr beherrschen", sagte Umud zu Talya.

„Müssen wir raus?", fragte sie. „Die alten Leutchen um zwei Uhr Nachts auf die Straße?"

„Es sieht so aus. Wir haben die Zahal um Hilfe gebeten, sie kommen mit den Lastwagen, werden sie abholen und in den umliegenden Hotels unterbringen. Ihr Direktor hat schon mit den Verantwortlichen gesprochen."

„Wo ist er?"

„Draußen, er regelt alles telefonisch."

„Aber es gibt noch eine wichtige Frage: Meine Leute ..."

„Unsere Leute ...", begann der Südstadt-Brigadier erneut, „unsere Leute also, sie kommen nicht mehr überall hin, und eben treffen noch mehrere Löschzüge mit Drehleitern ein. Also, vermissen Sie noch jemanden?"

„Haben Sie die Behinderten immer noch nicht gefunden?", fragte Talya.

Umud und sein Kollege schüttelten die Köpfe.

"In ihren Zimmern war niemand. Sind sie nicht hier unten?"

„Nein, um Gottes Willen, die fallen auf wie bunte Hunde. Sie sind noch irgendwo unterwegs. Sie müssen sie suchen, bitte. Die sind doch völlig hilflos."

„Was ist mit den Betreuern? Sind die da?"

„Keine Ahnung. Die könnten sich helfen, aber die Anderen. Alles Down-Syndrom, Autisten und Schwachsinnige. Die wissen doch gar nicht, was sie tun sollen."

Die beiden sahen Talya traurig an und zuckten die Schultern.

„Wir tun jedenfalls, was wir können."

Aus dem Speisesaal drangen Musik und Applaus. Ein Model im hautengen Kostüm und auf Lack-High-Heels stolperte weinend zum Ausgang.

Brigadier Umud raffte sich auf. „Wir müssen evakuieren. Es wird Zeit. Langsam und in Ruhe."

„Wir sehen nach, ob das Militär mit den Lastwagen da ist", sagte sein Kollege.

Jetzt erst fiel ihnen auf, dass die Sirenen schwiegen.

Talya fand den Nachtportier mit den Listen.

„Fast alle abgehakt. Es fehlen die Behinderten, die Betreuer und das Pärchen."

„Von uns kommt da oben keiner mehr hin", sagte der Brigadier. „Aber vielleicht sind sie schon draußen. Außerdem fehlt noch der Mann von der Deutschen, die da hinten an der Treppe steht. Der Schwachkopf ist noch mal rauf, um seine Papiere zu holen; und jetzt kommt er nicht mehr runter. Alle Treppenhäuser brennen oder sind voll Rauch. Ohne Atemschutz geht gar nichts mehr. Ich habe meine Leute ..., unsere Leute, also unsere Leute abgezogen, und sie sammeln auf dem Rückweg ein, wen sie noch finden."

Die Spannung wuchs. Die Evakuierung würde sicher furchtbar für die alten Leute. Mohammed schnappte sich das Mikrophon und wies alle an, ruhig und langsam aufzustehen und in Reihen zu zweit hinaus zugehen. Es bestehe keine direkte Gefahr, nur vorsichtshalber werde man sie auf die umliegenden Hotels verteilen. Sie sollten Zimmer bekommen, und morgen sähe man weiter. Jeder achte auf seinen Nachbarn, Freund und Bekannten, damit niemand verlorenginge. Mit Mühe unterdrückte Mohammed den Gedanken an einen Altersheimwitz, den er lange nicht mehr erzählt hatte.

Ohne Murren und fast lautlos standen die Alten auf und gingen, manche Hand in Hand, zur Drehtür, und das Hotel spuckte sie auf die Straße, wo Soldatinnen mit Kindergesichtern sie in Empfang nahmen und zu den Lastwagen brachten.

„Siehst du, Thomas, es ist doch wie damals", sagte Jacob müde.

„Nein, mein Guter, diesmal ist es anders."

Utes Hände fuhren unaufhörlich durch ihre langen Haare. Sie stand da, wo Gerd verschwunden war.

„Kommen Sie, junge Frau, er ist sicher schon draußen, oder wurde über eine der Leitern gerettet", sagte ein Feuermann.

„Nein, dann wäre er hergekommen."

Erneut wollte sie in das rauchverpestete Treppenhaus, aber der Feuerwehrmann hielt sie fest. Ihr Nachthemd zerriss weiter, und ihre Brüste hingen wie Mehlbeutel vor ihrem Körper.

„Gerd, Ge-eerd", schrie sie. „Gerd, du blöder Kerl", und leiser, „alles wegen dieser Scheißpapiere." Der Feuerwehrmann führte sie hinaus, riss eine Decke vom Tisch und bedeckte ihre Blöße. Sie standen auf dem Fußweg vor dem Hotel. Soldaten wollten sie auf den Wagen heben. Wütend schlug sie um sich und war nicht zu bändigen.

„Nein, ich muss warten, bis er kommt. Wo soll er denn hin? Er braucht mich doch."

Da hämmerte es von unten dumpf an die metallene Klapptür, auf der sie standen. Es war die Klappe, die in den Versorgungskeller führte. Ein Lastwagen stand mit einem Reifen darauf. Er fuhr ein Stück zurück, und die Doppeltür wurde aufgestoßen. In einem alten, nassen, schwarzen Mantel, grinsend über das ganze Gesicht, nach Rauch stinkend und dreckig wie ein Kohlenträger stand er da: Gerd, der Held, der einmal im Leben ein Abenteuer hatte und es sogar überlebte. Der Lastwagen nahm die beiden mit. Sie saßen in einer Ecke, direkt neben dem Alten mit dem grauen Hut, dessen Zunge bei der sich bietenden Szene noch mehr herauszuhängen schien als vorhin auf der Treppe. Ute umarmte Gerds nassen Körper, drückte ihn an sich, und Tränen liefen über ihr Gesicht. „Du dummer Kerl, beinah wärst du selbst gestocktes Ei gewesen." Gerd grinste frech; und Ute fuhr ihm durchs nasse Haar, wo sie, wie immer schon, vergeblich nach seinem Scheitel suchte.

Die Sirenen schwiegen.

„Endlich!", und Alon konnte sich nun besser konzentrieren. Er penetrierte Ma'achan mit einem kräftigen Stoß und gab sich seinem inneren Rhythmus hin. Er nahm sie, bis ihre orgiastische Manschette nach kurzer Zeit um sich schlug und sein Ejakulat in ihrem Rezeptaculum verschwand.

Der Rauch hatte geduldig gewartet. Nun fiel er aus der Aircondition direkt auf die keuchenden Körper. Gift überschwemmte die lustgepeitschten Lungen. Die Nackten würgten, keuchten und starben.

13 Stunden später. 16:00 Uhr. Der Feuersturm hatte sich gelegt, die Feuerwehren schützten nur noch die Nachbargebäude, und die Brigadeführer waren zu erschöpft, um zu zanken.

Schwarzer Rauch stieg auf. Das qualmende Hotel sah aus wie ein brennender Totenschädel. Der Hoteldirektor wartete vor dem Gebäude, als Talya zurück kam.

„Na, wie viele?", fragte er.

„Ohne den Herzinfarkt 13", antwortete Talya.

Er musste grinsen: „Ach du liebe Güte, die liegt ja noch in der Kühlkammer."

„Lasst sie liegen, da kann vorläufig keiner mehr rein, Einsturzgefahr", grummelte der Brigadier der Feuerwehr Eilat Süd, und Eilat Nord nickte.

Inzwischen interessierte sich außer den direkt Betroffenen niemand mehr für den Hotelbrand in Eilat. Die Trade Towers hatten alle vor die Fernseher gezogen.

„Wer?"

„Was meinst du? Ach so, wer tot ist. Alle Behinderten samt Betreuern und auch das junge Pärchen."

„Du meinst den Arzt aus Haifa mit der niedlichen Palästinenserin? Nicht die Deutschen, oder?"

Talya nickte.

„Arme Schweine!"

Ariel deutete aufs Radio.

„Ist das nicht furchtbar, was da grad in New York läuft?"

Talya sah ihn traurig an.

„Das gibt sicher Krieg gegen die Moslems."

Das Hotel stand völlig im Rauch, und die Glut fraß es auf. Doch niemand sah mehr hin. Alles sah auf die Towers.

16:30 Uhr „Und was machen wir jetzt?"

„Warten und beten, dass es nicht so schlimm wird."

„Beten? Zu welchem Gott denn?"

„Gott ist derselbe, nur die Menschen ..."

Es begann mit einem leisen Knacken. Dann knirschte, prasselte und barst, sauste, loderte, fauchte, pfiff es. Ausatmend wie ein gigantisches Tier, sackte alles in sich zusammen. Hier war keine Menschenmenge, die aufschreien oder stöhnen oder auch nur seufzen konnte, alle waren fort, an den Fernsehern. Der Rauch und der Staub und die verbrannten Liebenden verpesteten in Eilat die Luft.

Muhammad beugte sich zu seinem Brigadeführer hinüber: „Pass auf, den Witz kennst du noch nicht: Das Schiff hat ein Leck. Die Leute schreien und weinen. Ein Jude gebärdet sich besonders verzweifelt und weint und jammert lauter als alle anderen. Da tritt ein Passagier auf ihn zu und fragt verwundert: Na, was schreist du? Ist es etwa dein Schiff?"

Der Brigadeführer grinste nicht.

Sinas Leiche lag zermalmt in der Kühlkammer des Hotels, während ihr Sohn im rechten Tower im Flugzeugkerosin verbrannte.

Mosche und Mirel saßen geduckt vor dem Fernseher in der Lobby des Sheraton. Sie starrten auf den Fernsehapparat und hielten sich eisern bei den Händen. --- Ihre Tränen flossen, als flöge ihnen der Staub der gerade einstürzenden Twins direkt in die Augen.

Herr Azoulay, der Fahrer der Lebenshilfe, erwachte erst zwei Tage später und rief sofort nach seiner Kollegin. Behutsam machten ihm Schwestern und Ärzte klar, dass sie bei dem Unfall gestorben sei.

„Welcher Unfall?"

Die beiden waren spät abends noch an der Lagune spazieren gegangen und wurden von hinten von einem Lastwagen erfasst und waren mit ihm in die Lagune gestürzt. Er hatte überlebt, Frau Eitan nicht. Da sie nichts bei sich hatten, wurde überall nachgefragt, wer sie waren, nur das Hotel Eilat Lagune wurde vergessen, das brannte.

„Oh Gott, was ist mit unseren Behinderten?", fragte Herr Azoulay.

Als die Sirenen schwiegen, hatten die neun im Bus aufgehört zu singen. Das Tor der Tiefgarage wurde von der Feuerwehr geöffnet, und das Licht ging an.

Shirah überlegte laut:

„Frau Eitan kommt nicht. Uuu, Uuu, Uuu ist still."

Sarah jammerte vor Durst.

„Wir gehen raus. Kommt. Alle rausgehen."

Sie stiegen aus dem Bus, gaben sich die Hände und gingen in Reihe durch das Tor hinaus. Draußen rannten Feuerwehrleute, und es lagen Schläuche auf dem Boden. Es war dunkel und das Feuer bedrohlich.

„Weg vom Feuer, Feuer gefährlich", sagte Shirah, und sie gingen, unruhig flackernde Schatten werfend und von niemandem bemerkt, die Straße zur Lagune hinunter und an ihr entlang,

„Fort vom Feuer."

Gegen Morgen erreichten sie den Strand. Über Jordanien ging rotglühend die Sonne auf. Sie bestaunten den Farbwechsel des Meeres. Anfangs lag es dunkel wie ein schwarzes Tuch vor ihnen, dann spiegelte sich das Orange der Sonne in den sanften Wellen, um von Gelb zu Himmelblau zu wechseln. Sie waren erschöpft und müde von der durchwachten Nacht. Eng aneinandergekuschelt setzten sie sich in den Sand. Die Sonne wärmte ihre Augenlider und ihre von Gedanken schweren Körper. Sie schliefen ein und vergaßen das Abenteuer. Nur Itay schaukelte mit dem Oberkörper. Vor und zurück, vor und zurück und vor und ...

„Die Frau muss kommen. Sie kommt immer, die Frau!"

Auch der stärkste Mann schaut einmal unters Bett.

Erich Kästner

23. NACHTGESCHICHTE

Einfrieren

Seit Wochen arbeiten sie sich von der Erdoberfläche nach oben. Vorhin hatten sie das umlaufende Stahlgerüst zusammengeschweißt, jetzt zogen sie auf Höhe 124 Meter von der Hilfsplattform aus die Querverbindungen ein. Gerade schwebt der vierte Stahlträger von dem Etappenkran im 78. Stock herauf.

Er sitzt auf einem Querträger, sein Werkzeug vor sich, und seine Augen hängen an dem langen Stück Stahl, das im eleganten Bogen aus dem wolkenlosen Himmel Pekings in die Mitte des quadratischen Hausquerschnitts schwebt. Alles ist wie immer hier oben, wie immer.

Als würde ein Windriese die Lippen spitzen und versuchen, die kleinen Menschen von ihrem albernen Gerüst zu pusten, peitscht eine Bö durch das Stahlgerüst. Lautlos fallen zwei Menschlein ins Nichts. Mit einem bösen Geräusch schlägt der Stahlträger gegen einen anderen.

Dai Zenong umarmt den Stahlträger und klammert sich mit aller Kraft fest.

„Festhalten, nur festhalten, die Ruhe bewahren und abwarten", das waren die Worte im Training. Dann erst kommt die Angst. Sie umhüllt ihn wie eisiges Wasser. Mächtig, unabdingbar, luftlos und voller Kraft. Totstellen, einfach nicht bewegen, nicht bewegen, festhalten, nicht bewegen, nicht bewegen ... sein Denken geht im Rauschen seines Blutes unter.

„Kollege Wu Long soll raufkommen, da ist mal wieder einer eingefroren."

Binde zwei Vögel zusammen; sie werden nicht fliegen können obwohl sie nun vier Flügel haben.

Rumi

DER GROSSE BÄR

Der große Bär reibt sich verwundert die Augen.

Leugner der Astrologie müssen sich ab heute für ihre Ignoranz schämen.

Endlich steht es fest, die Astrologie ist naturwissenschaftlich rehabilitiert.

Am Anfang war alles noch undeutlich. Syracusa, die berühmteste Astrologin der USA schrieb in der New York Times: „Dieser erdnahe Vollmond steckt voller Spannungen. Es ist völlig klar zu sehen, welche Horoskopelemente, die sich gegenwärtig gegenüber stehen (in Opposition), in den nächsten Tagen wirksam werden und wozu sie führen werden. Ich sehe den konkreten Tod voraus."

„Alles ist spannungsreich, überraschend, dynamisch, aber auch gefährlich und schwer kontrollierbar", hatte sie in Ophrah Winfreys Show on OWN Channel am 9. März 2011 gesagt. Natürlich hagelte es unendlichen Spott an den Telefonen. Noch in der Sendung konkretisierte sie ihre Aussagen. „Der nächste Vollmond, übrigens einer der erdnächsten Konstellationen der letzen Jahrzehnte, steht im Zeichen der Jungfrau, und daher wird es zum unerwarteten Sterben eines Idols kommen." Natürlich fragte Ophrah, wer denn gemeint sei. Syracusa hätte versehentlich beinah den Namen genannt: „Die Konstellationen, die für jeden ernsthaften Astrologen klar erkennbar sind, zeigen überdeutlich, dass er völlig unerwartet sterben wird, während seine Fans zusehen, die …."

Da merkte sie, was sie beinah preisgegeben hatte. Ophrah drängte, aber die Astrologin, auf die sowohl die englische Queen als auch, allerdings nur nach Hörensagen, Kreise des Vatikans hören sollen, sagte, dass es unfair sei, da es sowieso nichts gäbe, was seinen Tod verhindern könnte. Dass es ein Er sei, war ja nun heraus, und sie wolle seinen Fans in aller Welt auf gar keinen Fall den bald bevorstehenden unvermeidlichen Tod vorhersagen. Sie zeigte eine Graphik, auf der genau zu sehen war, welche astrologischen Kräfte auf die Erde und ihre Bewohner wirken würden. Sie sagte sogar voraus, wann genau es zu dem Ereignis käme. Allerdings wurden die kompletten Informationen, einschließlich des Namens, vor aller Augen in fünf Briefumschläge gegeben. Jeder Brief wurde einem vereidigten Notar bzw. einem entsprechenden Anwalt in Washington DC, Sao Paolo, Brasilien, Canberra, Australien, Berlin, Deutschland und Peking, China, zugestellt. UPS hatte extra einen Spezialservice ins Leben gerufen, der, begleitet von je einem Vertreter der Organisation Skeptical Inquirer, sofort aufbrach, um die Briefe zu übergeben.

Die ganze Angelegenheit brachte nun zahlreiche skeptische Wissenschaftler und Vertreter der Astronomie auf den Plan. Heftige Proteste, die sich vor allem gegen Ophrah richteten, weil sie solchen abstrusen Esoterikern ein Forum gegeben hatte und somit die Menschen belog und verdummte, füllten die Blogs und Foren von OWN (Ophrah Winfrey Network). Die Syracuse University NY, USA, deren Namen die Astrologin führt, war besonders interessiert, die Behauptungen von Madame Syracusa zu widerlegen. Zusammen mit der University of Oxford, UK, und der Freien Universität Berlin bot sie sich an, alles zu überprüfen und zu beobachten.

Allerdings gab es auch rechtliche Bedenken. Wenn es denn um eine so konkrete Voraussage geht und besagte Person stürbe und Madame Syracusa nicht offen legte, wer und wann er betroffen sei, läge womöglich Tötung durch Unterlassung vor, was zumindest in einigen Staaten ein Verbrechen sei. Madame Syracusa erwiderte, sie würde das in Ruhe abwarten, und machte sich anheischig, dass dies auf gar keinen Fall geschehen werde. Und vorab gesagt, damit hatte sie auch völlig Recht.

Madame Syracusa stimmte allen von den Wissenschaftlern geforderten Tests zu und zog sich mit den Vertretern der Universitäten in Klausur in die FU Berlin zurück. Sie wollte gern dorthin, um die Stadt, die sie vor einigen Jahren wegen eines Freundes besucht hatte, wiederzusehen.

Die Wissenschaftler hatten einige Forderungen:

1. Alles was in den Tagen bis zum Eintreten des Ereignisses (also des plötzlichen Todes der bekannten Persönlichkeit) während der gemeinsamen Arbeit gesagt, getan und aufgeschrieben wurde, sollte von einem kleinen Kamerateam von rbb (Radio Berlin Brandenburg) gefilmt werden.

2. Nichts sollte nach außen dringen, keine Interviews, keine Pressemeldungen, und alle mussten eine Verschwiegenheits-Erklärung unterschreiben.

3. Alle Beteiligten wurden nach Mikrophonen, Kameras und Handys durchsucht, bzw. mussten diese abgeben.

4. Alle zum Projekt gehörenden Personen mussten vom Beginn der gemeinsamen Arbeit bis zum Eintritt des Ereignisses in einem der Gästehäuser der Universität übernachten, und es wurde darauf geachtet, dass sie die einzigen Gäste waren.

5. Die Gruppe setzte sich zusammen aus: Prof. Dr. H.G. Harey, Prof. Dr. Erika Snaut, Dr. Dr. Stan Lemski und Christian Freestatter von Astrodictium Simplex, einer Skeptiker-Organisation. Als Unterstützung für Madame Syracusa war ein Vertreter des internationalen Astrologenverbandes, Michael Rajeev Rabindrana Dagor,e anwesend.

Mit ihrer Überzeugung verunsicherte Syracusa die Wissenschaftler, aber die professionelle Skepsis überwog diesen Eindruck dann doch vollständig.

Alles lief genau, wie die Wissenschaftler und Skeptiker es wollten, und die Astrologin war voll und ganz auskunftswillig und -fähig. Dann kam der Tag der Entscheidung näher, schon seit einiger Zeit waren die Wissenschaftler vollständig über den Zeitpunkt auf die Minute genau informiert. Sie hatten alle astrologischen Parameter auf ihre Richtigkeit und Plausibilität geprüft, und nun kam der Moment der endgültigen Wahrheit.

Madame Syracusa gab die letzten Zusammenhänge der Mond Jungfrau und sonstigen Konstellationen preis. Da gelang der allgemeine Durchbruch. Nach und nach kamen sie, jeder für sich in Klausur, zu einem Ergebnis und legten dieses in einem ganz kurzen Statement in einer gemeinsamen Sitzung vor.

Alle Beteiligten, einschließlich des Vertreters der Skeptiker-Organisation, hatten folgendes festgelegt:

• Zeitpunkt des Ereignisses, Tag, Stunde, Minute (hierbei gab es allerdings nur einen ungefähren Bereich von 4 Minuten. Der Vertreter des Astrologenverbandes lag witzigerweise völlig anders, und wie sich später herausstellte, falsch)

• Ort des Ereignisses (Land, Stadt, genauer Ort auf weniger als einen Kilometer genau). Hier lag der Verbandsvertreter aber wieder richtig

• Wetter und Anwesenheit anderer Menschen

• Die Art des Todes (hier hatte Prof. Harey völlig falsch gelegen)

• Die betroffene Person selbst (hier lagen wieder alle richtig)

Das Team hatte noch einen Tag Zeit. Trotzdem blieb die Klausur bestehen und Madame Syracusa erklärte die Entstehung weiterer Ereignisse im März, wobei die Anwesenden dringend hofften, dass sie sich irrte.

Dann kam der Tag des Ereignisses.

Alle Teilnehmer waren rechtzeitig, immer nur von der Handkamera und einem unauffälligen Tonverantwortlichen begleitet, am Ort des zukünftigen Geschehens angekommen. Sie standen etwas abseits und machten auf den unbefangenen Besucher eher den Eindruck einer Führung, die von einer Kamera begleitet wurde. Sie konnten den Todeskandidaten während seiner Probe-Performance ungehindert beobachten. Er machte einen unbefangenen Eindruck. Einige unermüdliche Fans waren trotz des hässlichen Wetters und des hohen Eintrittspreises gekommen, um ihr Idol zu sehen und zu feiern. Einige hielten Dinge in der Hand, um sie ihm im geeigneten Moment zuzuwerfen.

Sie alle warteten schon eine Weile, bis sein Part endlich dran war. Seine Vorgänger Nancy & Katjuschka hatten die Bühne schon verlassen, und es wurde geringfügig umdekoriert. Die Spannung bei den Wissenschaftlern stieg, während Syracusa völlig gelassen blieb. Sie zündete sich eine Zigarette an, was ihr aber sofort verwiesen wurde. Währenddessen ging die Seitentür auf, und er kam heraus. Die Fans jubelten ihm zu und drängten sich näher an die Absperrung heran. Das Objekt ihrer Freude gab sich cool und gleichgültig gegenüber den Ovationen, machte seinen üblichen Rundgang und begrüßte die Menschen im Zuschauerraum mit einem grimmigen Lächeln, dann richtete er sich hoch auf, schien jeden der vorn Stehenden direkt ins Auge zu fassen und holte tief Luft.

Erika Snaut stieß Stan Lemski, mit dem sie sich im Gästehaus mehr als nur etwas angefreundet hatte, mit dem Ellbogen in die rechte Seite. „Jetzt müsste es passieren", und alle schauten gebannt auf die Felsendekoration.

Da geschah es. Mitten in seiner Aufwärmperformance verdrehte er plötzlich die Augen, drehte sich wie wild im Kreis, als wolle er sehen, was hinter ihm war, dabei näherte er sich schnell dem Rand der Bühne, er drehte sich weiter, hob den Kopf, richtete sich brüllend hoch auf und fiel rückwärts von der Bühne ins Wasser des davor befindlichen Grabens. Ein Schrei ging ebenso durch die Fans wie auch durch das Astroteam. Der Arme zappelte noch kurz und unkontrolliert, dann stiegen Luftblasen auf, und er lag mit dem Gesicht nach unten unbeweglich im Wasser.

Alles war genau so geschehen, wie Syracusa es aus den Sternen gelesen hatte. Der Tag stimmte, die Uhrzeit war korrekt, und der Ort hätte nicht besser charakterisiert sein können. Und das Ziel? Wer war denn nun unter unklaren Bedingungen gestorben?

Knut der Eisbär des Berliner Zoologischen Gartens, der Millionen Menschen aus aller Welt Freude brachte und sogar als Erwachsener immer noch viele Fans hatte. Qualvoll vor aller Augen gestorben. Wie Michael Jackson war er etwas Besonderes, weiß, bedeutend und viel zu früh gestorben. Prof. Lemski trug die Uhrzeit sofort in das Protokoll ein.

Zeitpunkt: 19. März 2011
Zeit: 15:22
Ort: Berlin, Deutschland, Zoologischer Garten
Location: Eisbärengehege
Opfer: Knut, der berühmteste Eisbär Deutschlands.
Todesart: Herzinfarkt.

Dann rief er Ophrah an, damit diese die Nachricht auf ihre Seite stellen konnte, und die Briefe in den fünf Städten von den Notaren geöffnet wurden. In ihnen standen genau diese Angaben. Auch Ophrah war nur gerechtfertigt.

Alle Bildaufzeichnungen des Astroteams wurden zu einer wunderbaren Kurzdokumentation zusammengestellt und sind unter ASTRO abrufbar. Außerdem wurden sie von rbb und BBC London zu einem Dokumentarfilm der Zeitgeschichte gemacht. Die wissenschaftlichen Grundlagen sind bei folgender Institution einzusehen:

Gesellschaft zur wissenschaftlichen Untersuchung von Parawissenschaften GWUP.

Die beteiligten Wissenschaftler haben noch eine Art Manifest der Versöhnung veröffentlicht, das klarstellen soll, dass sie dafür plädieren, dass sich die Hochschulen dieser bisher als esoterisch verschrienen Wissenschaft öffnen sollen.

Auch ich plädiere dafür. Gebt der Astrologie endlich, was ihr gebührt. Eintritt in die wirkliche Welt mit all ihren wirklichen Gefahren.

Wenigsten Knut wird über diesen Aprilscherz lachen können. Hoffe ich wenigstens.

Die Hölle ist das Unvermögen, ein anderes Geschöpf als das-
jenige zu sein, als das man sich für gewöhnlich benimmt.

Aldous Huxley

JAGD NACH DEM REGEN

Endlich, nach zwei Stunden, hatte der Regen aufgehört. Das Wasser sammelte sich auf den obersten Blättern und Ästen der hohen Buchen und wirkte auf dem Weg zur Erde im durchbrechenden Licht des frühen Herbstmorgens wie rinnendes Silber. Die Ströme liefen zusammen und fielen als kleine Wasserpakete auf die unter den Buchen heranwachsenden Eschen und halbwüchsigen Ahornbäume, wo sie zu tausend blitzenden Splittern auseinanderspritzten und als eine Art Regen der zweiten Etage das mannshohe Gebüsch benetzten. Dies und das Platschen riesiger Wassertropfen auf Farne, Gräser und Büsche machten das Geräusch aus, das sich immer nach einem heftigen Niederschlag durch den lichten Wald zog. Dunst stieg auf und betupfte die klare, frische Luft mit matten Flecken.

Atemgeräusche drangen aus dem Gebüsch, und schweres Schnaufen wies auf die dort hockenden Jäger hin. Noch wagten sie sich nicht aus ihrem Regenschutz hervor. Zu leicht schlügen ihnen die Wasserbömbchen von den hohen Bäumen mit voller Wucht auf die Köpfe.

„So", kurz und scharf klang es, „dann können wir wohl? Etwas Besseres als dieser Regen konnte uns gar nicht passieren. Nach so einem Schauer ist die Jagd viel leichter und schöner als sonst. Die Luft ist klar und rein, die Sicht gut, und man selbst ist frisch und aufmerksam, oder siehst du das etwa anders?"

Der, der diese Worte sprach, ist der dickere von beiden. Trotz der Deckung im dichten Gebüsch liefen ihm große Wassertropfen über das Gesicht. Er ist einer jener dunklen, kräftigen Kerle, die mit selbstsicherem Auftreten und jovialem Gehabe andere allein dadurch einschüchtern, dass sie sich stark fühlen und das auch ungeniert zeigen.

Der Zweite ist ein eher schüchterner, schmaler Typ, eine der Figuren, die immer so aussehen, als hätte man sie aus dem Wasser gezogen.

„Vielen Dank auch noch, dass du mich zur Jagd mitnimmst. Du weißt ja, dass es das erste Mal für mich ist", sagte er und merkte sofort, dass es ihm nicht gelungen war, Zuversicht und Entschlossenheit auszustrahlen.

„Ach was, irgendwann ist es ja für jeden das erste Mal", sagte der Dicke und grinste seinen Begleiter an, wobei er seine Zähne herausfordernd blitzen ließ.

„Ich weiß immer noch nicht, ob ich es schaffen werde – wenn es ernst wird", sagte der Dünne und ärgerte sich schon wieder über seinen Mangel an Unerschrockenheit.

„Du weißt genau, dass es sein muss. Es werden sonst zu viele, und außerdem richten sie großen Schaden an, überall. Du wirst sehen, wir jagen nicht wahllos alles", fuhr der Dicke ihn an.

„Außerdem ist es auch für uns nicht ungefährlich so zu jagen, wie wir es seit der neuen Zeit machen. Früher wäre diese Art Jagd hier bei uns auch gar nicht möglich gewesen."

Der Dünne fragte ängstlich: „Ist es echt so gefährlich, wie man immer hört?"

„Na ja, wenn man leichtsinnig ist, erwischt es einen schon mal. Aber keine Sorge, ich zeige dir genau, wie es gemacht wird. Ich hatte schon zig Mal Erfolg. Zu Beginn des Jahres hatte ich mal eine Dreier-Strecke an einem Tag", dozierte er und machte seine gedrungene Gestalt so groß wie möglich.

Der Dünne versank in nachdenklichem Schweigen. Längst ist alles an ihnen nass; sie haben zu viele Büsche gestreift, und dauernd wurden sie von Wasserbomben getroffen.

„Man muss die besten Stücke erkennen, sehen, ob sie sich lohnen, nicht so kleine Mickerdinger aussuchen", fing der Dicke erneut an, „Ordentliche Trophäen müssen es schon sein. Ich zeig dir genau, wie es geht. Nachher musst du aber auch mal selber ran, o.k.?"

Die große Schneise, die durch den Bau der Bundesstraße entstanden war, schlängelte sich durch den Wald. Wie ein flüssiges schwarzes Band aus Lakritz lag sie vor ihnen. Die noch tief stehende Morgensonne zauberte an einigen Stellen rotgoldene Schlieren auf die Straße. Sie bog von Norden kommend in einer überhöhten Kurve elegant nach Osten ab, öffnete den Blick auf ein schönes kleines Tal rechts der Fahrbahn und verschwand im feurigen, am Horizont klebenden Sonnenball.

Früher, so erinnerte sich der Dünne seufzend, waren hier Steilwände am Fluss, in denen ein Eisvogelpärchen seine Nisthöhle hatte. Ach ja, damals, als das Flüsschen noch nicht in einer Betonröhre unter der Straße verschwunden war, war hier alles so viel ruhiger gewesen.

In der morgendlichen Sonnenflut fuhren zu dieser Stunde nur wenige Fahrzeuge. Die meisten bewegten sich mit hoher Geschwindigkeit und zogen hoch aufspritzende, leuchtende Wasserschleier hinter sich her. Nach einer Weile des vorsichtigen Anpirschens wandte sich der Dicke an den Anfänger. „Pass auf, wenn du das Wild genau beobachtet und dir ein passendes Stück herausgesucht hast, konzentrierst du dich auf dein Ziel, aber ohne dabei die anderen aus den Augen zu lassen. Du stellst dich so dicht wie

möglich heran und wartest. Im entscheidenden Moment schlägst du zu, klar? Pass aber immer auf die Anderen auf. Die rächen sich sofort."
Der Dünne nickte zaghaft. „Aber du machst es mir noch mal vor?"
„Klar doch", brummte der Dicke und machte sich fertig.
Ein Wagen näherte sich mit mäßiger Geschwindigkeit. Es war ein Renault mit einer jungen Frau am Steuer. Der Jäger schüttelte unwillig den Kopf - zu unbedeutend. Dann, noch fern, man erkannte ihn, bevor er zu erkennen war. Fachkundig nickte der Jäger,
„Das ist mindestens ein Porsche."
Er zog voller Vorfreude und ein bisschen verächtlich den rechten Mundwinkel hoch.
Die Musik und der Wagen dröhnten um die Wette. Der Fahrer kannte die Kurve. Leicht überhöht war sie, und ein richtiger Mann nahm sie, ohne zu bremsen. Plötzlich tauchten im goldenen Spiegel, den die Sonne auf die nasse Fahrbahn warf, zwei Schatten auf: einer dick und klein, der andere dünn. Der Dicke rannte los, frontal auf den Wagen zu, drehte ab und flitzte gewandt zur anderen Straßenseite hinüber, stoppte, fuhr herum und guckte mit aufgerissenen Augen, was geschah. Der Dünne stand, starr vor Angst, halb auf der Fahrbahn und starrte auf das Geschehen.
Als der dicke Schatten auf ihn zukam, wich der Wagen zuerst nach links aus, als dieser jedoch zur anderen Straßenseite abbog, riss der Fahrer das Steuer nach rechts und war fast gerettet. Da machte der Dünne unentschlossen ein paar Schritt nach vorn, und der Porsche versuchte nach links auszuweichen, bremste, schleuderte, rutschte, verlor die Längsorientierung, stand seitlich zur Fahrtrichtung, drehte sich, die Sonne erleuchtete dabei das verkrampfte Gesicht des Fahrers wie für ein letztes Foto, und der Wagen fing an, sich zu überschlagen. Ein, zwei, drei komplette Rollen, dann schlitterte das Fahrzeug von der Straße in Richtung Tal, fiel die wenigen Meter hinab - dahin, wo die Betonröhre das ehemalige Flüsschen wieder ausspuckt, und blieb kopfüber liegen.
Alles war wieder ganz ruhig. Sogar das Radio schwieg.
„Siehst du!", sagte das dicke Wildschwein, „Es ist ganz einfach. Jetzt laufen wir ein Stück an der Straße entlang nach Norden zur nächsten Kurve, und du probierst es selbst einmal."

Der Mensch ist und bleibt ein Teil des Ganzen, des Alls, des Urstoffs, der Urkraft.

Heraklit

24. NACHTGESCHICHTE

Immer und überall

Frühstück am Times Square bei irgendeinem kleinen San Francisco Coffee-Shop-Ableger neben dem Hotel. Ich stehe mit einem Bagel in der Hand am Schaufenster, nehme ab und zu einen winzigen Schluck vom kochend heißen Kaffee und schaue einem kleinen hageren Mann zu, wie er emsig graue Müllsäcke aus den umliegenden Restaurants zusammenschleppt und sie auf einen Haufen wirft.

Nach dem Meeting sitze ich am frühen Nachmittag mit Espresso und einem Petit Four im Café am Columbus Circle. Gleich gehe ich rüber in diesen coolen Apple-Shop. Muss nur warten, bis der Mann mit den hageren Händen und dem braungebrannten Gesicht seine umfangreiche Lieferung nach hinten ins Lager geschleppt hat.

Nach der Show im Madison Square Garden komme ich müde zum Hotel. Ach, jetzt ist er schon wieder im Weg. Er putzt die gläserne Drehtür des Walldorf, und ich muss warten. Nur einen Augenblick, dann ist der kleine hagere Mann mit seinem müden graubraunen Gesicht fertig mit dem Polieren der Scheiben. Er tritt zurück, und mit eleganter Bewegung seiner hageren Hand, in der noch das Wischleder winkt, bittet er mich einzutreten.

„Good night, Sir!"

Das Werk, das man malt, ist eine Art, Tagebuch zu führen.

__Pablo Picasso__

FÜNF ZEICHEN

Zukunft endgültig eins waren, hatte sie begonnen, das Papier mit ihren Händen auszumessen. Sie hielt es mit der rechten Hand fest und maß mit ihrer schmalen linken. Drei Handbreiten und der Zeige- und Mittelfinger entsprachen einem cun und damit dem üblichen Maß für die Breite. Sie drehte das Papier, rollte es ab und maß seine Länge. Sie schwankte zwischen vierzehneinhalb Händen, also viereinhalb cun, und achtzehn Händen, also beinahe sechseinhalb cun. Sie benutzte dieses besondere Papier aus Xuanzhou für ihre Kalligraphie. Es trug Chou Kuangs Wappen. Für General Yang, den neuen Besitzer des „Hauses", hatte es keinerlei Wert. Deshalb durfte sie es verwenden.

Einmal, über zwei Jahre später, gab man ihr Papier mit der halben Breite, noch dazu mit ausgefranstem Rand. Offenbar hatte ihr Bewacher sich etwas davon mit einem stumpfen Messer abgeschnitten. Es hatte ihr einen Stich versetzt, weil die Symmetrie brach, und sie die gewünschte Zeichenzahl an diesem Tag nicht erreichen konnte. Aber das blieb die einzige Abweichung, sonst verliefen alle Tage gleich. Morgens erhielt sie außer der Papierrolle ein kleines Tablett aus schwarz lackiertem Holz mit Pinsel, Farbstein und Tuschestäbchen. Sie kniete sich vor den niedrigen Tisch, brach einen winzigen Teil des Stäbchens ab, legte ihn in die Steinmulde, gab Wasser und Speichel darauf, zerrieb es, zehn stumm gesungene Lieder lang, bis die Tusche fertig war und ein sanfter Moschusduft die Haut des einst Geliebten ins Zimmer brachte.

Sie blickte auf die mattweiße, leicht strukturierte Papierfläche mit dem kostbaren Wappen ihres getöteten Mannes. Nach einer Weile traten, nur für sie sichtbar, kleine leuchtende Kästchen hervor.

Sie warteten auf die feuchte Schwärze des Pinsels, wollten die Tusche trinken. Schatten, schwingende Linien mit spitzen oder stumpfen Enden und schmale Grate sollten eins werden mit dem Papier. Sie würde sich selbst hineinschreiben.

Konzentriert hielt sie den Pinsel mit Daumen und Zeigefinger. Um eine noch ruhigere Hand zu bekommen, klemmte sie ihn außerdem zwischen Mittel- und Ringfinger. Sie tunkte den Pinsel in die Tusche, legte ihre linke Hand vor sich auf das Papier und stützte das Gelenk der rechten Hand darauf. Der Pinsel schwebte senkrecht über der Fläche. Chou Bao beugte sich vor, verharrte einen Augenblick, sah auf das oberste der kleinen Quadrate in der ersten senkrechten Zeile. „Ruhe des Kranichs vor dem Stoß", hatte ihr Lehrer diese Schreibposition genannt, und wie immer, wenn sie begann zu schreiben, lächelte das kleine Mädchen aus ihrer Erinnerung mit Chou Baos Lippen und Augen, und sie wurde ruhig wie eine Flaumfeder in der Luft im Augenblick zwischen zwei Windstößen. Ihre Gedanken berührten das Papier und sie schrieben

das erste Zeichen:

Die Pinselspitze bildete ein Schwert, strich schwerelos von links oben eine Fingernagelbreite nach unten.

Es folgte

das zweite Zeichen:

Sie schrieb Zaun. Der Pinsel schwebte auf den Ausgangspunkt des Schwertes und bewegte sich, wenig Gewicht vermittelnd, eine Fingerbreite nach rechts, malte die Kurve etwas breiter aus und zog im rechten Winkel hinab zum Grund.

Es entstand

das dritte Zeichen:

Die Pinselspitze hob sich, verband die Fußpunkte von Schwert und Zaun, ohne sie wirklich zu berühren, und ergänzte das Element um das Symbol Erde.

Zusammen ergaben die drei Chiffren

das vierte Zeichen:

Das Quadrat. Es stand für Haus, für ihr einstiges, nun fremdes Heim und Gefängnis.

Die Pinselspitze hatte noch zwei schwarze Schatten bereit. Sie schuf

das fünfte Zeichen:

Der Pinsel setzte innerhalb des Vierecks unter der Mitte des oberen Striches an und schwang eine Linie sanft schräg in Richtung unten links, rasch hängte sich ein kurzer schmaler Grat an seine Mitte an und zeigte in die rechte untere Ecke. Eine Frau. So sah sie ihr Leben. In diesem undurchdringlichen Geviert aus Schwert, Zaun und Erde waren Gegenwart und Zukunft gefangen. Fünf schwarze Schatten malten ein goldenes Verlies.

Nie verbargen die dünnen Wände ihres Zimmers die wiederkehrenden Vorbereitungen zum Eintreffen ihres Herrn, und so begann sie rechtzeitig damit, ihr wirkliches Leben mit den Fingernägeln von der Papierrolle abzutrennen. Winzige Bewegungen ihrer Nägel schnitten das Papier, wie scharfe Messer es getan hätten. Sie legte es zu den anderen, und Chou Bao verbarg sich für viele Stunden zwischen ihnen, während ihr Körper sang und tanzte. Eines Tages erkannte sie, dass die unsichtbaren Flächen auf dem Papier selbst schon das vierte Zeichen, ihren Kerker; bildeten, so wurde das Zeichnen des Quadrates unnötig. Nun reichten zwei winzige Striche aus, um das Symbol für Gefangene darzustellen.

Unzählige Male führte sie den Pinsel sanft und geschwungen einen Fingernagel lang von oben rechts schräg um einen Wendepunkt nach unten links und von diesem Wendepunkt aus noch einen halben Strich nach rechts unten. Das Schriftzeichen hieß nun Frau, Gefangene Frau.

Bei der Anprobe eines neuen Kleides stahl sie eine Stecknadel. Von nun an mischte sie die Farbe mit so viel Blut, wie aus den winzigen Stichen nur fließen wollte. Die Leuchtkraft der Schriftzeichen änderte sich. Das Rot im Schwarz machte sie freier.

Später versuchte sie, ausschließlich mit Blut zu schreiben, aber es war mühsam, genug Blut aus sich herauszustechen. Ein Pinsel voller Blut aus zweiundsiebzig Nadelstichen reichte nur für dreißig Zeichen. Doch sie entdeckte Stellen an ihrem Körper, wo das Blut ergiebiger floss. Die Schriftzeichen aus roten Schatten glühten auf dem Papier.

Wenn ihr Herr kam, sah er leere Augen, hörte gläsernen Gesang, berührte blutleere Haut und küsste Moschuslippen.

Eines kalten Abends vergaß er sein Messer in ihrer Kammer.

Unbeirrt schrieb sie ihre roten Zeichen weiter. Je seltener der abendliche Besuch kam, desto größer wurden die Bögen, Grate und Striche.

Das morgendliche Tablett kam. Die Grillen schwiegen.

Chou Bao rollte das Papier ab und legte es vor sich auf das Tischchen. Sorgfältig löste sie das Wappen aus dem Papier, kaute es, zusammen mit dem ganzen Tuschestäbchen, und bedeckte ihre Lippen mit nach Moschus duftendem Speichel. Den Pinsel rührte sie nicht an, benutzte das Messer, legte es auf den Farbstein zurück, ließ Blut in ihre Hände fließen und begann.

Nur ein großes Zeichen bedeckte das letzte Papier.

Frau im Viereck.

Es fehlte das Zeichen für Erde.

Chou Bao war gegangen.

Wozu man die Materie braucht? Nun, um im Winter auf den gefrorenen See hinauszugehen, einzubrechen und erbärmlich ertrinken zu können.

Andreas Herteux

DAS ERSTE AUTOGRAMM

Es war ein verspäteter Sommertag. Die Sonne tauchte alles in das besondere Licht des frühen Nachmittags. Die Bäume warfen mit ihren Blättern Lichtsplitter auf alles. Am Himmel zogen nicht, wie noch vor Tagen, riesige Kumuluswolken, sondern durchsichtige weiße Schleier kamen von Westen herauf. Ich stand an meinem Wagen, genoss die kühle, vom gestrigen Dauerregen leicht feuchte Luft, blickte nach Süden und wärmte mein Gesicht. Ein schöner Tag, um Golf zu spielen.

Wir waren zu dritt an der Rezeption, und nach einem Espresso auf der Terrasse gingen wir los. Es waren nur wenige Spieler auf dem Platz, und es herrschte eine wunderbare Ruhe, wir sprachen wenig und ließen uns von ihr gefangen nehmen. Unser Spiel begann unaufgeregt, gleichmäßig und gut. Weite Abschläge fanden den Weg aufs Fairway, die Transportschläge kamen gut, und die Annäherungen waren in Ordnung. Das Putten hätte wie immer besser sein können, aber als Golfer ist man nie wirklich zufrieden. Margot und Kristian waren sehr angenehme Spielpartner. Erst nach einer Weile sprachen wir mehr als für das Spiel notwendig. Wir unterhielten uns über Gott und die Welt, und Kristian, den ich bis dahin noch nicht kannte, war nicht nur beim Spielen ein angenehmer Partner, sondern er trug auch manchen klugen Gedanken bei.

Ich weiß nicht, ob es an Loch 5 oder 6 war - da fiel mir am Himmel eine besonders schöne und riesig breite Wolkenformation auf, bei der ich an die Invasion der Hunnen vor vielen hundert Jahren denken musste. Ich wurde an vorwärtsstürmende Pferde erinnert, die im Osten in wunderschöner Weise verschwanden. Ich wartete, bis jeder seinen Fairwayschlag gemacht hatte, und wies meine beiden Mitspieler darauf hin. Da standen nun drei Menschlein mitten auf dem Fairway in der Sonne und staunten die Wolken an. Jeder machte eine Bemerkung, doch schließlich trennten wir uns von dem Anblick und gingen nachdenklich unseren Bällen hinterher. Eine Stunde später ging die Runde zu Ende.

Es war gerade erst sechs Uhr, als wir im Restaurant unser Abendessen bekamen. Margot kannte ich schon länger, und Kristian, obwohl ich ihn heute erst kennen gelernt hatte, war mir sofort vertraut. Sein besonnenes Spiel und seine offene Art waren es wohl, und so genoss ich das Gespräch mit den beiden sehr.

Nachdem wir schon fast zwei Stunden gegessen und geredet hatten, und der geteilte Kaiserschmarrn verschwunden war, fasste Kristian Vertrauen:

„Ich muss euch etwas von mir erzählen."

Wir sahen ihn interessiert an, denn diese Ankündigung ließ Ungewöhnliches erwarten.

Er erzählte sehr aufrichtig und klar über sich, seiner Krankheit, seinen Schädel-Operationen, seiner Tochter und ihrem Abnabelungsprozess von zu Hause, seiner Frau, seinem Job und wieder von seiner Tochter. Alles war sehr ruhig, vernünftig und man merkte, dass ihm sein Leben Freude machte. Die Betonung, dass er sehr stolz darauf war, wie gut seine kleine Familie funktionierte und wie er sich die nähere Zukunft dachte, war deutlich herauszuhören.

Der Job drückte neuerdings ein wenig. Nicht wegen der Arbeit an sich, sondern seiner Kraft wegen, die nach den Operationen deutlich nachgelassen hatte. Daran hatte auch der Marathon nichts ändern können, den er nach der ersten OP gelaufen war. Da wollte er sich beweisen, dass das Leben trotz der Diagnose noch vor ihm lag.

Kristian sprach, und wir hörten zu und versicherten ihm, dass er sich glücklich schätzen könne, in dieser Familie zu leben. Er lächelte oft. Wir erfuhren von den Hoffnungen seiner Tochter Katharina, von seinen Plänen, sich vielleicht doch schon früher aus dem Berufsleben zu verabschieden, und er lauschte geradezu, was wir ihm erzählten, von unserem vorzeitigen Ausscheiden und unseren neuen Aktivitäten. Ich sprach von meinem Schreiben, von meinen Veröffentlichungen, und schenkte ihm mein gerade erschienenes Buch Lachen Leben Sterben. Kristian freute sich sehr darüber und auch darauf, es zu lesen. Er bat mich um ein Autogramm, und ich schrieb es gern in das Buch hinein. „Es ist das erste Autogramm, das ich je bekommen habe", sagte er lächelnd.

Vieles war an diesem Abend Thema: Golf, Beruf, Freude an der Natur, Stolz auf seine Familie, seine Tochter, Pläne für die Zukunft, das Leben nach dem Beruf. Wir trennten uns auf dem Parkplatz. Es war kalt geworden. Die Sterne standen wie immer hell über dem im Dunkel liegenden Golfplatz. Ich stieg in mein Auto. Während ich auf kleinen, engen Wegen durch die dunklen Schluchten der Maisfelder nach Hause fuhr, dachte ich an die Widmung, die ich in das Buch geschrieben hatte, und war zufrieden und auf eigenartige Weise glücklich. Ein schöner Tag ging seinem Ende zu. Wie die Widmung lautete?

Für Katharina und Kristian

Viel Freude beim Lesen.

20. September 2012

Ob er Katharina tatsächlich noch davon hatte erzählen können, weiß ich nicht. Er hatte sich jedenfalls schon sehr darauf gefreut, weil sie eine künstlerische Ader habe und diesen Kontakt zu einem Schriftsteller würdigen werde. Gelesen hat er wohl keine meiner Geschichten vom Lachen, Leben und Sterben.

Kristian starb am nächsten Morgen beim Joggen, und obwohl ich ihn nur wenige Stunden kannte, fehlt er mir.

Es gibt Leute, die wollen lieber einen Stehplatz in der ersten Klasse als einen Sitzplatz in der dritten.

Kurt Tucholsky

25. NACHTGESCHICHTE

Die Wolke

Mehr als zehn Stunden steht die Wolke schon über der Stadt. Es ist eine große Wolke über einer kleinen Stadt. Dick ist sie, hoch aufgetürmt und grau, Cumulus nennt man das wohl, nur, dass sie nicht weiß ist wie normalerweise die sommergeborenen Haufenwolken.

Wenn sie sich wenigstens etwas bewegt hätte und nicht so schwarz wäre, dann ... Ja, was dann?

Aber sie bewegt sich nicht. Die Leute stehen auf der Straße, schauen hinauf, diskutieren, schätzen, wie lange genau sie da schon hängt und ob sie irgendwie befestigt ist. Sie klebt an der Stadt wie ein Kuhfladen am Gummistiefel eines unachtsamen Wanderers. Ist sie von Osten oder Westen gekommen? Aber keiner kann sich erinnern. Keiner hat gesehen, wie und wann sie kam. Nun ist sie da. Dunkel, drohend, nicht sehr hoch über der Stadt, aber wer kann das schon genau schätzen.

Jemand behauptete, seitdem sie da ist, seien keine Vögel über die Stadt geflogen. Und tatsächlich, kein Vogel ist zu sehen. Überall drumherum scheint die Sonne, nur hier bei mir in der unglücklichen wolkenbedeckten Stadt nicht. Die Pflanzen wirken grau, die Menschen und Tiere wirken grau, und das blaue Spiegeln der Teiche sieht aus, als wären sie zu Pupillen der Erde geworden und glotzten wie Spinnenaugen zur Wolke hinauf.

Es geht kein Wind, sonst wäre die Wolke schon fort!?

Jemand sagt, seit sie hier ist, läge ein Knurren in der Luft, so ein Wolfsknurren aus tiefster Wolfskehle, nur, dass die Wolke nicht einmal wie ein Wolf aussieht. Oder? Ein Himmelswolf auf der Suche nach Beute?

Manche sagen, sie wird in der Dunkelheit verschwinden. Aber andere wiederum sagen, dann würde man sie nur nicht mehr sehen, und morgen früh hinge sie genauso da wie jetzt schon seit Stunden. Einige zeigen auf die Westseite der Wolke, dort scheint sie einen goldenen Rand zu bekommen, goldrot oder rotgold, aber was nutzt es?

Sie bleibt, als wäre sie immer, nur unsichtbar, hier gewesen und als wäre es ihre Heimat und als wäre es normal, dass eine Stadt eine eigene stationäre Wolke hat.

Ein paar Leute glauben, die Wolke würde einem armen Menschen gehören, der in Ungnade gefallen ist und der sich nicht aus ihr befreien kann. Und es wird vermutet, sie hätte sich ihm an den Hals gehext. Aber außer ein paar Verblendeten glaubt das keiner. Obwohl, die Wolke geht nicht fort, und wenn man genau hinsieht, sieht man einen dicken, opaquen Spinnenfaden. Er führt gerade, wie ein Uhrpendel, hinunter in die Stadt und hält die Wolke. Ein Spinnenseil fester als Stahl, stärker als Eisen und länger als jedes Schiffstau hält die Wolke über unserer Stadt, ja, unserem Viertel. Jemand, er steht neben mir, nimmt ein Fernglas und verfolgt das Seil. Sein Blick folgt dem Seil weiter hinunter, kommt näher, jetzt setzt er das Glas ab und sieht mit bloßem Auge am Tau entlang. Immer näher kommt sein Blick, dann weicht er erschrocken zurück. Das Seil endet bei mir. Jetzt merke ich die Schlinge auch, sie liegt mir um den Hals.

Sie oder Ich. Die Wolke oder mein Leben. Noch steht es unentschieden. Die Bewohner der Stadt beginnen mit spitzen Lippen zu pusten.

Wind kommt auf ...

DER AUTOR

Seine Geschichten sind ein Spiegel der Welt. ganz persönlich und jeden betreffend. Sie berühren die oft ungesehenen, gefühlten Aspekte des Lebens. Als Zoologe beschreibt er Dinge der Natur, die ihre eigene Perspektive erfordern und ihren besonderen Zauber haben. Als Weltreisender zeigt er uns Menschen, Situationen und Ereignisse jenseits des heimischen Horizonts und gewohnter Vorstellungen.

Der in München lebende Zoologe, Neurophysiologe und bis 2012 global verantwortliche Troubleshooter in Umwelt-, Gesundheits- und Sicherheitsangelegenheiten sowie im Katastrophenschutz hat unglaublich viel erlebt, durchlebt und überlebt, und darüber schreibt er.

Uwe Kullnick ist Autor, Journalist, Redakteur und Herausgeber des Literatur Radio Bayern – Kanal FDA, sowie des Literaturmagazins Literàbiles einer Anthologie und eigener Bücher. Er veröffentlichte in den letzten 5 Jahren ein Kinderbuch (übersetzt auch in Englisch und inzwischen in den USA sehr erfolgreich), einen Roman, über 100 Geschichten, Kurzgeschichten, Hörspiele und Essays sowie Artikel für Zeitschriften, ein medizinisches Sachbuch (Restless Legs, die Pest in den Beinen) und eine Kolumne. Er gewann 2010 den Haidhauser Werkstattpreis und stand 2013 auf der Shortlist des Sachbuchpreises vom Verlagshaus Droemer/Knaur.

Doktor Kullnick ist Präsident des Freien Deutschen Autorenverbandes (FDA), 1. Vorsitzender des FDA Bayern und Gründer des Literatur Radio Bayern.

Kawaii ko ni wa tabi o saseyo.
Schicke das Kind, das Du liebst, auf Reisen.
Japanische Weisheit